国家出版基金项目
NATIONAL PUBLICATION FOUNDATION

三皇考

顧頡剛　楊向奎 ◎ 著

山西出版傳媒集團
山西人民出版社

圖書在版編目(CIP)數據

三皇考 / 顧頡剛, 楊向奎著 . - 太原：山西人民出版社，2014.12
(近代名家散佚學術著作叢刊 / 許嘉璐主編)
ISBN 978-7-203-08705-2

Ⅰ.①三… Ⅱ.①顧… ②楊… Ⅲ.①三皇五帝時代-考證
Ⅳ.①K210.7

中國版本圖書館CIP數據核字(2014)第205958號

三皇考

主　　編	許嘉璐
著　　者	顧頡剛　楊向奎
責任編輯	梁晉華

出 版 者	山西出版傳媒集團·山西人民出版社
地　　址	太原市建設南路21號
郵　　編	030012
發行營銷	0351-4922220　4955996　4956039
	0351-4922127(傳真)　4956038(郵購)
E－mail	sxskcb@163.com　發行部
	sxskcb@126.com　總編室
網　　址	www.sxskcb.com

經 銷 者	山西出版傳媒集團·山西人民出版社
承 印 廠	山西出版傳媒集團·山西人民印刷有限責任公司

開　　本	700mm×970mm　1/16
印　　張	22.5
字　　數	237千字
印　　數	1—3000冊
版　　次	2014年12月　第一版
印　　次	2014年12月　第一次印刷
書　　號	ISBN 978-7-203-08705-2
定　　價	50.00圓

《近代名家散佚學術著作叢刊》編委會

總 主 編　許嘉璐

編 委 會　王紹培　王繼軍　許石林　李明君
　　　　　汪高鑫　趙　勇　梁歸智　樊　綱
　　　　　（按姓氏筆畫排序）

總 策 劃　越衆文化傳播・南兆旭

出版工作委員會
　　主　任　李廣潔
　　副主任　姚　軍　石凌虛
　　委　員　周　威　梁晉華　徐　勝　顔海琴
　　　　　　張文穎　秦繼華　馮靈芝　張　潔

設計總監　李尚斌
設計製作　王秀玲　何萬峰　歐陽樂天

出版説明

《近代名家散佚學術著作叢刊》選取一九四九年以後未再刊行之近代名家學術著作共一百二十册，編例如次：

一、本叢書遴選之著作在相關學術領域具有一定的代表性，在學術研究方向、方法上獨具特色。

二、爲避免重新排印時出錯，本叢書原本原貌影印出版。影印之底本皆經專家組審定，原書字體大小，排版格式均未做大的改變，原書之序言、附注皆予保留。

三、本叢書分爲八大類，以作者生卒年編次。

四、爲使叢書體例一致，本叢書前言後記均采用繁體字排版。

五、個別頁碼較少的版本，爲方便裝幀和閱讀，進行了合訂。

六、少數學術著作原書内容有個別破損之處，編者以不改變版本内容爲前提，部分進行修補，難以修復之處保留缺損原狀。

七、原版書中個別錯訛之處，皆照原樣影印，未做修改。

八、所選版本之抽印本頁碼標注，起始至所終頁碼均照原樣影印，未重新編排標注新頁碼。

由於叢書規模較大，不足之處，殷切期待方家指正。

總 序

披沙瀝金，以爲鏡鑒

◇ 許嘉璐

多年來有一個問題始終在我腦中盤桓：爲什麼在十九世紀末到二十世紀初，在短短的幾十年裏，中國的各個學術領域竟涌現了那麼多大師級的人物？這是中國近代史上一個極爲重要的現象，我認爲，如果不能給出令人滿意的答案，我們撰寫的近代學術史將是不完整的，甚至是缺乏靈魂的。後來我知道，著名人類學家克羅伯曾提出過一個問題：爲什麼天才成群地來？看來這種現象的出現並非中國所獨有，思考其所以然的也大有人在。而在那一次世紀之交中國的情況，似乎應驗了"天才成群地來"這個令克氏久久不解的疑問。錢學森先生曾從相反的方向提出了相同的疑問：爲什麼我們這個時代出現不了杰出人才？後來人們稱這個問題爲"錢學森之謎"。

要回答這些疑問不是件容易的事。與其迅速地囫圇地探尋，不如先多了解那些讓中國近代學術（應該包括人文科學和自然科學）史上閃耀着光輝的大師們的作品和自述，從而在腦海里盡量"復原"他們所處的環境和在那種環境下的心理路徑，從中或許可以得到一些啓示。

有一點是顯然的，這就是他們雖然都已遠離塵世而去，但是他們獨立思考的品性、求知治學的真誠、困厄窮愁中對節操的堅守，恐怕是他們共同的主觀因素，一直影響到現在，而且將會永遠留存下去。

就思想界、學術界而言，二十世紀上半葉是一個新說和舊說碰撞，中學和西學融匯的大時代。那時的學人極爲重視言行操守，同時具備現代知識分子的理想信念；他們的學術研究十分純净，絕少功利因素；他們的視界開闊，以包容的心態和嚴謹的風格造就了成果的大氣與厚重。至於在客觀因素一面，他們實際是在用工業化時代的事實解説着太史公所説的名山之作"大抵聖賢發憤之所爲作"，困厄苦難使得他們"皆意有所鬱結"。這種鬱結，幾乎和個人的名利毫無牽涉，他們永遠不能釋懷的，是民族的存亡、國運的興衰、民衆的福禍和文脈的續斷。

那個時代也是近代歷史上最大規模的中西古今學術調適、創新的時期，學術方法上的交互滲透和融合、創新亦可謂"於斯爲盛"。斯時之學人是要在封閉的屋牆上鑿出窗子的勇士，是使人能够看看外部世界的第一批導夫先路者；或者可以説，他們是在"意有所鬱結"時"彷徨"和"呐喊"的"狂人"。

相對於那時的哲人們，後來者是幸運兒。現在的形勢是，近三十年來學界空前繁榮，衆多學科有了長足之進，其中很重要的一點是學界有了更新穎、更廣闊的國際視野，似乎接續上了百年前的學壇盛事。但細想想，"古"與"今"還是有差別的。其异，主要不在於世界情勢、學術進展、工具改善這些客觀存在，而在於在廣泛吸收各國優長的同時，自身文化的主體性越來越受到重視，换言之，"拿來主義"已經延長了"拿來"的程序，加上了試用、甄別、篩選、吸收、融合、成長。就我孤陋所見，在當今地球上，面向所有異質文明，努力汲取我之所缺，其範圍之大和心態之切，似乎無出中國之右者。從這個角度説，我們已經超越了前輩。但是事情還有另外一面，學術，特別是人文學科，其職業化、"沙龍化"和功利性，以及隨之而來的浮躁病却嚴重了。從這個角度説，是不是我們已經後退得够可以的了？而這是不是我們這個時代出不了大師的原因之一呢？

民國學術界的特點之一是極爲注重對傳統的反省、批判與繼承。他們對傳統文化盡最大的努力進行整理和研究。一方面，由於戰亂頻仍，民不聊生，學者們擔起了讓中華文化薪火相傳的歷史責任；另一方面，他們要通過對中國傳統文化的整理、挖掘來重振民族自信心。這一時期對傳統文化進行整理的全面而深入是前所未有的，舉凡文字學、語言學、經濟學、法學、哲學、政治制度、書法繪畫、金石學……規模之宏大，研究之精微，令人嘆爲觀止。

民國學術推動了現代學科體系的建立。在對傳統文化整理和研究的基礎上，吸收西方的文化思想和理念，推動和建立了中國現代學科體系。例如，在對語言文字和音韵學成果進行整理、研究的基礎上開始着手規範之，建立了國語學；深入研究書法、國畫，將其融入了現代美術學科；在廢除舊有學制後逐步建立起小、中、大學較完整的科目和學科體系。

民國學術也改變了傳統學術方式，建立了新的研究範式。以現代科學考古爲發端，科研的實踐和成果使中國知識界真正認識到在實驗、比較基礎上的邏輯分析對學術研究的重要，推進了中國學術的一大演變。至於我們常說的打破士大夫傳統、走出書齋到田野鄉村和市民中進行調查研究、結束了經學時代、以歷史眼光檢視儒學和諸子等等，都是確立新學術範式的努力。這一轉變，也標誌着中國學術界脫胎換骨，全面進入了現代，爲此後的學術發展奠定了堅實的基礎。當然，西方啓蒙運動以來，在"現代性"和"現代化"裏潛伏着的缺陷和謬誤也傳到了中國，這些不能不在前哲的著作裏留下痕迹。這並不奇怪。類似的情況，古往今來孰能免之？猶如今天的我們，誰敢自稱我之所見就是永恒的真理？在這個問題上兩個時代所異者，或許就在昔時大家創立新說或譯註西學著作，往往是懷着對學術和前哲的敬畏而爲之，故而常常誤不在我；當今則往往出於對學問和他人的輕蔑，或以所研究的對象爲謀己的工具，因而難辭主觀之咎吧。翻閱他們的心血之作，這些復雜的狀況可以顯見，可以視之爲我們的一面鏡子。

滄海桑田，世事變幻，歷史的動盪和時代的遮蔽，使當年許多大師的一些極有價值的學術著作被棄於故紙堆中，不能不令人有遺珠之憾。爲此，山西人民出版社不惜以數年之艱辛，披沙瀝金，編輯出版這套《近代名家散佚學術著作叢刊》，凡一百二十册，計文學、史學、政治與法律、美學與文藝理論、民族風俗、宗教與哲學、經濟、語言文獻共八大類別。所選皆爲作者之純學術著作，無論是其見解、精神，抑或是其時代烙印，都是後輩學人可資借鑒的寶貴財富。他們出版這套叢書，意在讓世人不忘來程，知篳路藍縷之不易，爲民族文化的傳承再增薪木。

出版社的初衷，與我近年來所思所慮近似，故願略述淺見於書端，以與策劃者、編輯者和讀者共勉。

二〇一四年七月六日
改定於自安東回京途中

前言

◇ 汪高鑫

    中國近代的歷史，交織着多重矛盾。有傳統社會所具有的階級矛盾，有因帝國主義入侵而激化的民族矛盾，還有新舊思想觀念的矛盾，等等。正是社會矛盾的激盪，促進了近代社會的運動、嬗變與轉型，帶動了社會各種思潮的不斷涌現，進而引發了各種史學思潮的興起和近代史學的發展。一言以蔽之，近代中國史學與史學思想的發展變化，與近代中國社會的變遷是休戚相關的。

    民國時期的社會變遷與轉型，直接促成了民國史學的發展和史學觀念的改變以及史學方法的創新。縱觀民國時期社會變遷與史學的發展，大致可以劃分爲兩個時期，第一個時期從一九一二年民國成立到一九三七年抗戰爆發，第二個時期從一九三七年抗戰爆發到一九四九年新中國成立。

    第一個時期，中國社會的變遷大致經歷了從中華民國建立到北洋軍閥統治、從五四運動的爆發到兩次國內革命戰爭兩個階段。與此相對應，民國史學的發展也緊隨時代變化，明顯呈現出時代特徵。

    在第一個階段，中國爆發了辛亥革命，結束了兩千多年的帝制統治，建立了資產階級民主共和體制的中華民國，然而資產階級臨時政府的權力很快又落入到袁世凱北洋軍閥手裏，中國政治進入了北洋軍閥黑暗統治時期。以梁啓超爲代表的一些早期提倡新史學的史家，因爲對袁世凱政府抱有幻想，而參加了北洋軍閥政府，由於忙於事務性的工作，早前由他們發動的資產階級新史學工作因此被耽擱了。這一時期新史學流派的歷史研究沒有取得什麼實質性的成果。

北洋軍閥政府的獨裁統治與尊孔復古，激起了全社會的反抗，隨着維護資產階級民主共和的護國運動和護法運動的相繼開展，思想文化領域反對尊孔復古的新文化運動也於一九一五年開始廣泛開展起來，"民主"與"科學"便是這一運動所打出的旗幟。與此同時，大概自一九一六年以後，隨着一些留美、日、歐學生先後歸國，帶來了各種資產階級新思想。一時間，各種西方新學說不斷涌入，如英國羅素的社會改良主義、法國柏格森的生命哲學、德國李凱爾特的新康德主義、美國杜威的實用主義、馬克思主義，如此等等，當時中國的思想界可謂非常活躍。這些新學説、新思想的涌入，大大激發了這一時期中國史學家們的史學思想與歷史研究，各種新的史學研究方法得到介紹和提倡，史學出現了新的氣象。

　　從新文化運動到一九一九年五四運動時期，史學的代表人物主要有胡適、王國維、李大釗等人。胡適一九一七年留美回國後，很快成爲新文化運動的代表人物之一。在治學方法上，他將美國學者杜威的實驗主義運用到史學研究當中，於一九一九年提出了"大膽的假設，小心的求證"的治史方法和"整理國故，再造文明"的口號，發表了《中國哲學史大綱》這一以實驗主義研究中國歷史的示範之作，由此開啓了近代中國實證主義史學。王國維一九一六年留日歸國後，致力於甲骨文、今文和古器物考釋等的研究，一九一七年寫成的《殷卜辭中所見先公先王考》、《殷周制度論》，是考古學與歷史學相結合的開創性的研究成果。胡適與王國維等人的史學研究與方法，開創了近代中國史學研究的新範式。李大釗是近代中國第一個傳播馬克思主義的史學家。他於一九一六年留日歸國後，便積極投身於新文化運動中。當年發表了長文《民彝與政治》，從學理上論述如何根除帝制獨裁問題；次年發表了《自然的倫理觀與孔子》，對北洋軍閥政府尊孔復古進行抨擊；一九一九年在《新青年》上發表了《我的馬克思主義觀》，開始係統介紹馬克思主義史學理論，由此奠基了中國馬克思主義歷史觀。

　　第二個階段，爲中國兩次國內革命戰争時期。第一次國共合作北伐，取得了反對北洋軍閥統治的勝利；第二次國共內戰，其間日本帝國主義不斷擴大侵華，民族危機日益加重。盡管這一時期的中國戰亂不已，國家還面臨着嚴重的民族危機，卻是民國史學大發展時期；而造就這種大發展的原因，既有五四新學術思想的持續爆發的因素，也與二十世紀二三十年代社會變遷密不可分。

二十世紀二三十年代民國史學的大發展，突出表現在新歷史考證學上，這顯然是對五四時期開啓的實證史學的繼續和發展。一九一九年底，胡適發起"整理國故"運動，從歷史學的角度提出"整理國故"的步驟與方法，繼續宣揚他的所謂學術求真。胡適認爲，"整理國故"的目的在於學術求真，並非現實致用，並提出了"整理國故"的四個具體步驟：第一步是條理系統的整理，第二步是尋出每種學術思想發生原因和效果，第三步是要用科學的方法做精確的考證，第四步是綜合前三步的研究還他一個本來面目。應該說胡適的"整理國故"對於歷史研究有着方法論的意義。受胡適疑古實證思想影響的顧頡剛，在史學上的突出成就和影響，是提出"層累地造成的中國古史"的觀點，以及創辦《古史辨》，推動中國古史的研究。顧頡剛古史辨的具體成就，除去提出"層累地造成的中國古史"的命題，還揭示了三皇五帝古史係統由神話傳說層累造成，打破了民族出於一元和地域向來一統的傳統說法，以及對古書著作時代的大量考訂。顧頡剛的治史宗旨，用他自己的話來說，就是"只當問真不真，不當問用不用"[①]。傅斯年曾經留學德國，深受西方蘭克"史料即史學"的實證主義影響。一九二八年創辦中央研究院歷史語言研究所，大力宣揚蘭克史學思想。按照傅斯年的說法，"學問之道，全在求是"[②]，一分材料只能說一分話，史學便是史料學。王國維在這一時期的歷史考證涉獵廣博，於漢晉木簡研究有《流沙墜簡考釋》、《墜簡考釋補證》和《簡牘檢署考》，於敦煌寫卷研究有與羅振玉合編的《敦煌石室遺書》，於甲骨文等古文字研究貢獻尤大。在治史方法與理論上，王國維的"二重證據法"之"古史新證"理論，對於民國史學的影響極大。陳垣這一時期的治史集中於宗教史和文獻學。於宗教史上，從一九一七年至一九二三年，他先後發表了《元也里可温考》、《開封一賜樂業教考》、《火祆教入中國考》和《摩尼教入中國考》，合稱"古教四考"；於文獻學上，他對目錄學、年代學、史諱學和校勘學等領域多有建樹。陳垣治史以重史源、講類例為其特點。以上史家雖然治學方法與特點不盡相同，但都以考證見長。

這一時期"新史學"史家的史學研究與方法也取得了一定的成就。梁啓超這一時期的史學研究可謂多產，從一九二〇年至一九二七年，先後發表《清代學術概論》、《先秦政治思想》、《中國歷史研究法》及《補編》、《中國近三百年學術史》和《古書真偽及其年代》等，治史重點在學術史與方法論。與當年發起"新史學"相比，梁氏這一時期的史學研究呈現出廣疏多變的特點。何炳松在"新史學"思潮中可謂獨樹一幟，他於二十世紀二三十年代中國史學界的最大影響，便是對魯濱遜《新史學》的介紹和評論。何炳松係統闡發了"新史學"的"綜合史觀"，主張歷史研究要反映人類活動的全部，史學研究的方法應該多元化，如統計學的方法、生物學的方法等等，要綜合利用各種學科的成果特別是新學科的進展開展歷史的研究，並表達了對於歷史學的意義、價值和發展前景的看法。

與此同時，這一時期的馬克思主義史家對歷史學的研究繼續做出了貢獻。一九二四年，李大釗出版《史學要論》，運用唯物史觀對歷史、歷史學、歷史學的係統、史學在科學中的地位、史學與其他相關學科之間的關係、現代史學的研究及於人生態度的影響等史學基本理論問題作了闡述。一九二七年大革命失敗後，一些關注中國前途與命運的學者受到困惑，於是一場關於中國社會性質的大論戰逐漸開展起來。馬克思主義史家積極參與其中，郭沫若便是其中的杰出代表。一九三〇年，郭沫若出版了《中國古代社會研究》一書，這是民國時期中國第一部運用唯物史觀分析、解剖中國古代社會的著作。該書以物質資料生產方式的發展和變革來解釋中國古代社會歷史發展的全過程，論證中國歷史發展與世界歷史發展的共同性，對中國古史分期提出了自己獨創性的看法。參與社會史大論戰的馬克思主義史學家還有呂振羽、何幹之、翦伯贊、侯外廬、鄧拓等人。但總體來看，與歷史考證學派相比，這一時期的"新史學"派和馬克思主義史學派並不佔據主流。

第二個時期，中國經歷了抗日戰爭和解放戰爭，民國史學在這個時期的表現有兩個顯著特點：其一是緊緊服務於抗戰的需要而出現的抗戰史學；其二是馬克思主義史學得到了迅速發展，逐漸形成自己的革命史學體係。

抗日戰爭的爆發，引起了中國史學界巨大的震撼。面對中華民族出現前所未有的嚴重危機，在第一時期佔據史學主流地位的新考證學派史家，他們過去那種一味重視學術求真，而不講究學術致用的治史價值取向，在這時發生了重大改變，開始以史學積極服務於抗戰。早在九一八事變以後，面對中華民族的危機，顧頡剛、傅斯年、陳垣等考證學派史家就開始拿起自己的史筆，積極投身於抗日救亡的時代大潮中。顧頡剛一九三四年創辦《禹貢》半月刊，開始高舉愛國主義的民族主義旗幟。之所以要以"禹貢"為刊名，按照顧頡剛的說法，是"今日談起禹域，都會想起'華夏之不可侮與國土之不可裂'"③。很顯然，《禹貢》半月刊的宗旨，便是要通過對於邊疆歷史地理的研究，激發全民族抵抗日本帝國主義侵略的熱情與決心，以達到維護祖國領土完整的目的。傅斯年在九一八事變後，出版了《東北史綱》，以大量史實論證東北自古以來就是中國的固有領土，對日本帝國主義御用歷史學家的種種歪曲史實的謬論予以駁斥。全面抗戰爆發後，傅斯年又寫了《中國民族革命史》一書，雖然是未完稿，卻已經表達了他的民族思想。該書以歷史為依據，充分論證了中華民族的同一性、整體性和不可分割性，因此，在面對日本帝國主義侵略中國的嚴重危機的緊要關頭，中華民族應該團結起來共同禦侮，要發揚中華民族百折不撓的精神，樹立起中華民族抗戰的必勝信心。陳垣在新中國成立後給友人的書信中講到了九一八事變後他的治史取向的轉變："九一八以前，爲同學講嘉定錢氏之學；九一八以後，世變日亟，乃改顧氏《日知錄》，注意事功，以爲經世之學在是矣。"④抗戰爆發後，陳垣當時身陷淪陷區，卻堅持以史學爲抗戰服務，其中最具代表性的史著便是"宗教三書"和《通鑑胡注表微》。所謂"宗教三書"，是指《明季滇黔佛教考》、《清初僧諍記》和《南宋初河北新道教考》，雖然講的是宗教，卻表現了愛國的民族情操。《明季滇黔佛教考》是表彰明末遺民的愛國精神與民族氣節；《清初僧諍記》是通過宗教史的研究，來揭露變節者、抨擊賣國求榮的漢奸；《南宋初河北新道教考》也是用以表彰抗節不仕之遺民。《通鑑胡注表微》是陳垣最具代表性的史學著作，也是一部關注現實的史著，書中表現出了陳垣對歷史前途和民族命運的思考。錢穆在抗戰時期的史學研究，愛國的民族主義色彩也非常濃厚。一九三七年，錢穆寫成了與梁啓超同名史著《中國近三百年學術史》。該書以思想文化爲基礎和綫索，以學術傳承爲核心，通過史實證明中國傳統文化的優越性，旨在提醒國人要重視挖掘中國傳統文化的長處和價值，持守中國傳統文化的精神，保持一種民族的自信心。毫無疑問，這種民族自信對於全民族團結抗戰是非常必要的。一九四〇年，錢穆多年國史教學講義《國史大綱》出版。該書以"國史"作稱謂，反映了作者作史的民族國家本位意識。錢穆明確指出："治國史之第一任務，在能於國家民族之内部自身，求得其獨立精神之所在。"⑤該書的具體内容也充分體現了這一精神，它將文化、民族與歷史三者結合起來對中國歷史加以考察，認爲這種歷史發展過程即是民族文化精神的演進過程，歷史研究的目的不僅在於弄清楚歷史的真實，更重要在於弄清楚歷史背後蘊藏的民族文化精神，從而積極地去傳承這種民族文化精神。

　　當然，新考證學派史家開始轉向經世致用，只是治史的價值取向發生了變化，並不等於放棄了一貫的注重考證的治史方法。相反，在民國後期，這種治史方法還得到了發展,并且取得了很多重要成果,陳寅恪的詩文箋證和"民族文化之史"的論述便是典型代表。陳寅恪屬於考證學派代表人物之一,這一時期出版的《隋唐制度淵源略論稿》和《唐代政治史述論稿》是其考證隋唐史的力作。陳寅恪對於史料的運用有自己獨到的見解,認爲史家之於史料應該善於審定,辯證地看待真僞;同時要善於利用史料,詩詞、小說,以及禅史、筆記等,都可以用做歷史研究的材料,這顯然是一種"通識"的史料觀。陳寅恪詩文箋證的治史方法,即是在這種史料觀的指導下產生的,具體做法是以歷史記載去箋證詩文,同時詩文又可用以證史、探討史事,從而開闢出了一條新的證史路徑。一九五〇年出版的《元白詩箋證稿》,以及晚年寫成的巨作《柳如是別傳》,便是運用這種方法的代表作。陳寅恪關於"民族文化之史"的論述,其基本内涵包括政治制度、社會習俗、學術思想、文學藝術。陳寅恪的歷史觀念,是要以民族文化爲根基,同時吸收外來學説,由此構建起本民族思想文化體系;而不談經濟基礎的作用,則是其歷史觀念的局限性。

這一時期的中國馬克思主義史學家,不但積極投身於抗戰史學當中,爲全民抗戰進行歷史研究,而且把歷史研究與當時的革命鬥争相結合,逐漸形成了馬克思主義的革命史學。縱觀這一時期中國馬克思主義史學研究,主要在以下三個方面取得了顯著成就:其一是社會史研究,代表史家有吕振羽、鄧初民、侯外廬等人。吕振羽於一九四二年出版了《中國社會史諸問題》,該書是對二十世紀二三十年代中國社會史問題論戰的一個較爲係統的總結,正如作者在新版序言中所説,該書"反映了中國新史學在歷史科學戰綫上的鬥争過程中的若干情況,也反映了有關各派對中國史問題的基本立場、觀點、方法及其在一定時期的發展過程,可作爲中國馬克思主義史學史的參考資料"。鄧初民於一九四〇年和一九四二年分別撰寫出版了《社會史簡明教程》和《中國社會史教程》,兩書運用馬克思主義唯物史觀,分別論述了人類社會歷史的發展過程及其規律和中國社會歷史的發展過程及其規律。在《中國社會史教程》一書中，鄧初民指出了中國社會發展的前途是光明燦爛的，我們應該要"努最後必死之力，加以爭取"。侯外廬於一九四七年出版了《中國古代社會》一書，內容涉及生產方式、政治結構、階級關係、國家和法以及道德起源等問題，見解頗爲深刻。總體來說，這些社會史著作可以被看作是二十世紀二三十年代社會史大論戰的總結、延續和深入。

其二是通史研究。這方面的成就尤爲突出，呂振羽的《簡明中國通史》、范文瀾的《中國通史簡編》和翦伯贊的《中國史綱》都是這一時期的通史名作。呂振羽於一九四一年出版《簡明中國通史》上冊，如同其出版序言所說，該書"與從來的中國通史著作頗不同"，這種"頗不同"主要表現在它"把中國歷史作爲一個發展過程在把握"，"還盡可能照顧到中國各民族的歷史及其相互關係"。一九四八年出版下冊，在跋語中作者申明該書的基本精神是"把人民歷史的面貌復現出來"。范文瀾於一九四二年出版了《中國通史簡編》，該書的基本精神旨在將歷史研究與中華民族的前途相結合，如同作者在上冊序言中所說的，"我們要瞭解整個人類社會的前途，我們必須瞭解人類社會過去的歷史；我們要瞭解中華民族的前途，我們必須瞭解中華民族過去的歷史"。這也正是《中國通史簡編》撰寫的初衷。本着這樣一個目的，該書的編寫運用馬克思主義觀點，肯定勞動人民的歷史作用，重視探尋社會發展的規律，注意分析階級鬥爭的本質，積極反映生產鬥爭的面貌。翦伯贊於一九四三年和一九四六年分別出版了《中國史綱》第一、二冊，該書運用馬克思主義觀點，剖析了商周社會性質以及戰國秦漢社會性質的轉變，注意將中國歷史置於世界歷史的大背景下進行考察，在研究方法上重視以考古材料與文獻資料相結合。

其三是思想史研究，代表史家有呂振羽、何幹之、侯外廬等人。呂振羽於一九三七年出版了《中國政治思想史》，這是我國第一部運用馬克思主義理論論述中國政治思想的著作。撰述的初衷，是針對陶希聖的同名著述，可以被視爲社會史論戰的延伸。作者解釋所謂的政治思想史，"本質上係同於社會思想史"。全書按社會性質及其發展階段，對上自商朝下至鴉片戰爭前的中國政治思想史作了係統論述。何幹之於一九三七年出版了《近代中國啓蒙運動史》，該書重視將思想運動和社會的經濟結構、政治形態聯係在一起來進行研究，肯定評價各種思想文化必須運用"歷史的眼光"，把思想文化放在特定的歷史環境中進行考察、分析和評價。侯外廬關於思想史的研究建樹最多，他於一九四四年出版了《中國古代思想學説史》，具體探討了歷史演進與思想發展、新舊範疇與思想變革、思想發展過程與時代個別學説、學派同化與學派批判、學説理想與思想術語、現實與遠景等等的關係，見解深刻；一九四五年出版了《中國近世思想學説史》，這是一部論述十七世紀至二十世紀中國思想學説發展史的著作，以十七世紀爲啓蒙思想期、十八世紀爲漢學運動期、十九世紀以後爲西學東漸期做劃分；一九四七年主持編寫出版了《中國思想通史》第一卷，該書編寫的主旨思想，作者在出版序中説，是"特在於闡明社會進化與思想變革的相应推移，人類新生與意識潛移的聯係"。

如果説五四運動以來至抗戰以前的中國馬克思主義史學的傳播主要還只是李大釗、郭沫若等少數人的努力的話，那麼隨着抗日戰爭爆發，這樣的局面得到了很大的改觀，馬克思主義史學在此後得到了迅速發展。隨着馬克思主義史學家們在史學研究各個領域的全面開展，并且取得了許多重要的研究成果，一種新的"革命史學"體系便逐漸建立起來了。這種"革命史學"爲抗日戰爭和全國解放戰爭的勝利做出了重要貢獻，成爲中國共産黨領導的中國革命事業的重要組成部分。

縱觀民國時期史學的發展，明顯呈現出以下特點：首先是階段性。民國史學如同民國社會一樣，處在不斷的嬗變當中，故而呈現出明顯的階段性特點。這種階段性，大致可以分爲民國建立前後從傳統史學向新史學的轉變，五四時期及此後新史學向考證史學（廣義而言考證史學也屬於新史學）的轉變，抗戰時期考證史學向經世史學的轉變，從抗戰到解放戰爭時期，馬克思主義革命史學迅速發展。

其次是經世性。民國史學的嬗變，呈現出階段性特點，又是與史學發揮其經世功能緊密相連的。五四新考證學派史學雖然標榜自己的學問"只當問真不真，不當問用不用"，其實他們的考證史學是與五四新文化運動提倡的科學精神分不開的。新考證史學雖然有傳承乾嘉治史方法的因素，更有學習西方，希望建立科學的史學的願望所在。正如顧頡剛所說的，"五四運動以後，西洋的科學的治史方法，才真正傳入，於是中國才有科學的史學可言"⑥。這種科學的史學，與當時建立科學、民主的中國的社會訴求是相一致的，其實也是具有經世的內蘊於其中。抗戰時期，包括實證主義和馬克思主義等在內的史家都積極投身於宣傳民族文化當中，則是與當時的救亡圖存聯繫在一起的，這種史學經世直面社會問題、直面民族危機，其方式當然更加直截了當。毫無疑問，民國史學在其不同階段，整體上都沒有脫離經世的主旨，這也是中國史學的優良傳統。

再次是流派多。這一時期的史學流派可謂異彩紛呈，有新史學派、國粹派、新考證學派、馬克思主義學派等等。每一學派下面又可具體劃分出具有不同特點的派別，如新考證學派雖然都以考證見長，但他們的學術風格還是不盡相同的，據此又可細劃出以胡適爲代表的實證派、顧頡剛爲代表的古史辨派、傅斯年爲代表的史料學派、王國維爲代表的考古派等等。一些學者根據各自不同的標準，對民國史學流派作了不同的劃分，如有信古派、疑古派與釋古派之分，有傳統派、革新派與科學派之分，有考據學派、唯物史觀派和理學派之分，有掌故派、社會學派之分，如此等等，不一而足。

總體來看，民國史學影響最大者，莫過於新考證學派和馬克思主義學派，抗戰以前以新考證學派最盛，抗戰以後馬克思主義學派得到迅速發展。這些史學流派的史學理論與方法，迄今依然成爲我們歷史研究的重要範式。

《近代名家散佚學術著作叢刊》選取了一九四九年以後未再出版的十六部民國時期的史學著作進行重刊，它們分別是朱謙之的《扶桑國考證》、魏應麒的《中國史學史》、衛聚賢的《中國考古小史》、陳伯瀛的《中國田制叢考》、謝國楨的《清初流人開發東北史》、張鵬一的《唐代日人來往長安考》、鍾歆的《揚子江水利考》、梁盛志的《漢學東漸叢考》、顧頡剛、楊尚奎的《三皇考》、陶棟的《歷代建元考》、陳述的《契丹史論證稿》、陳寶泉的《中國近代學制變遷史》、陳里特的《中國海外移民史》、鄭鶴聲的《史漢研究》、章中如的《清代考試制度資料》和郭伯恭的《永樂大典考》。之所以重刊這批史學著作，是看到了它們在今天依然有其學術價值所在。作爲一份豐厚的史學遺産，值得我們去加以發掘和繼承。

從所選十六部史學作品來看，明顯打上了民國史學的時代烙印，體現了民國史學的時代特徵。首先，研究內容涉獵廣博。涉獵廣博，是民國史學的基本特點，反映了民國史家學術視野的開闊。選擇重刊的雖然只有十六部史著，涵蓋面卻非常廣博，有史學史方面的，如《中國史學史》、《史漢研究》；有學術史方面的，如《漢學東漸叢考》、《永樂大典考》；有教育史方面的，如《中國近代學制變遷史》、《清代考試制度資料》；有經濟史方面的，如《中國田制叢考》、《揚子江水利考》、《清初流人開發東北史》；有考古史方面的，如《中國考古小史》；有民族史方面的，如《契丹史論證稿》；有中外交往史方面的，如《扶桑國考證》、《唐代日人來往長安考》、《中國海外移民史》；還有名號、年號史方面的，如《三皇考》、《歷代建元考》等。這樣的全方位的歷史研究，是民國史學的一個縮影。

其次，治學方法重視考證。重視考證，是民國史學的顯著特點。在十六部史著中，除去魏應麒的《中國史學史》、衛聚賢的《中國考古小史》、陳寶泉的《中國近代學制變遷史》、陳里特的《中國海外移民史》、鄭鶴聲的《史漢研究》和章中如的《清代考試制度資料》等六部外,其他十部都是考史著作。涉及的考證領域很廣,有國名、田制、開發、交通、水利、學術、名號和學制等等。在具體考證上,重視方法的運用。如朱謙之的《扶桑國考證》,按照作者自己在自序中所説,該書是"從文獻學、民俗學、考古學三方面的史料搜集和批評的結果",這裏既是講史料搜集問題,也是講歷史考證方法。又如陳伯瀛的《中國田制叢考》,作者也在自序中交代了其作史、考史方法:首在網羅放失,整輯舊聞;次在探究原本;三則覆核名實;四則辨正事蹟;五則鑒古度今。可見該書對廣占資料、辨證核實的重視。

再次,治學宗旨强調致用。經世致用,是民國史學的重要特點,抗戰以後的史學表現尤其突出。所選十六部史著,也體現了重視經世致用的特點。如陳伯瀛之所以要撰述《中國田制叢考》,按照作者的解説,是因爲田制與農人、社會和國家休戚相關。該書"敍引"就説,田制影響農人生計,農人生計又會影響到社會秩序與和平。又如鍾歆的《揚子江水利考》,作者在該書"敍言"中論述了撰述該書的原因:一方面民國以前揚子江鮮有水患,所以過去這方面的論著很少;另一方面民國以來的數十年間,揚子江水患頻發,國家需要計劃治理,而治理水災,就必須要先瞭解水文歷史。很顯然,該書是爲了治理揚子江水患的需要而撰寫的,經世意圖非常明顯。再如陳寶泉作《中國近代學制變遷史》,其實是藴含了作者教育救國的思想於其中的。在該書自序中,作者明確指出學制與人才問題關係到國家興亡的根本。他有感於當時各國教育制度的日新月異,而中國卻沒有關於教育制度的專書作比較,致使切合國情的新的教育一時無由發現。他撰寫該書的目的,便是希望通過總結近代中國學制的變遷,找尋出一種更加適合當時中國需要的新的學制。

最後,歷史見解精辟獨到。如朱謙之《扶桑國考證》考證扶桑國爲何處,這是對當時世界史學界討論的一個熱點問題的積極回應。自從一七六一年法國人歧尼（De Guignes）發表《中國人之美洲海岸航行及住居亞洲遠東之幾個民族的研究》，提出扶桑爲美洲墨西哥說以來，引起了世界史學界的長期大討論，基本觀點無非有肯定與否定兩種，否定中又有扶桑國爲日本和樺太的不同說法。朱謙之依據文獻、民俗和考古資料，比較了世界史學界諸說的異同和存在的問題，得出了扶桑即美洲墨西哥的結論，不但駁斥了扶桑非美洲說的觀點，而且對美洲說也作了補充論證，更有說服力。又如魏應麒的《中國史學史》的問世，按照作者的說法，是"前無作者"的史著，卻表現得非常成熟。該書對中國史學的特質與價值、史籍的位置與類別、史館建置與職守、史學發展之情形、史書體裁之發展、史學理論與方法之運用等等，都提出了自己的見解，即使在今天，也不失爲有創見的反映中國史學史的著作。又如顧頡剛、楊尚奎的《三皇考》，這是民國考證派史學的代表作之一。在該書中，作者對"皇"、"三皇"、"太一"等相關概念作了係統闡釋，對三皇說與太一說的消長及其相互關係進行了論述，對與三皇相關的伏羲、盤古、女媧等古聖王的地位變化作了考察，對三皇、太一在道教中的地位作了說明，對歷史上關於三皇的信仰與祭祀情況作了梳理，并且旁及河圖洛書、三墳五典等等内容。這樣一個係統的考察，旨在論證"三皇"傳說只是托古改制的產物，認爲民族自信力應該建立在理性上，而不是虛假的三皇上。書中闡發的觀點，在當時史學界有很大的影響。應該說所選十六部史著，都是作者的心得之作，這裏不一一贅言。

挖掘、清理和總結民國史學，對於我們全面認識和係統借鑒民國史學，推動新時期中國史學與史學思想的發展是很有裨益的。借此對主持重刊工作的山西人民出版社表達一個史學工作者的由衷敬意！

二〇一四年五月於北京師大京師園

① 《當代中國史學》，遼寧教育出版社一九九八年版，第一百五十三頁
② 《史料論略及其他》，遼寧教育出版社一九九七年版，第二百頁
③ 《禹貢》四卷十期，《禹貢學會募集基金啓事》
④ 陳智超《陳垣來往書信集》，上海古籍出版社一九九〇年版，第二百一十六頁
⑤ 《國史大綱》，商務印書館一九九四年版，第十一頁
⑥ 《當代中國史學》，遼寧教育出版社一九九八年版，第二頁

作者簡介

　　顧頡剛（一八九三年——一九八〇年），江蘇吳縣人，原名誦坤，字銘堅，著名歷史學家、民俗學家，是現代古史辨學派的創始人，也是中國歷史地理學和民俗學的開創者，是中國近代學術發展史上有着重要影響的一位學者。顧頡剛作爲一個史學家，享譽中外學術界，影響深遠，他將史學上的創見運用到民間文學、民俗學領域來，爲之灌注新血液，探討新方法，取得了極大成就。

　　楊向奎（一九一〇年—二〇〇〇年），字拱辰，著名的中國思想史研究專家，他對中國古代史和中國思想史的研究做出了重大的貢獻，被譽爲一代宗師。楊先生從青年時代就喜歡靠讀書、靠思維的比較空靈的理論研究，在他從事歷史教學和研究工作的六十餘年裏，先後致力于中國社會史、經濟史、思想史、學術史、歷史地理的研究，勇于探索，勤奮治學，著述宏富，主要學術專著有：《西漢經學與政治》、《三皇考》等，還發表學術論文數百篇。

目 次

董序 …………………………………………………………… 1
自序 …………………………………………………………… 23

三皇太一傳說演變略圖

一	引言 ………………………………………………… 1
二	"皇"字的原義 ……………………………………… 3
三	名詞的"皇"的出現 ………………………………… 9
四	皇的由神化人 ……………………………………… 13
五	"皇"為人王位號的實現 …………………………… 17
六	二皇二神和太帝 …………………………………… 20
七	"九皇"和"民" …………………………………… 23
八	"太一"一名的來源 ………………………………… 28
九	"天神貴者太一"及三一 …………………………… 31
一〇	太一的勃興及其與后土的並立 …………………… 33
一一	泰帝的兩件故事 …………………………………… 39
一二	西漢時三皇消沈的原因 …………………………… 42
一三	三皇的復現 ………………………………………… 44
一四	太一的消失 ………………………………………… 52
一五	人皇的出現 ………………………………………… 62
一六	伏羲們和三皇的併家及其糾紛 …………………… 69
一七	天皇大帝與太微五帝 ……………………………… 84
一八	盤古的出現與三皇時代的移後 …………………… 100

一九	女媧地位的升降	104
二〇	三皇名稱確立後對于舊名稱的解釋	108
二一	道教中的三皇	111
二二	太一的墮落	131
二三	太一下行九宮和太一的分化	139
二四	太一在道教中的地位	152
二五	太一的死亡	164
二六	河圖與洛書	168
	(1) 龍圖天地未合之數	176
	(2) 天地已合之位	178
	(3) 龍圖天地生成之數	179
	(4) 洛書天地交午之數	180
	(5) 洛書縱橫十五之象	181
二七	河圖洛書的倒墜	188
二八	三墳與古三墳書	194
二九	近代對於三皇的祭祀和信仰	207

附錄一	太一考(錢寶琮)	225
附錄二	三皇五帝說探源(蒙文通,繆鳳林)	255
附錄三	日人論文三篇提要(馮家昇)	278
附錄四	補遺七則(顧頡剛)	281

翁跋 286

童　序

凡是講中國上古史的人,差不多沒有不開口就談"三皇五帝"的;但是"三皇五帝"的問題究竟是怎麼樣,又差不多沒有人能回答得清清楚楚。聰明些的人們至多知道這些名字的不可靠,而勸人們不必去信它就是了。二千年來,竟沒有一個人肯悉心的去尋求出這問題的根柢曲折來,把它整個的託獻給人看。

我們知道要考究一個傳說的來源,必須首先問明白這一個傳說出來的時代,和那時代的社會背景;然後觀察其歷史上的根據,和這傳說本身演變的經過情形。這樣才能把問題澈底解決。我們中國上古史上的問題,儘有許多只是中古史上的問題,研究上古傳說的人若只在上古史裏打圈子,那裏會有解決一切問題的希望。所以我們要明白"五帝"問題,必定要先弄清楚戰國秦漢間的政治背景和那時代的學術思想;我們要明白"三皇"問題,也一樣的必定要先弄清楚戰國秦漢以至歷代的政治和宗教上的情形。

"三皇"傳說起來的原因是這樣:戰國本是個託古改制的時代,一般思想家眼看着當時時勢的紛亂,和人民的痛苦,大家都要想"撥亂世而反之正,"大家都提出具體的政治主張來救世;然要謀主張的實行,必先要得當時的君主和人民的信仰,這本來只是學說上的問題;但是不幸,我們的先民向來有一種迷信古初的病根,以為無論什麼都是愈古的愈好,愈古代便愈是治世,愈到近代便愈亂了。 這種病根,在我想來,是敬祖主義的流弊,是宗法制度的結晶。 戰國的思想家本來沒有什麼歷史的觀念,又困於這種國民性之下,便不得不編造些謊話出來騙人了。 於是他說他的主張是古者某某聖王之道,你又說你的主張是古者某某聖王曾經實行過的;你說你的主張很古,我又說我的主張比你的更古;你講堯舜,我便講黃帝,他更講神農;思想家的派別愈繁,古史的時代也便愈拉愈長。 你把你編造出來的古堆在他編造出來的古的上面,我更把我編造出來的古堆在你編造出來的古的上面;在這樣情形之下,那向來為人所不知道的"三皇五帝"的一個歷史系統便出現了。

戰國人的編造古史,本來不必尋什麼可靠的材料,只要能拉到的便是;他不管你我的說話會不會衝突,也不管書本上的證據如何;所以這國的祖宗會安在邪國的祖宗的上代,甚至於一個人會化身成好幾個人。 他們還嫌這些花樣玩的不夠,更把天上的上帝和神也拉下凡來,湊聖帝賢臣的數。 這樣一來,宗教的傳說便變成了真實的歷史,而神便也變成了人。 "三皇"的傳說即是這樣起來的。

這篇三皇考是顧頡剛師同楊向奎先生合寫的。 這篇長文裏把"三皇"的來源,同它傳說的演變考證得清清楚楚;同時因問題聯帶的關係,更把"太一"問題也相當的解決了。 關於"三皇"的問題,著者們以為:"皇"字在戰國以前只當它形容詞和副詞用,偶然也用作動詞,或是有人用它作名字;絕沒有用作一種階位的名詞的(二節)。 戰國以後,本來用以稱呼上帝的"帝"字已用作人王的位號,便改用了訓美訓大而又慣用作天神的形容詞的"皇"字來稱呼上帝了。 在楚辭裏我們首先看到"東皇太一"和"上皇""西皇""后皇"等名詞(三節)。到戰國之末,"皇"又化為人了。呂氏春秋和莊子告訴我們一個人帝的"三皇"(四節)。秦王政統一天下,命丞相御史等議帝號,臣下奏說"古有天皇,有地皇,有泰皇,泰皇最貴,"這就是我們最先知道的"三皇"的名號。"天皇"之名,就是從"皇天"倒轉來的;"地皇"之名,就是從"后土"翻譯來的;"泰皇"或許就是楚辭九歌中的"東皇太一"(凡是用"泰"作形容詞的,都含有最高最貴的意思,所以泰皇最貴),(五節)。到了漢代,淮南子道"二皇,""二皇"是介於人神之間的人物(淮南子中也有"太皇",是天的異稱;又有"太帝",即是上帝)(六節)。董仲舒道"九皇,""九皇"不是一個固定的人物,是一個跟着朝代遞嬗的位號("九皇"後來也變成固定的人物,如鶡冠子文子等書所說)(七節)。西漢時"三皇"說消沈,其原因,一:西漢是陰陽說極盛的時候,武帝時,以泰一為天的異名,泰皇即可與天皇併家;又泰一與后土對立,天地之神既定,可以不需要再有別的。二:西漢是極注重曆法的時代,在天象裏有大帝星,有五帝星,所以祭祀之神也只能有泰一與五帝,古史中也只能有泰帝與五帝了(一二節)。到西漢的末年,"三皇"說又顯現了。王莽自居於"皇,"所以他又拾起"三皇"這個名詞來應用。(王莽時的"三皇"還保存着董仲舒學說的意義,只是一個順着時代變遷的位號。王莽的"三皇"大約是黃帝少昊顓頊)他在經(周禮)傳(左傳)裏插進了"三皇"說的根據,從此"三皇"這個名詞就長存於天地間了(一三節)。董仲舒的朝代次序的學說只是"黑""白""赤"三個統(此外尚有"天統"二字,乃指自然的統緒而言,即是後世所說的"正統")。到了劉歆,把它改變成"天統""地統""人統;"因有了這新三統說,緯書裏便有天皇地皇人皇的"新三皇。"於是人皇便占據了泰皇的地位了(一五節)。天地人"新三皇"說旣出,他們更把伏羲神農燧人女媧祝融等與"三皇"併合起來(伏羲神農爲"三皇"之二是各說俱同的,還有那一"皇"各說不同)。自從鄭玄把少昊正式加入"五帝"中,"五帝"成了"六帝;"僞古文尙書就把本來爲"五帝"之首的黃帝升做了"三皇,""三皇"之說便確定了(一六節)。 後人又把泰皇九皇人皇等合併成一人,天皇地皇與淮南子裏的"二皇"也併了家;於是"後三皇"在西漢前期的書中也各有着落了(二〇節)。 在道教的經典中也有"三皇,"它們的說法頗不一致,大體是把"三皇"分化成三個集團,有"初"(上),"中,""後"(下)"三皇"之別(道教中的"三皇"也是天皇地皇人皇,有的也把伏羲神農黃帝們拍合上去)(二一節)。 左傳中有"三墳"之名,周禮裏有"三皇之書,"鄭玄們把"三墳"來釋"三皇之書,"後人因此便造出了古三墳書。古三墳書是易經和書經的混合物(二八節)。 到了元代,在異民族統治之下,"三皇"又變做了醫流的祖師(因爲神農有嘗藥及作本草的傳說,黃帝有作內經的傳說,神農黃帝是"三皇"之二,爽快更把伏羲也硬拉入了醫界)。 自此以後,"三皇"便從最高無上的統治階級跌成了自由職業者了(二九節)。

關於"太一"問題,著者們以爲:道家們叫"道"做"大,"做"一"或"太一,"楚辭裏又把"太一"作爲神名(東皇太一),這兩種意義的"太一"來源誰早誰晚雖難確定,但在戰國以前是不見有這個名稱的(八節)。 到漢武帝時,又有"天神貴者"的"泰一"出來,稍後更有天神的"三一"—天一地一泰一出現。 "三一"是"三皇"的化身,"泰一"是"泰皇"的化身("三一"中也以泰一爲最貴)(九節)。 本來西漢的上帝是沿秦制祠靑白黃赤諸帝的,到武帝時換了泰一,五帝降爲第二級的上帝了(這是根據謬忌"泰一佐曰五帝"的學說)(十節)。 武帝時泰帝的故事頗發達(現在我們知道的有兩件),泰帝是禹和黃帝以前的人帝,實在也就是泰一的化身(一一節)。自武帝在甘泉立了泰一壇,到成帝時,儒臣提出抗議,天地祀所三十七年閒搬了五次。王莽更定祀典,定上帝的整個稱號爲"皇天上帝泰一,"後來簡稱爲"皇天上帝,""太一"一名就漸漸的消失了(一四節)。那時的天文家也在星座裏規定了天皇大帝及五帝的星辰。緯書興起以後,更給五帝上的這位上帝以"天皇曜魄寶"一個名號。天皇大帝曜魄寶一方面是北辰星,一方面也就是西漢時"天神貴者泰一"的變相(一七節)。到東晉時,太一墜落成了五帝之佐的同儔,"六十二神"中的一神。至唐,曜魄寶也跌到了祀典的第三級裏了。推原太一地位降落的緣故,是由於當時天文學說的轉變,而民間流傳的故事也同樣於他有不利(二二節)。後漢時有一種占卜的方法叫"九宮,""九宮"是太帝(太一,即北辰之神)的紫宮,和他的"四正八維"八個行宮;太帝是要常常出來巡狩的,就叫做"太一下行九宮。"照後來的說法,"九宮"每一宮內都有一個神,九神同時移動,這就叫做"九宮神"(九宮太一)。到唐玄宗時,"九宮神"竟一躍而爲國家的正式祀典,尊爲"九宮貴神,"地位很高。民間另有一種"太一十神"之說,北宋時又有祀"十神太一"的制度,這"十神太一"的地位更高(以五福太一爲領袖),太一幾乎回復了西漢時的地位(二三節)。道教中也有"太一,"道教的神名"太一"的極多,其中以太一救苦天尊(簡稱太一天尊)的地位爲最高。此外太一君和太一五神等都是人身中的神,還有上上太一,是"道"的父親,又"玄""元""始"三氣也叫作眞一玄一太一(道教以爲"太一"無處不在,而各具名稱)(二四節)。周禮中的"昊天上帝,"甘公星經中的"天皇大帝,"和漢代所祀的"太一,"其地位是相等的,因之而有"三位一體"的說法發生(鄭玄說)。到了唐代,他却又由一而化為兩了;唐代別祀昊天上帝與天皇大帝曜魄寶,曜魄寶的地位低於昊天上帝。元代更把天皇大帝的祀典取銷,而太一也只有"十神太一"中最貴的五福太一得到祭祀,地位並不甚高。明清以後,天皇和太一的祀典都被革除,於是轟轟烈烈的太一就壽終正寢了(二五節)。

此外著者們還有對於"開天闢地人物"和"河圖洛書"等的考證(河圖洛書是"太一下九宮"說的根據地),因非本文的主要部分,從略不叙了(著者們對於"開天闢地人物"的考證有一個特別的提議,以為在盤古未出現前,女媧實為開天闢地的人物。這個提議,是這裏應當特別提出的)。

我們看了上面的提要,可以知道"三皇"問題與"太一"問題的關係是怎樣的密切。"太一"問題又牽涉到天文數象等學問,所以非常不容易解決。著者們做出這樣偉大的成績來,已是令人五體投地的了。

本文體大思精,本沒有多少可以疵議的地方;但是像這樣長的論文,自然也難免有一二疏忽之點。序者不學,本不配在這裏補充什麼意見,然承頡剛師的好意命我寫這篇序文,我應當盡責的說幾句話。現在就把浮在我腦際的一點膚見拉雜寫出來,請著者和讀者們指教!

第一:"三皇"來源的討論。"三皇"中的天地二皇固然就是"皇天""后土"的變相,但他們的關係還是間接的,天皇地皇還有個本生娘家在,那便是史記封禪書中所記"八神"之祀裏的天主地主。我們試把他們的淵源尋出來。封禪書說:

始皇遂東遊海上,行禮祠名山大川及八神。……八

> 神將自古而有之,或曰太公以來作之。齊所以爲齊,
> 以天齊也。其祀絕莫知起時。八神:一曰天主,祠天
> 齊;天齊淵水居臨菑南郊山下者。二曰地主,祠太山
> 梁父。蓋天好陰,祠之必於高山之下,小山之上,命曰
> 畤;地貴陽,祭之必於澤中圜丘云。三曰兵主,祠蚩尤;
> 蚩尤在東平陸監鄉,齊之西境也。四曰陰主,祠三山。
> 五曰陽主,祠之罘。六曰月主,祠之萊山。皆在齊北,
> 並勃海。七曰日主,祠成山;成山斗入海,最居齊東北
> 隅,以迎日出云。八曰四時主,祠琅邪;琅邪在齊東方。
> 蓋歲之所始皆各用一牢具祠,而巫祝所損益圭幣雜
> 異焉。……名山川諸鬼及八神之屬,上過則祠,去則
> 巳。(漢書郊祀志文略同)

八神是東方齊國所奉的神,據史公說八神將自古就有,其祀絕莫知起時,而八神又爲始皇所祠,可見他們至遲也是戰國以前的產品。這天主地主,封禪書明說就是天地之神;因爲其祀偏在東方,所以天子巡狩經過的時候就祠,去就罷了(八神之祀至成帝時始廢)。燕齊方士的勢力本來是活躍於秦漢間的,觀"五德之運"秦帝後齊人就奏之,始皇也便采用;可見他們把天主地主人化成了天皇地皇,從東方搬到西方去,是很可能的事。況且漢武帝時的泰一也是從東方來的,天一地一更與天主地主相近,而天一地一又就是天皇地皇的化身(因爲秦皇復變了神,所以天皇地皇也就跟着回復了天神的地位),所以說天皇地皇與天主地主必有相當的關係,決不是隨意武斷的話。封禪書又記武帝時的祀典道:

> 後人復有上書言:古者天子常以春解祠,祠黃帝用一

　　　　　梟破鏡,冥羊用羊,祠馬行用一靑牡馬,太一澤山君地
　　　　　長用牛,武夷君用乾魚,陰陽使者以一牛。令祠官領
　　　　　之如其方,而祠於忌太一壇旁。
這文裏的太一澤山君,不就是天主地主的變相嗎? 陰陽使者
(漢書注"孟康曰陰陽之神也"),不也就是陰主陽主的化身嗎?

　　第二:泰一來源的另一段材料。 關於泰一問題,本文也漏
掉了一段材料,那便是荀子裏所說的"五泰"。 荀子賦篇說:
　　　　　有物於此,儢儢兮,其狀屢化如神,……臣愚而不識,請
　　　　　占之五泰,五泰占之曰:"……夫是之謂蠶理"。(蠶)
這五泰他書裏沒有見過,或許就是泰一的分化(道敎裏的太一
五神,和張衡靈憲帝王世紀裏的五種"太"的來源,一部分或即由此)。 楊
倞注說:"'五泰',五帝也;"案之下節云"臣愚不識,敢請之王,"王
與帝相對,則釋"五泰"爲五帝也還不算錯(不過他以這五帝爲少
昊顓頊高辛唐虞,則是大錯)。 那末泰一非但做過"三皇",他還曾做
過"五帝"哩(這裏的五泰是神是人看不清楚)。 又荀子禮論篇也有
"太一",是大道的意思,這與道家所說的"太一"相近。

　　第三:燧人祝融列入"三皇"說的來源。 本文質問緯書的
作者道:"燧人和有巢本來是聯帶的,爲什麼只請燧人入'三皇'
而把有巢扔在一邊,不理他呢? 而且用了什麼理由,知道他的
次序應在伏羲之後,神農之前呢?"(頁72) 這個質問,我可以代
緯書的作者答復,便是太皡燧人連稱見於荀子,正論篇說:"何
世而無嵬,何時而無瑣,自太皡燧人莫不有也;"玩其語意,是以
太皡燧人爲最古的帝王,他們的地位正與三皇相當。 成相
篇說:"文武之道同伏戲;"這是說近如文武,遠如伏羲,他們的
道仍是一樣;可見伏羲也是最古的帝王。 在這一點上,太皡很

有同伏羲併家的可能（但是拿太皥同伏羲兩個名詞連起來，稱做什麼"太皥伏羲氏"，那一定是劉歆們搞的鬼！逸周書太子晉解也說"自太皥以下至于堯舜禹，未有一姓而再有天下者；"這篇豈不甚可疑，故此處不引作證）。又莊子繕性篇也以燧人伏羲放在神農黃帝之前。至樂篇並說"言黃帝堯舜之道，而重以燧人神農之言；"可見燧人是在神農前的。緯書的作者把燧人接伏羲，扔去有巢，而連數神農為"三皇，"他們的根據是荀子和莊子。至白虎通等書請祝融坐"三皇"的寶位，著者們也疑它沒有根據，其實這也是有相當的根據的。莊子胠篋篇列容成氏，大庭氏，伯皇氏，中央氏，栗陸氏，驪畜氏，軒轅氏，赫胥氏，尊盧氏，祝融氏，伏羲氏，神農氏為至德之世；在這個太古帝王的系統中，祝融氏居然也得備員其中，位置且在伏羲神農之前，這就是"三皇"裏的祝融氏的來源；可惜他們把祝融伏羲的前後位次顛倒了。

第四：有人名的"三皇"的第四說。有人名的"三皇，"除(1)伏羲燧人神農，(2)伏羲女媧神農，(3)伏羲祝融神農三說外，還有伏羲共工神農的第四說（這說三皇的次序想來如此），見劉恕通鑑外紀引或說。這一說似是從劉歆世經的古史系統來的。世經以伏羲為木德，神農為火德，而鬧一閏水的共工於其間；作"三皇"第四說的人，他感覺"三皇"本來只有二皇，他想"那一皇怕是閏統罷，"所以便把"霸九有"的共工氏給湊上了數。

第五：本文說："王肅有兩個主張：第一是沒有所謂'五精感生'說，第二是不承認五帝之外再有五天帝"（頁93）。這末了的一句話似稍有語病。因為我們知道王肅以天上的五帝為五行之神，天之輔佐（這仍跳不出讖忌的圈子），稱為"五帝；"明王死而配五行，故亦稱"五帝；"那末他並非不承認有五天帝了。所以這句話若作"不承認有所謂'六天,'"似稍妥帖。

第六:本文說鶡冠子裏的泰一卽是九皇(頁27),這似乎是錯的。因爲鶡冠子泰鴻篇明說"泰皇問泰一曰"(注:"泰皇,蓋九皇之長也")……又說"泰一,……九皇受傅;"泰錄篇也說"泰一之道,九皇之傅;"則泰皇卽是九皇(或是'九皇'之一)。九皇是學於泰一的,泰一是九皇的師傅;九皇與泰一是二非一(至所謂"九皇殊制,而政莫不效焉,故曰泰一",這也是說九皇之政效於泰一,泰一爲殊制的九皇所效,所以稱做泰一。這段文義很是顯明)。

第七:莊子天運篇裏的"三皇"似是"三王"的誤文(繆鳳林先生說,見中國通史綱要第一册頁一六三——一六四,這層顧剛師從前好像也提出過的)。又天運篇裏又有"上皇,"其文云:"天有六極五常,帝王順之則治,逆之則凶,九洛之事,治成德備,監臨下土,天下戴之,此謂上皇;""楚辭裏的神的"上皇"在這裏也被人化了。

第八:左傳"三墳五典"語是劉歆們所竄入,我還有一個證據,便是左史倚相在國語中是個賢人,他能止司馬子期的以妾爲內子的亂倫行爲(楚語上),王孫圉又稱他爲楚國之寶(楚語下);在左傳這節裏他却變成一個被貶的人物了,他成了這件故事的犧牲品了。

上面把我的一點膚見說完,此下略略叙述"三皇"辨僞的歷史:

"三皇"這三尊偶像,在歷史上說來,本來是不值一駁的東西;所以一班稍有歷史觀念的學者早就對它不信任了。宋代以來,儒者們理智進步,對於"三皇"一名,便有持極端懷疑態度的了。劉恕通鑑外紀說:

六經惟春秋,及易,彖,象,繫辭,文言,說卦,序卦,雜卦,仲尼所作,詩,書,仲尼刊定,皆不稱"三皇""五帝""三王。"……六韜稱"三皇,"周禮稱"三皇五帝,"及管氏書皆雜孔子後人之語,校其歲月,非本書也。先秦之書存於今者:周書,老子,曾子,董子,慎子,鄧析子,尹文子,孫子,吳子,尉繚子皆不言"三皇""五帝""三王。"論語,墨子稱"三代。"左氏傳,國語,商子,孟子,司馬法,韓非子,燕丹子,稱"三王。"穀梁傳,荀子,鬼谷子,亢倉子稱"五帝。"亢倉子又稱"明皇聖帝。"……惟文子,列子,莊子,呂氏春秋,五經緯始稱"三皇。"鶡冠子稱"九皇。"柒文子稱墨子,而列子稱魏文侯,墨子稱吳起,皆周安王時人,去孔子沒百年矣。藝文志鶡冠子一篇,……唐世嘗辨此書後出,非古鶡冠子;今書三卷十五篇,稱劇辛,似與呂不韋皆秦始皇時人;其文淺意陋,非七國時書。藝文志云文子,老子弟子,孔子並時,非也! 莊子又在列子後,與文列皆寓言,誕妄不可為據! 秦漢學者宗其文詞富美,論議辨博,故競稱"三皇五帝,"而不究古無其人,仲尼未嘗道也。……讖緯起於哀平間,……名儒以為袄妄,亂中庸之典。司馬遷孔安國皆仕逮武帝,遷據穀梁傳荀卿子等稱"五帝,"不敢信文列莊子呂氏春秋稱"三皇。"……孔安國為博士,考正古文,獨見周禮,據"外史掌三皇五帝之書,"左傳云左史倚相"能讀三墳五典八索九丘,"……安國以周禮為古文,而不知周禮經周末秦漢增損,偽妄尤多;故尚書序云:"伏羲,神農,黃帝之書謂之三墳;少昊,顓頊,高辛,唐,虞之書謂之五典。"孔穎達云三墳之書在五典之

上,數與三皇相當,墳又大名,與皇義相類,故云三皇之
書;……此皆無所稽據,穿鑿妄說耳!…… 秦初幷六
國,丞相等議帝號,曰"古有天皇,有地皇,有泰皇,泰皇
最貴,臣等上尊號,王為'泰皇;'"王曰"去'泰'著'皇,'采上
古'帝'位號,號曰'皇帝;'"乃知秦以前諸儒或言五帝,猶
不及三皇;後代不考始皇本紀,乃曰兼三皇五帝號曰
皇帝,誤也!……(卷一)

劉恕是崔述前的一個謹嚴的史學家,他折衷於所謂"仲尼之
言,"悍然斷三皇五帝為古無其人。他把古書清理了一下,悍
然斷凡稱"三皇五帝"的都是晚出之書,誕妄之說。他連周禮
都割棄了,不能不說他有相當的勇氣。他把三皇的時代移到
戰國以後,太古的偶像已被他根本推翻了。在劉恕以前,固然
已有懷疑三皇的人,但總沒有像他這樣澈底的;如他同時人司
馬光的稽古錄道:

伏羲之前為天子者,其有無不可知也。如天皇地皇
人皇有巢燧人之類,雖於傳記有之,語多迂怪,事不經
見。(卷一)

他雖也懷疑伏羲之前的為天子者,但終不敢斷定地說"古無三
皇,"他遠不及劉恕的勇敢。

到了清代,考證學大昌,當一般經師正在迷信漢人的經說,
大開倒車之際,却有一位頭腦極清醒的辨偽大家起來;這個人
便是崔述。崔述在他的補上古考信錄裏力闢"三皇"說之謬道:

"三皇五帝"之文見於周官,而其說各不同;……後之
編古史者各從所信,至今來有定說。余按:書云"皇帝
哀矜庶戮之不辜,""皇帝清問下民,"是帝亦稱"皇"

也。詩云"皇王惟辟,""皇王烝哉,"是王亦稱"皇"也。書云"惟皇作極,"又云"皇后憑玉几,"詩云"皇尸載起,"又云"獻之皇祖,"傳云"皇祖文王,"又云"皇祖伯父昆吾,"離騷云"朕皇考曰伯庸,"然則"皇"乃尊大之稱,王侯祖考皆可加之;非帝王之外別有所謂"皇"者也。且經傳述上古皆無"三皇"之號,春秋傳僅溯至黃帝,易傳亦僅至伏羲,則謂羲農以前別有"三皇"者,妄也!燧人不見於傳,祝融乃顓頊氏臣,女媧雖見於記,而文亦不類天子,則以此三人配羲農,以足"三皇"之數者,亦妄也!……僞孔傳書序云:"伏羲,神農,黃帝之書謂之三墳;少暤,顓頊,帝嚳,堯,舜之書謂之五典;其意蓋以墳爲"皇"書,典爲"帝"史,然黃帝以"帝"稱而反爲"皇,"名實迕矣!……蓋"三皇五帝"之名本起於戰國以後,周官後人所撰,是以從而述之。學者不求其始,習於其名,遂若斷不可增減者;雖或覺其不通,亦必別爲之說以曲合其數;是以各據傳說互相詆諆。不知古者本無"皇"稱,而"帝"亦不以"五"限,又何必奪彼以與此也哉!(前論)

史記秦本紀云:"古者有天皇,有地皇,有泰皇,"……河圖及三五歷稱:"天皇氏十六頭,……地皇十一頭,……人皇九頭,……"後世序古史者往往采之;以余觀之,謬莫甚焉。傳曰:"上古結繩而治,後世聖人易之以書契,"世又傳倉頡始作書契,然則書契之起於羲農以後,必也;羲農以前未有書契,所謂"三皇""十紀"

帝王之名號,後人何由知之?……夫尚書但始於唐虞,及司馬遷作史記乃起於黃帝,譙周皇帝譜又推之以至於伏羲氏,而徐整以後諸家遂上溯於開闢之初,豈非以其識愈下,則其稱引愈遠;其世愈後,則其傳聞愈繁乎! 且左氏春秋傳最好稱引上古事,然黃炎以前事皆不載,其時在焚書之前,不應後人所知乃反詳於古人如是也!(本文)

他說"皇"本是尊大之稱,非帝王之外別有所謂"皇"。經傳述上古統沒有"三皇"之號,所以說羲農以前別有"三皇,"那是妄談! 燧人,祝融,女媧們都夠不上"三皇"的地位,所以以此三人配羲農以足"三皇"之數,也是謬妄! 至僞孔傳書序以黃帝爲"三皇,"名實相迕,也不足據。 三皇五帝之名只是戰國以後人所杜撰,周官是後世的僞書,所以從而述之。 況且書契起於羲農以後,所謂"三皇""十紀"帝王的名號後人何從知道? 後人所知反比古人爲詳,這是"其識愈下則其稱引愈遠,其世愈後則其傳聞愈繁"的一條史學公例。 他的話駁得這樣有力,不知當時人何以還不覺悟?

　　崔述以後辨斥"三皇"之說的有康有爲崔適等。 他們以爲"三皇"之名只是劉歆們臆造出來的,凡是古書上說"三皇"的文字都是劉歆們所竄改。 他們的話著者們已引入本文中,加以辨正,現在不贅述了。

　　在近人中辨"三皇"說的僞最力的人,據我所知道的有三位大師。 第一位便是本文的著者顧頡剛先生。 頡剛師在他的名著古史辨第一册裏說:

　　從戰國到西漢,僞史充分的創造……自從秦靈公於

> 吳陽作上時,祭黃帝,……經過了方士的鼓吹,於是黃帝立在堯舜之前了。自從許行一輩人抬出了神農,於是神農又立在黃帝之前了。自從易繫辭抬出了庖犧氏,於是庖犧氏又立在神農之前了。自從李斯一輩人說"有天皇,有地皇,有泰皇,泰皇最貴,"於是天皇,地皇,泰皇更立在庖犧氏之前了。……自從漢代交通了苗族,把苗族的始祖傳了過來,於是盤古成了開天闢地的人,更在天皇之前了。時代越後,知道的古史越前;文籍越無徵,知道的古史越多。汲黯說"譬如積薪,後來居上,"這是造史很好的比喻。(頁 65,與錢玄同先生論古史書)

這就是所謂"層累地造成的中國古史觀"(這觀念是導源於崔述的)。三皇是這層累裏的第二層。在此以後,頡剛師曾編著了一種初中本國史教科書,因為裏面沒有照通常的例敘說"三皇五帝,"犯了維持道統的人的忌,他們用了政治上的力量壓迫頡剛師,把這本書銷滅了。那裏知道不久便有第二第三懷疑三皇五帝說的人起來,那便是經今文學大師廖季平的高足蒙文通先生,和我們的右翼驍將繆鳳林先生。蒙先生說:

> 谷永言"夫周秦之末,三五之隆,"師古曰"'三'謂三皇,'五'謂五帝;"則"三皇五帝"之說起自晚周,漢師固已言之也。郊祀志有梁巫,晉巫,秦巫,荊巫,晉巫祠五帝;亳人謬忌奏祠泰一方曰:"天神貴者泰一,泰一佐曰五帝;"是五帝本神祇。……鄭玄以"太一者,北辰之神名",宋均謂是"北極神之別名;"是北辰之神一,而五帝之神佐之。武帝時人有上書言:"古者天子三年

> 一用太牢祠三一,天一,地一,泰一;"是天地之神又
> 並北辰之神而三。 秦博士言"古者有天皇,有地皇,
> 有泰皇,泰皇最貴;"則"三皇"之說本於"三一;""五帝"固
> 神祇,三皇亦本神祇;初謂神不謂人也。

他首先探討"三皇"的來源,他以爲"三皇"的娘家是"三一"(先有"太一"然後有"三一")。 他們本來是神而不是人。 他接着說:

> 撮周秦書之不涉疑僞者而論之:孟子而上皆惟言"三王,"自荀卿以來始言"五帝,"莊子呂氏春秋乃言"三皇;"以陸德明之言考之,則莊子書亦多有非漆園作者雜出其間。 則戰國之初惟說"三王,"及於中葉乃言"五帝,"及於秦世乃言"三皇。"

這是蒙先生的"層累地造成的中國古史觀"。 再看下去,他說:

> "五帝"說始見孫子,"三皇"說始見莊子;豈"三五"皆南方之說,騶子取之而別爲之釋,乃漸徧於東方北方耶?

他以爲"三皇五帝"之說皆起於南方,後乃傳到東方北方的。 他的結論是:

> 帝固獨貴之神,今乃有五,則不能不有尤貴者焉。 周官春官司服"王祀昊天上帝則服大裘而冕,祀五帝亦如之;"則"五帝"之外別有"上帝。" "五帝上帝"之說,自三晉始也(蒙先生以周官爲三晉人所作)。 又一變而爲"泰一,"爲"三一,"爲"三皇,"又去古義益遠也。(古史甄微一)

他這個議論雖然有些倒果爲因(因爲我們知道周禮是王莽的書,五帝上的那位上帝正是泰一的化身;而武帝時的三一也正從三皇之說脫化而出),但在他以前沒有人像他這樣把"三皇"澈底研究過,所

以他的勞績是不能完全湮沒的。此後他又說"三皇"之說既起，又以古之王者配"三皇"。"三皇"之說未定，而"九皇"之說又起。"九皇六十四民"在秦本屬雍廟，入漢亦爲古之王者（同上古史甄微一）。他以"九皇六十四民"本是秦雍廟所祀的神，到漢也變成了古之王者，這個提議，雖然我們還不敢斷定它可靠與否，但也是值得注意的（蒙先生從皮鹿門說讀郊祀志"雍有……九臣十四臣……之屬"的"九臣十四臣"爲"九皇之臣"，"六十四民之臣"）。

對於"三皇"的起源，與蒙先生持相反的說法，而各得一部分眞實的，便是繆鳳林先生。繆先生素來是以"信古"著名的，但他也不是一味的迷信古初;他實在受崔述的影響很大，他只是一個儒家正統派的古史學者。他曾說過"其世愈後，傳說愈繁，古史之內容亦愈豐富;""孔子訂書始于唐虞，傳易則言羲農黃帝時事，然但因事及之，未嘗盛有所稱述也;自餘諸子皆以舖張上古爲事，漢儒雜取其書以爲傳記，故伏生董子之書其博古者非孔子所及，馬遷史記觀其自序亦欲繼儒家之正統者，然所采已雜;……蓋自儒者習聞百家異說，采之以益經，流傳旣久，學者不復考其所本，以爲其事固然，于是儒者……學者……皆不知儒家所傳之史矣"等話（中國通史綱要第一册頁一五〇及頁一五四），這都是同崔述一鼻孔出氣的。他確也有些"疑古"的精神（他的中國通史綱要第一册唐虞以前的古史題爲"傳疑時代，""上古之傳說"）。他對於"三皇"說的意見是：

  "帝"爲上帝之稱，而"皇"初無天帝或帝王之義;以君釋"皇，"後起之義。……"三皇"之說蓋起於道家理想之世之具體化。道家不滿現世，冥想古初，（案儒家何獨不然？）老子嘗言"失道而後德，失德而後仁，失仁而後義,失義而後禮;"以"道""德""仁""義"觀世之隆汚,而"道""德"之世有理想而無君。莊子始以容成大庭赫胥等氏爲至德至治之世。在宥篇廣成子曰:"得吾道者,上爲皇而下爲王,"又以"皇"爲道之君之稱號。蓋管子嘗稱:"明一者皇,察道者帝,通德者王,謀得兵勝者霸;"以"皇""帝""王""霸"代表歷史退化之四時期。古代尚"五"復尚"三,""霸"五,"王"三,"帝"又爲五,"皇"之說起,遂亦冠"皇"以"三。" 以周官言"外史掌三皇之書"觀之,其說或興於莊子前。 然莊子書言"三皇"者,疑皆"三王"誤文。公羊襄二十九年注又引孔子曰:"三皇設言民不違,五帝畫像世順機;"語出緯書,更不足辨。呂氏春秋貴公:"天地大矣,生而弗子,成而弗有,萬物皆被其澤,得其利而莫知所由始,此三皇五帝之德也;"蓋至秦人而"三皇"乃確定,道家理想中之太古爲上古史之首頁矣。

繆先生以爲"三皇"之說起於道家。 在老子時還只有一種空洞的太古理想。到莊子時太古史上才有容成大庭赫胥等名號。而帝王之義的"皇"字,也始見於莊子和管子。因爲古代尚"五"復尚"三,"所以"霸"有五個,"王"有三個,而"帝"又是五個,"皇"說一起,便也不得不冠"皇"以"三"數。"三皇"之說是確定於秦人的,於是道家理想中的太古便變成上古史的首頁了。 他這段議論很翆實,我們只能相當的承認。他接著又說:

呂覽不言何者爲"三皇,"秦博士則曰"古者有天皇,有地皇,有泰皇"(史記秦始皇本紀);此"天皇地皇泰皇疑即呂覽之"三皇"。漢書郊祀志(案繆二先生不引史記封禪書,而引漢書郊祀志之文,豈信崔適輩之說,以封禪書爲有可疑耶? 其實封禪書甚可信,崔氏輩之疑未是)言太一,又言天一地一泰一,皆古天神;近人或言泰皇之說本於泰一,"三皇"之說本于"三一",其始亦爲神,後乃爲人(蒙文通古史甄微說)。 考先秦之神雖有以"皇"名者,然無"三皇"之神。周官有人之"三皇,"而無神之"三皇。" 郊祀志記秦一統後祀典最詳,亦無"三皇"之祀。惟齊有天主地主等"八神,"或言天皇地皇或由天主等轉變。 然神以天爲尊,"三皇"苟爲神,當曰"天皇最貴,"而秦博士言"泰皇最貴,"又上秦王尊號爲"泰皇,"故知其爲人而非神矣。 "泰一"之名始見荀子禮論,莊子亦屢言之,與易傳"太極"義略同,初不謂神。楚人以"太一"爲神名,亦不謂上帝。 日人津田左右吉太一說考之甚詳。漢世"泰一""三一"之祠於古無徵,疑皆由"三皇"之說而出。 武帝迷信神祇,"而海上燕齊怪迂之方士多更來言神事,"以漢祀五帝,而三皇在五帝前,秦人又謂"泰皇最貴"也,故"謬忌奏祀泰一方曰'天神貴者泰一,泰一佐曰五帝'"矣。 謬忌僅取泰皇言泰一,而不言天皇地皇也,故"其後人上書言'古者天子三年一用太牢祠三一,天一地一泰一'"(皆見郊祀志)矣。 是則"三一"之說本于"三皇,"泰一之說出自泰皇;"三皇"初謂人,不謂神也。(中國通史綱要第一册第三章(二)四七節)

繆先生反對"三皇出於三一"之說,他有三項理由:第一個理由是先秦及秦統一後皆無"三皇"之神。 這條理由欠充足,因爲

"三皇"固然是人而不是神,但這人儘可由神變化而來。第二個理由是古無上帝的"泰一。" 這一說也不大對,因為楚辭稱東皇太一為"上皇,""上皇"就是"上帝"的變文(參看本文頁10—11)。況且即使楚辭裏的"太一"不是上帝,同時也儘可有上帝的"太一"存在。 第三個理由是漢世"泰一""三一"之祠於古無徵。這個理由便比較得站的住了。 因為"三皇"之說若果由"三一"出,則"三一"之祀當古已有之,為什麼謬忌奏了一"一,"而忘了那兩"一,"要叫其後人再來補奏呢? 這分明是方士們鬥奇爭巧的玩意兒,蒙先生實在被方士們瞞過了也,繆先生的舉發是對的! 至於他反對的或說,以天皇地皇為由天主等轉變而來(視史學雜誌所載繆先生三皇五帝說探源一文,知此即繆先生自己之說),倒是不錯! 繆先生說神以天為尊,"三皇"苟為神,當曰"天皇最貴,"不應曰"泰皇最貴。" 這個質問,我們可分兩層答復:第一是泰皇之說當出於東皇太一,東方於五行中屬木,四時中屬春,行次皆最先。 所謂"帝出於震,"在五行說支配下的宗教,東皇太一焉得不成為天神中的最貴者? 第二是"太一"是"道"的化身,"道"駕"天地,"老子說:"有物混成,先天地生,⋯⋯吾不知其名,字之曰'道;'⋯⋯人法地,地法天,天法道。" 又說:"道生一,一生二;"這"一"即是"太一,"等於"太極,""二"等於"兩儀,"也就是"天地;"(呂氏春秋大樂篇說:"太一出兩儀,兩儀出陰陽,"注:"'兩儀',天地也")泰皇的高於天地兩皇,猶"太極"的高於陰陽兩儀。何況"太"(泰)字又本是一個崇高尊貴的稱號呢!(本文著者說,見頁18)

"三皇"問題就這樣結束了。"三皇"的來源問題是蒙文通先生首先提出的。繆鳳林先生補正蒙先生的意見(史學雜誌第一卷第五期載有蒙先生與繆先生的通信,題目就是"三皇五帝說探源;"

這兩封信便是本文所引剛先生論著的前身），他那段"三皇"略論（中國通史綱要第一册三皇之傳說與帝皇之混合）簡直就是本文十萬言考證的縮影；在本文未出世以前,是要讓它獨霸"三皇問題"的論壇的。至著者們的這篇十萬言的論文,詳博得未曾有,當然無疑地更是本問題的一個最後的大結帳！（本文與五德終始說下的政治和歷史都是由顧剛師的中國上古史研究講義改編成的。那講義是民國十八年度所編,並記於此）

二十四,十二,五,童書業。

自 序

　　一提到中國的古史系統,任何人就想到三皇五帝,以後就是三王五霸,實在這個系統已經建設了二千多年,深入人們的腦髓了。 一般人不覺得其中有問題;少數人知道其中有問題,但因怕鬧麻煩也不敢討論。 如此相安無事,倒也做了六七十代的好夢,夢見三皇五帝的黃金時代。 陶淵明高臥北窗下,涼風颯至,自謂"羲皇上人,"就是這個好夢的追求者。

　　能做夢,本來也好;可惜近幾十年來,受了海通的影響,這個好夢再也做不成了。 西洋的學者不安于創世紀的說法有的研究地質學,有的研究生物學,有的研究人類學,有的研究社會學,把人類的由來和進化弄得清清楚楚,使人知道古代的真相原來如此! 最使人們的古史觀念改變樣子的,是考古學,他們挖出許多地下遺物,從古人的用器來證明當時的文化,更使人沒法反抗。 我們說古時是黃金時代,但他們偏偏把蠻野的古代顯示給我們看,於是原來的古史立刻改變了樣子。

　　這個觀念傳到了中國,三皇五帝就等着打倒了。 放第一聲礮的,是康有為的孔子改制考。 改制考的第一篇是上古茫昧無稽考,他在開端的小序上說," 大地人道皆蘆勇於洪水後,然印度婆羅門前歐西希臘前亦已茫然,豈特秘魯之舊刼,墨洲之古事黯芴渺昧,不可識耶? 吾中國號稱古名國,文明最先矣,然六經以前無復書記,夏殷無徵,周籍已去,共和以前不可年識,秦漢以後乃得詳記,……"這就是他受了新潮流的激盪的證明。第二聲礮是夏曾佑的中國歷史教科書,這部書雖然名爲教科,其實是他的一家言,他把三皇五帝的時代總稱爲"傳疑時期。" 在傳統的歷史裏,三皇五帝時的文物制度反而較夏商爲整齊完備,怎麼會"傳疑"起來? 這兩聲礮都是在清末放的,因爲那時人的目標專注在立憲或革命,學問的空氣淡薄,所以大家沒有理會。 但是力量是不會白費的,到了五四運動,對于舊思想舊生活作一個總攻擊的時候,這些散發的火星就燃燒起來了。

凡是做成一件事情,總是因緣湊合,具備了各種的條件。康夏二氏立說後,爲什麼沒人理會呢? 政治關係固是一端,而另一端則因沒有考古學的輔助,力量不厚。 自從清末發見了殷虛甲骨,到民國初年,羅振玉氏大加鼓吹,集合了許多拓片,著作了許多論文,於是大家認識了商代的文化。 本來我們所有的商代歷史的智識是從商書,商頌,史記殷本紀,及竹書紀年等書裏得到的,想像中的商代,雖沒有周代的"文,"一定很像個天朝的樣子。 哪知拿甲骨文字來看,那時的生產只是牧畜,漁獵,那時的文化只是祭祀,占卜,他們的地域是這樣小,他們的社會是這樣簡單! 就在這個時候,地質調查所發掘了仰韶遺址,出了不少的彩陶,沒有一個文字,隨着挖出來的沒有一些銅器,這文化是我們在古書裏完全沒有瞧見過的,又是一種面目。 大家說,殷虛是銅器時代的初期,而仰韶是石器時代的後期。 這樣一再的大發現,就把我們從向日的儒家道家的歷史觀念裏拖了出來,知道書本的記載確是大有問題。 豈但"傳疑,"直是作僞!

商代的文化,我們從殷虛遺物裏窺見一個大略了。 夏,我們從種種方面知道商以前確有這一個大國,但究竟是怎樣狀况,因爲沒有得到他們的遺物,已經"茫昧無稽。" 三王尚且如此,何況三王以前的五帝,更何況五帝以前的三皇! 我,因爲自己覺得把這件事實認識的眞,所以民國十一年就在努力周刊附刊的讀書雜誌裏對于三王的第一代(禹)和五帝的末二代(堯舜)下一番破壞,——其實不是破壞,乃是把關于他們的傳說作一番系統的建設。爲什麼獨對于他們三人注意呢? 只因他們是儒家所奉的中心人物,是尚書一經中的最大的偶像。 那時商務印書館邀我編中學歷史教科書,我不能違背我的信念,所以也學了夏曾佑的辦法,列了一章"傳說中的三皇五帝。"

想不到到了民國十八年,這部教科書竟因沒有承認三皇五帝而被禁了。 我打聽禁止的理由,得到的消息是這位主張禁的達官說,"學者的討論是可以的,但不能在教科書上這樣說,否則搖動了民族的自信力,必於國家不利。" 我初聽得時,確是佩服這位達官的高見,惴惴慄慄,惟恐自己作了民族的罪人。繼而想:我們民族的自信力眞是建築在三皇五帝上的嗎? 最明白的回答,是我們漢族都承認是炎帝黃帝的子孫,如果推翻了炎帝黃帝,我們這一族就團結不起來了。 然而使我疑惑的,我們口裏常常說是"炎黃神明之胄,"又常常說"炎黃在天之靈實式憑之,"爲什麼我們這漢族老像"一盤散沙,"無論如何團結不起來呢? 三皇五帝,固然大家承認他們是最古的帝王,固然很少數的士大夫還在做好夢,可是同一班民衆有什麼關聯呢? 有哪一個地方影響于他們的生活呢? 世界上事,"千虛不敵一實。" 以前學者對于三皇五帝,竭盡能力去鋪張,裝了許多金身,畫了許多極樂世界,似乎可以吸收多少位信徒,但結果只落得貌合神離;反不如幾個民族英雄的慷慨悲歌使人感動。

如果我們要團結這民族,那麼我們民族經過多少次的磨難,這磨難中的犧牲人物正可喚起全民衆的愛國精神。 試看學校裏,戲館中,書場上,每一次講到演到楊繼業,岳飛,文天祥,史可法,林則徐等,便洋洋有生氣,使觀衆爲之泣下。 誰曾聽說講演三皇五帝而有同樣的感動呢? 至于說到漢族本身,我們可以說是許多小民族的大團結。 三代,總算是漢族的核心了罷? 但商和夏不是一民族,周和商也不是一民族,周和楚越又不是一民族;經過了千年的融冶,春秋時的蠻夷,到戰國時就看不見了,完全同化了。 其間固然曾感受多少苦痛,但到現在竟眞成爲一族了,這一族是拆不開的了。 例如我們顧家,本是東越,居于東甌,語言衣服都不與華同,給漢武帝用了武力遷到江淮,經了數百年同化,就是漢族了。 到三國時,還有未曾同化的越人,叫做山越,也常常出來虜掠,但經過吳國的努力開發,這些人又同化于漢族了。 到現在,有哪一個人出來組織越族同盟,想脫離漢族的? 就使有這人出來,也決無人響應,因爲血統早已混合,分不清了。 豈必遠溯秦漢,就是遼金元淸各族,凡同化于漢人的也都爲漢族了。 旣爲一族則利害所關自然一致,只要我們有方法團結就團結得起來,不必用同出一祖的空言來欺人。倘使藉欺詐而結合,那麼一旦民智大開,欺詐無法行使時,豈不是眞把這個民族解散了嗎?

　　因此,我承認這位達官抱的是杞憂。 我們的民族自信力應當建立于理性上。 我們正應當把種種不自然的連絡打斷,從眞誠上來結合。 三皇五帝旣經一定不可信,萬無維持其偶像之理。 我要順從"學者的討論是可以的"這一句話,所以把三皇五帝的成分細細地分析,把三皇五帝的演化的歷史詳詳地說明。

自從民國十八年,我由廣州回到北平,卽本此志願,搜集材料。在這一年燕京大學的中國上古史講義裏,把東周至東漢的人們對于古史系統的觀念理出一個頭緒。其中五帝一部分,十九年重加修正,發表於清華學報,命題爲五德終始說下的政治和歷史;可惜只寫得半篇,便因病因事沒有續下。三皇一部分,則于二十一年夏天,在妙峰山金仙庵中增改一過,分出章節,就是這一册書。因爲三皇太一的問題,自從道教起來之後又增加了多少故實,而道藏分量太多,我的生活已不容我一册一册的翻看,所以這册三皇考沒有寫成。到二十二年,我想宕着總不是辦法,就請北京大學史學系同學楊拱辰先生(向奎)代我續下。到二十三年春間他寫成了,便交哈佛燕京學社,編入燕京學報專號。那時燕京大學歷史學系同學翁獨健先生正在編輯道藏子目引得,又請他校對了一回。本來此書在這年秋冬間即可出版,不幸我的繼母病逝,我奔喪南旋,此事遂爾擱置。直至去夏北行,始經改定付印,到現在剛得出版。綜計這書從起草到印出,前後經歷七年,時間不爲不久。然而這七年之中,是我們中華民族處境最艱屯的時候,時時處處受着強烈的刺戟,只要這個人是有感情的,他就沒法安心做事,研究的工作哪裏談得到! 所以,這本書還是寫得粗糙。將來倘徼天之幸,我們有安安穩穩坐在學院裏研究古史的一天,我很希望把這本書重新寫過。咦,不知今生今世會不會有這樣的福氣?

我們非常欣幸,得到國立浙江大學教授錢琢如先生(寶琮)的合作。錢先生是數學史專家,彙通天文學,著有中國數學史等書。一二八之變,我適省親在杭,江浙道路阻絕,只得留住數月,在這時期中,就常常和錢先生會面。談到三皇太一的問題,彼此有同心之契,我旣曾搜集了神話的材料,他也曾搜集了天文的材料。當下我便請他寫一篇太一考,登入燕京學報。去年我因母葬南旋,又和他往返多次。我就把三皇考稿本送去,請他改正,承他答應了。本篇第二十二章太一的墮落,二十三章太一下行九宮及二十六章河圖與洛書,改作處尤多。他並允許我的要求,把太一考作爲本書的附錄。感謝之情,眞是非言可表!

童丕繩先生(書業)上年來北平,專心研究古史,見到此稿,很高興,說要寫一篇批評,我就請他做序,序中多承指正。他主張把近時人討論這問題的作品一起收入,我們表示贊同,就將蒙文通先生,繆贊虞先生(鳳林)的文字彙合編爲附錄,藉便讀者勘證。童先生又轉請馮伯平先生(家昇)把日本學者三篇三皇研究的文字作爲提要,也編入附錄。三皇太一傳說演變略圖一幅,是楊先生的原稿,經童先生改作的。我們敬謝謝他們諸位的好意!

太一天尊像一幅,三皇像一幅,是趙巨淵先生(澄)所照的。他知道我們研究這問題,特地爲我們攝取這兩片,並此誌感!

三皇問題,這本書固然沒有寫好,但演變的規模已大略具備,這問題可算是解決了。這問題之所以能解決,全由於這傳說起得晚,讓我們看清楚其中的機構。五帝問題就沒有這樣容易。"五帝"的集合名詞固然起得也不早,但這五位帝王各有其深長的歷史,有的商代已有,有的兩周已有,而且也許一人化作兩人(如嚳與舜)，那時的史料零落不完，無法尋出其演變的系統，所以只能作為一個懸案。我以前作的五德終始說下的政治和歷史，也只說秦漢間的五帝而沒有說殷周間的五帝。三皇問題與殷周無關，只是秦漢以來宗教史的問題而不是古代史實問題，所以容許我們作這原原本本的說明。這正如偽古文尚書出于魏晉，它所引用的材料大都存在，容易啓人懷疑，因此，雖有經典的權威，終爲明清學者所打倒。可是二十八篇傳於春秋戰國，編定于漢初，可供研究的材料太少了，我們雖有好多地方覺其可疑，但竟有無從下手之苦。將來如能有大批的新材料出現，解決了二十八篇的問題，還解決了五帝的問題，那纔是史學界的大快事呢！

顧頡剛。中華民國二十五年一月八日。

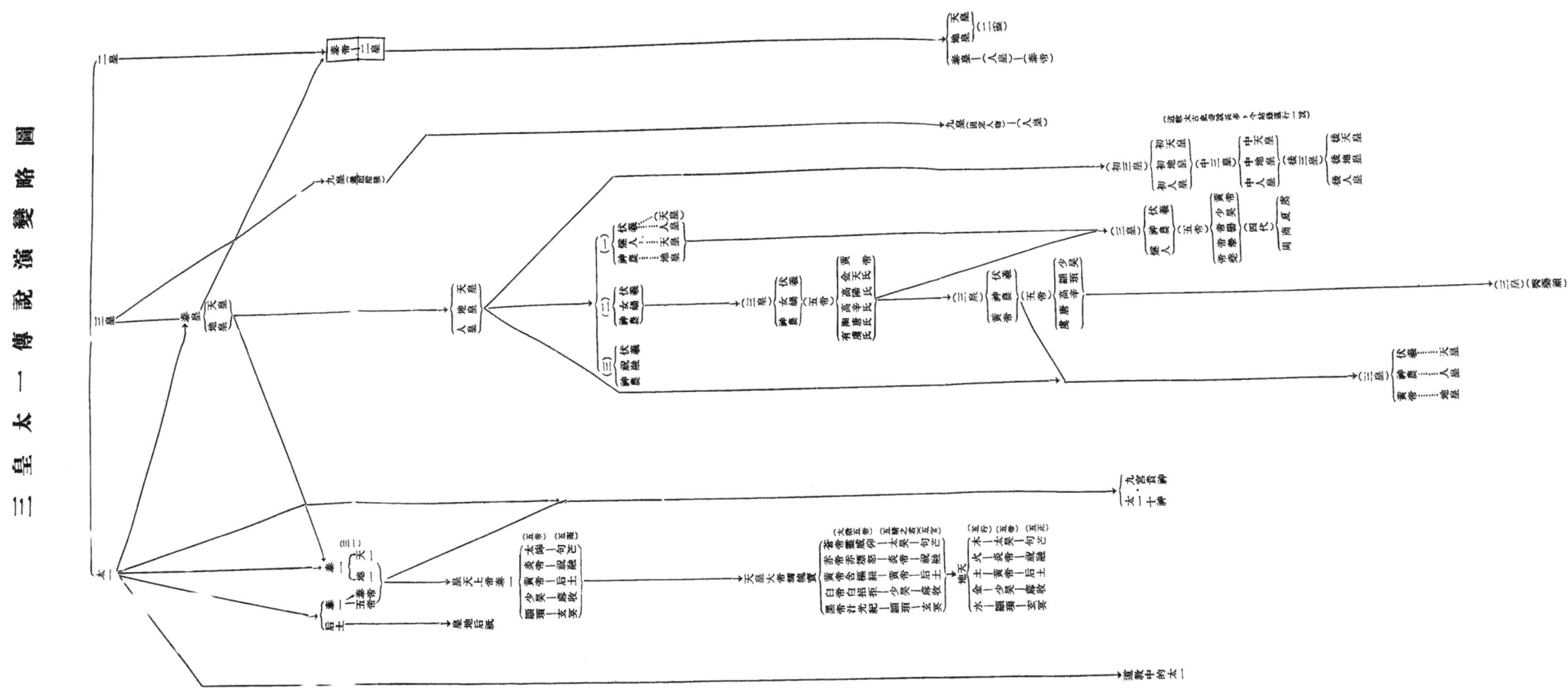

一　引言

"三皇五帝"這一個名詞,是大家習熟在口頭的。惟其習熟,所以覺得沒有什麽疑問,他們的偶像就得繼續維持下去。但是不幸得很,到了二十世紀,這思想解放的時代,就是習熟的東西也要問一問了。

凡一種偶像的成立,必有一種或數種學說伏在它背後鼓吹。例如夏商周的稱爲"三王",本來的意義只是連續的三個朝代,是很簡單的;但到他們有了道德和政治的聯絡,而使這一名有了抽象的意義時,就有漢人的"三統說"隱在它們的背後了。"五帝"的起來,如無"五行說"的襯托,就未必能成功。五行說有幾種不同的說法,所以五帝也就跟着它變了幾種不同的式樣。(詳見五德終始說下的政治和歷史,古史辨第五册下編。)講到三皇,它的背後也有兩種學說:一種是"太一說,"一種是"三統說。"

三皇是戰國末的時勢造成功的,至秦而見於政府的文告,至漢而成爲國家的宗教。他們是介于神與人之間的人物,自初有此說時直至緯書,此義未嘗改變。自從王莽們厠三皇於經(周禮)和傳(左傳),他們的名稱始確立了。

到了今日,古史上當然不該再有他們的地位,但他們在中國宗教史上的地位是不可磨滅的,對於這一方面,我們實在有整理研究的必要。我們是要把他們從古史裏清出去,清到宗教史裏去。這不是侮辱他們,只是要使他們得到一個最適當的地位。

或謂生于今日,自非時代落伍者,誰再信仰三皇五帝,何必加以整理研究。不知信仰是一件事,研究又是一件事。學術界中一切平等,原無時髦與過時之別。旣有問題,就當提出;旣有材料,就當整理。清代學者研究古史的很多,但對於三皇問題頗少施功者,大概因爲這個問題太悠謬難稽了,以爲不值得費功夫之故;一半亦因道統所繫,一研究就破產,誰也不敢負這發難的責任。但我們不當如此,我們應使學術界中的懸案少一個好一個。

　　三皇問題不能單獨解決,有許多地方必須和五帝共同研究。所以本篇中有幾處簡直是五帝考,這是沒法的事情。

二 "皇"字的原義

"皇"字,我們看慣了,似乎只是帝和王的異稱,或是高出於帝和王的階位。 但在戰國以前的器物和文籍裏,卻毫沒有這個意思,只常它形容詞和副詞用,偶然也用作動詞,或是有人用它作名字,絕沒有用作一種階位的名詞的。 所以白虎通義說:"皇,君也,美也,大也,天人之總,美大之稱也"(見第一卷,號),除了"君也"一解,可以說是對的。

我們現在所看見的中國文字,常以甲骨文爲最古了,其中雖沒有發現單獨的"皇"字,卻有"🉂"這樣一個字。(殷虛書契後編下第十九頁,第二十六頁) 這個字是不認得的,但右旁的"🉂"字,唐立庵先生(闌)說就是"皇"字的初形,由文字的演進歷史來看,知道下從"丨"的字,往往變爲"士"字,所以金文裏的從"士,"有從"王"的是錯誤了。 它是象太陽剛從地下出來,光燄上射的景象,以後的用法是從這裏演變出來的。 今分錄"皇"字各條於下,以見其義。

(1) 金文:

"叔角父作朕皇考宥公尊敦,其子孫永寶用囗。"(叔角父敦,見吳式芬攘古錄金文卷二之二)

"豐兮尸作朕皇考尊敦,囗其萬年子=孫=永寶用享孝。"(豐兮尸敦,攘古錄金文卷二之三)

"畢鮮作皇祖益公尊敦,用靳眉壽魯休,鮮其萬年子=孫=永寶用。"(畢鮮敦,攘古錄金文卷二之三)

"鄀公誠作旅簠,用追孝于皇祖皇考,用錫眉壽,萬年子=孫=永寶用。"(鄀公簠,攘古錄金文卷二之三)

"中辛父作朕皇且日丁,皇考日癸障餿,辛父其萬年無疆,子孫永寶用享。"(中辛父餿,羅振玉貞松堂集古遺文卷五)

"秦公曰:不顯朕皇且受天命,鼏宅禹蹟,十又二公在帝之祏,嚴龏夤天命,保乂氒秦,虩事蠻夏。"(秦公餿,貞松堂集古遺文卷六)

以上以"皇"為"祖"與"考"的形容詞。

"隹十又四年,墜侯午台群者侯□□作皇妣□□妃祭器□□台彝台□保有齊邦,永世毋忘。"(陳侯午餿,貞松堂集古遺文卷五)

"用作朕皇考龏叔,皇母龏姒寶尊鼎。"(頌鼎,攈古錄金文卷三之三)

"戣作皇妣屍君中妃祭器八,永寶用享。"(鄦侯敦,攈古錄金文卷三之一)

"辛中姬皇母作障鼎,其子=孫=用言孝于宗老。"(辛中姬鼎,貞松堂集古遺文卷三)

"隹正月己亥,禾肇作皇母旣罪孟姬䕩彝。"(禾簋彝,貞松堂集古遺文卷四)

以上以"皇"為"妣"與"母"的形容詞。

"叔□父作縣姬旅餿,其夙夜用言孝于皇君,其萬年永寶用。"(叔縣父餿,貞松堂集古遺文卷五)

"隹皇上帝百神,保余小子,……我隹司配皇天王,對作宗周寶鐘。"(宗周鐘,攈古錄金文卷三之二)

"不顯文武,皇天弘厭氒德,配我有周,膺受大命。……肆皇天亡斁,臨保我有周。"(毛公鼎,攈古錄金文卷三之三)

皇字的原義

"肆克恭于皇天。"(克鼎,劉心源奇觚室吉金文述卷二)

"對訊皇尹丕顯休。"(史獸作父庚鼎,貞松堂集古遺文卷三)

　　　以上以"皇"為"上帝,""天王,""天,""君,""尹"的形容詞。

金文裏看到的"皇"字甚多,全是用作形容詞的;間有用它作名字的,如"函皇父"(簠齋集古錄有函皇父敦及函皇父匜)。

(II) 古籍(書,詩,儀禮)

1. 作形容詞用的:

"皇天旣付中國民越厥疆土于先王。"(書梓材)

"皇天上帝改厥元子。……其自時配皇天。"(書召誥)

"時則有若伊尹格于皇天。"(書君奭)

"皇天改大邦殷之命。……皇天用訓厥道。"(書顧命)

"肆皇天弗尚"(詩大雅抑)

"燕及皇天"(詩周頌雝)

　　　以上以"皇"為"天"的形容詞。

"皇帝哀矜庶戮之不辜。……皇帝清問下民。"(書呂刑)

"有皇上帝,伊誰云憎。"(詩小雅正月)

"皇矣上帝,臨下有赫。"(詩大雅皇矣)

"皇皇后帝。"(詩魯頌閟宮)

　　　以上以"皇"為"帝"的形容詞。

"皇后憑玉几。"(書顧命)

"皇王惟辟,皇王烝哉。"(詩大雅文王有聲)

"於乎皇王。"(詩周頌閔予小子)

　　　以上以"皇"為"后"與"王"的形容詞。

"獻之皇祖。"(詩小雅信南山)

"無忝皇祖。"(詩大雅瞻卬)

"念茲皇祖。"(詩周頌閔予小子)

"皇祖后稷。……周公皇祖。"(詩魯頌閟宮)

"假哉皇考。"(詩周頌雝)

"於乎皇考。……休矣皇考。"(詩周頌閔予小子)

"某氏來婦,敢奠嘉菜于皇舅某子!……某氏來婦敢告于皇姑某氏!"(儀禮士昏禮)

"孝孫某,孝子某,薦嘉禮于皇祖某甫,皇考某子。"(儀禮聘禮)

"哀子某,哀顯相……敢用絜牲剛鬣……哀薦祫事,適爾皇祖某甫,饗!"

"哀子某,來日某,隮祔某于爾皇祖某甫,尚饗!"女子曰,"皇祖妣某氏。"婦曰,"孫婦于皇祖姑某氏。"

"孝子某,孝顯相,……用尹祭嘉薦,……適爾皇祖某甫,以隮祔爾孫某甫,尚饗!"(以上儀禮士虞禮)

"孝孫某筮來日某,諏此某事,適其皇祖某子,尚饗!"

"孝孫某諏此某事,適其皇祖某子,筮某之某為尸,尚饗!"(以上儀禮特牲饋食禮)

"孝孫某,來日丁亥,用薦歲事于皇祖伯某,以某妃配某氏,尚饗!"

"孝孫某,來日丁亥,用薦歲事于皇祖伯某,以某妃配某氏,以某之某為尸,尚饗!"

"孝孫某,來日丁亥,用薦歲事于皇祖伯某,以某妃配,某氏,敢宿!"

"孝孫某敢用柔毛剛鬣,嘉薦普淖,用薦歲事于皇祖伯某,以某妃配,某氏,尚饗!"(以上儀禮少牢饋食禮)

　　以上以"皇"為"祖,""考,""舅,""姑"與"妣"的形容詞。

"皇尸載起。"(詩小雅楚茨)

"皇尸卒爵,主人拜,尸答拜。"(儀禮特牲饋食禮)

"尸告飽,祝西面于主人之南,獨侑不拜,侑曰,'皇尸未實,侑!'尸又食。"

"尸執以命祝。卒命祝,祝受以東北面于戶西,以嘏于主人曰,'皇尸命工祝,承致多福無疆于女孝孫!'"

　　(以上儀禮少牢饋食禮)

　　以上以"皇"為"尸"的形容詞。

"皇皇者華。"(詩小雅皇皇者華)

"朱芾斯皇。"(詩小雅采芑)

"穆穆皇皇。"(詩大雅假樂)

"有騝有皇。"(詩魯頌駉)(毛傳,"黃白曰皇,"朱熹注同)

"烝烝皇皇。"(詩魯頌泮水)

　　以上以"皇"作"煌,""美,""盛"及"黃白"解。

2. 作副詞用的:

"無皇曰,'今日耽樂乃非民攸訓,……小人怨汝詈汝,則皇自敬德。'"(書無逸)

"惟截截善諞言,……我皇多有之。"(書秦誓)

"武人東征,不皇朝矣。……不皇出矣。……不皇他矣。"

　　(詩小雅漸漸之石)

"皇以間之。"(詩周頌桓)

　　以上以"皇"字作"遽,""遑"解。

3. 作動詞用的：

"四國是皇。"(詩豳風破斧)

"先祖是皇。"(詩小雅楚茨)

"思皇多士。"(詩大雅文王)

"思皇多祜。"(詩周頌載見)

"繼序其皇之。"(詩周頌烈文)

"上帝是皇。"(詩周頌執競)

"賓入門,皇;升堂讓;將授志,趨。……皇,且行,入門主敬,升堂主慎。"(儀禮聘禮)

綜上所記,以形容詞為最多。蓋"皇"有光美之義,故用以狀尊嚴偉大的神和人。孟子曰："充實之謂美,有光輝之謂大,"即此義。以後習用的"煌煌,"正是"皇"的原義。

此外,用"皇"字作人名的如"皇父"(簠齋著錄之函皇父敦,函皇父匜,詩小雅十月之交,大雅常武),作地名的如"皇澗"(詩大雅公劉),正因它是一個形容詞,所以可以隨意用。若照了皇帝的意義來解釋,皇父豈不成了太上皇,皇澗豈不成了皇家的山谷嗎?

尚書中,惟洪範的"皇"字有用作名詞的。但洪範是一篇極有問題的書。它的成書或在戰國的末年,不能拿來作反證的。(說見劉節先生洪範疏證,古史辨第五冊上編。)

三　名詞的"皇"的出現

　　本來人中最貴的是后,神中最貴的也是后;所以在三代最先的一代,夏,就是稱人王作"后"的。　對神稱"后帝,""后土,""后稷。"　稍後稱人王的又有"天子,王,辟,君"諸名。　其稱"帝"的,只是上帝的簡稱;而"皇"字不過是用以形容人王和天帝的美盛,絕想不到也可以用來作人王和天帝的職位的名稱的。　及戰國以後,"帝"的意義有些變了,也可以作人王的稱位了。　孟子是戰國中期的人,在他的書裏說到的古史和論語差不多,惟有一些不同,就是多出了"帝"的名詞。上帝的"帝,"孟子裏不作上帝解而解作人王了。　他說:

　　　　帝使其子九男二女百官牛羊倉廩備,以事舜於畎畝之中。(萬章上)

　　　　舜徃見帝,帝館甥于貳室,亦饗舜,迭爲賓主,是天子而友匹夫也。(萬章下)

　　　　大舜有大焉,⋯⋯自耕稼陶漁,以至爲帝,無非取於人者。(公孫丑上)

他稱堯舜都爲帝,可見"帝"是他們的階位了。但這也只有古聖先王稱作"帝"而已。

　　楚本不戴周爲共主,春秋時已自稱王。戰國而後的七雄和宋因爲國勢的強大,不甘於公侯,也相繼稱起"王"來。　以後,有幾國,國勢更強大了,再要升級,升作什麼呢?　於是毫不猶豫地又稱作"帝"了。　西元前二八八年(依史記),秦昭王自爲西帝,而致東帝於齊湣王。　做不多久,湣王要使天下愛齊憎秦,去帝號;昭王不好意思獨做,也去了。　過了二年,齊湣王滅宋,蘇代看齊太強了，便去勸燕昭王乘機復仇，推秦爲西帝，趙爲中帝，燕爲北帝，合起來打齊。齊湣王果然就被他們趕走了。不知爲了何事，三帝的事也沒有實現。到前二五七年，秦的國勢更強了，圍趙，要趙王尊秦王爲帝。那時魯仲連義不帝秦，信陵君又救趙破秦，此事仍未實現。(以上三事見戰國策齊策四，燕策一，趙策三。)這件事情雖終戰國之世沒有成功，可是那時人的心目中都以爲"王"的上一級是"帝，"這個觀念是已確立了。五帝的系統，帝典的文字，就在這帝制運動之下一一出現，把當時人的所求塗在古史上，爲古史界添了不少的光彩。可是，天帝位號旣經送與人王，天帝將再稱什麼呢？

楚辭是一部楚國的詩歌集。是不是屈原宋玉們做的，或是一大部分楚國流行的無名氏的詩歌和一小部分屈原們的作品相糅雜的，這問題還沒有解決。其中最早的一篇，應推天問。天問是很長的一首對於歷史發問的詩，它問了邃古之後，就問到鯀和禹的事；後來雖也說到堯舜，但遠不及說鯀禹的熱鬧，頗有詩經以後，論語以前之風。篇中稱人王曰"后"("啟代益作后，""鼓刀揚聲后何喜")，稱天帝曰"帝"("帝降夷羿""稷維元子，帝何竺之")，亦曰"后帝"("何獻蒸肉之膏而后帝不若，""綠鵠飾玉，后帝是饗")，這也是和詩書相同的稱謂。我們可以信它不曾受多大的戰國人歷史觀念的薰染。

可是一到離騷，這"皇"字就成了一個特別的名詞了：

　　忽吾行此流沙兮，遵赤水而容與。麾蛟龍使梁津兮，詔西皇使涉予。(史記淮南衡山列傳記伍被言有云"汝西皇之使耶？")

又九歌的第一篇是"東皇太一"，其詞云：

名詞的皇的出現

> 吉日兮辰良,穆將愉兮上皇。

它稱了西皇,又稱東皇,又稱東皇為上皇,這種"皇"字的用法是以前所沒有用過的。猜想起來,大約因為"帝"已用作人王的位號,再拿來稱呼上帝,嫌於惑亂,所以改用了訓"美"訓"大"而又慣用作天神的形容詞的"皇"來稱呼上帝了。至於"上皇,"簡直就是"上帝"的變文。上帝只當有一個,為什麼有東皇和西皇呢?依我揣測,恐即是東帝和西帝的反映。人間既有東西帝,天上就應有東西皇了!

九章的橘頌中也有一個新名詞:

> 后皇嘉樹,橘徠服兮。受命不遷,生南國兮。

古書上,"皇后"這個名詞是有的(書顧命"皇后憑玉几"),"后皇"卻沒有,這因為"后"是名詞,"皇"是形容詞,形容詞應放在名詞的前邊的緣故。這裏卻倒轉過來用,可見作者確認"皇"字可以替代"帝"字,所以把通常用的"后帝"(例如左傳昭元年的"后帝不臧")改作"后皇"了。(依向來解釋,這后皇是楚王。我們不必問楚王有無稱皇,只看下面一句,"受命不遷,生南國兮,"就知道這指的是上帝。試問,人王能命令橘樹永遠生在南國而不遷徙嗎?)此後於詩賦中乃多見"后皇"一名詞(如漢書禮樂志,張衡西京賦,張華樂歌,歐陽修紅鸚鵡賦,袁桷次韵周南翁退朝詩)。

此外在離騷中,尚有幾處把"皇"字用作名詞的:

> 皇覽揆余於初度兮,肇錫余以嘉名。(王逸釋為皇考,朱熹注同。)

> 皇剡剡其揚靈兮,告余以吉故。(王逸解為皇天;朱熹一釋為百神。)

> 陟陞皇之赫戲兮,忽臨睨夫舊鄉。(王逸釋為皇天,

朱熹注同。）

其他如"恐皇輿之敗績"尙可作形容詞解。

我們讀了楚辭,應當記着:"皇"字用作上帝的稱謂是始見於此的。 他們所以不稱"上帝"而稱"上皇,"不稱"后帝"而稱"后皇"的緣故,只因帝名已慣用於人王,嫌神人之無別,所以就換了一個字來專稱上帝了。

四　皇的由神化人

"帝,"本來是神,自有戰國的"帝制"運動而化爲人,於是把"皇"字來替代。過了不久,到戰國之末,不知以何因緣,而"皇"又化爲人了。在楚辭裏看,皇有兩個,又不知以何因緣,到那時有所謂三皇出現。

按,論語中只說三代,如:

周監于二代。(八佾第三)

夏后氏以松,殷人以柏,周人以栗。(同上)

行夏之時,乘殷之輅,服周之冕。(衞靈公第十五)

孟子說:

五霸者,三王之罪人也。(告子下)

他也只提出春秋時代的五霸和夏商周時代的三王組成的兩個集團;至于三王以前,他便沒有什麼集合的稱謂。荀子卻不然,他說:

誥誓不及五帝,盟詛不及三王,交質子不及五霸。(大略)

他在三王和五霸之上,更堆上了一座"五帝"了。

呂氏春秋是呂不韋集合了他的門客們作的,著作地點在秦,著作時期在秦始皇八年。在這部書裏,五帝以上已放上一個神農了,如云:

變化應求而皆有章,因性任物而莫不宜當,彭祖以壽,三代以昌,五帝以昭,神農以鴻。(執一)

神農師悉諸,黃帝師大撓,帝顓頊師伯夷父,帝嚳師伯招,帝堯師子州支父,帝舜師許由。(尊師)

但還不足,它還給我們一個三皇。我們在孟子書裏讀到"三王五霸，"在荀子書裏讀到"五帝三王，"現在更進一步，讀到"三皇五帝"了！它一共提了四次：

  天地大矣，生而弗子，成而弗有，萬物皆被其澤，得其利，而莫知其所由始，此三皇五帝之德也。(貴公)

  夫取於衆，此三皇五帝之所以大立功名也。(用衆)

  上稱三皇五帝之業以愉其意，下稱五伯名士之謀以信其事。(禁塞)

  夫孝，三皇五帝之本務而萬事之紀也。(孝行覽)

這三皇會和已化為人的五帝在一起，會取於衆而大立功名，會以孝道作萬事之紀，當然是人類，當然是五帝以前的人王。他們為什麼也像"帝"一樣，從天上跌到地下來呢？三皇是怎樣的三個人，呂氏春秋的作者沒有說；他們既把神農常放在五帝之前，是否看他是三皇之一，也沒有說。我們只能空洞地知道"三皇"這一名，和讀荀子時只能空洞地知道"五帝"這一名一樣。

為什麼古代帝王系統的排列法老是"三，五；三，五？"為什麼一樣的有天下之君，最早的稱"皇，"後來的稱"帝，"更後的又改稱"王"？為什麼露臉最早的是三王，較後的乃是三王以前的五帝，最後的倒是五帝以前的三皇？

這種問題，並不是單有我們會發，便是創造時代的戰國人也未嘗不會發。所以呂氏春秋裏亟要說明為什麼"帝降為王"的緣故，而云：

  昔舜欲旗古今而不成，既足以成帝矣。禹欲帝而不成，既足以正殊俗矣。(諭大)

  昔有舜欲服海外而不成，既足以成帝矣。禹欲帝而不成，既足以王海內矣。(務大)

可見他們的意思,必須"旗古今,服海外"的纔可為"皇,"否則只可成"帝,"再差一點只可稱"王"了。管子是一部秦漢間人僞託的書,其中也有關于這事的解說:

> 明一者皇,察道者帝,通德者王,謀得兵勝者霸。(兵法第十七)

又如莊子外篇在宥說:

> 得吾道者,上為皇而下為王。

這是說明名號的不同由於道德和能力的不同。正如孟子對於"德位合一說"的疑問,說益伊尹周公的不有天下,為的是繼世有天下的人不像桀紂一般的壞;說仲尼的不有天下,為的是沒有天子薦之於天:全由於機會不同。在戰國時候,大家聽了這些解釋也就滿意了;可是我們呢?

除此之外,呂氏春秋勿躬篇有一史皇(云"史皇作圖,"淮南子修務訓亦云"史皇產而能書"),莊子胠篋篇有一柏皇氏,亦以"皇"為名,好像也是五帝前的人王。但勿躬的主旨是說聖人治天下在於善使用人才而已不勞,史皇既列為二十官之一,便不能算作古之王者,雖則與容成氏並列。容成氏是堯前之王,見淮南子本經訓,而呂氏春秋與史皇同列,可見史皇亦非臣;然在呂氏春秋中則確以為臣了。柏皇氏列為至德之世之一,且在伏羲神農之前,當然有皇的可能;但只是容成氏等十二世之一,亦未必便是三皇中人。要之,戰國之末,是創作古史的全盛時代,既有許多五帝以外的帝(如山海經中帝鴻,帝俊等),當然也可以有三皇以外的皇了。

莊子,通常都看作戰國時書,但其成分甚複雜,固有戰國的,亦有西漢的。(此問題甚複雜,當別為論。)天運篇中也屢次提起"三

皇五帝",如果此篇爲戰國末年所作,則亦可算爲呂氏春秋之說的輔佐。文云:

> 故夫三皇五帝之禮義法度,不矜於同,而矜於治。
>
> 故譬三皇五帝之禮義法度,其猶柤梨橘柚耶? 其味相反而皆可於口。
>
> 余語女:三皇五帝之治天下,名曰治之,而亂莫甚焉!
>
> 三皇之知,上悖日月之明,下睽山川之精,中墮四時之施。

看它對於三皇的觀念已含有菲薄的意味,這當然不是剛出現的三皇了!

自從"皇"字成了帝王的名號以後,於是許多人替它想解釋,白虎通號篇云:

> 帝王者何? 號也。 號者功之表也,所以表功明德,號令臣下也。 德合天地者稱帝,仁義合者稱王,別優劣也。 皇者何謂也? 亦號也。……號之爲皇者,煌煌人莫逮也。 煩一夫,擾一士,以勞天下者,不爲皇也。 不擾匹夫匹婦故爲皇。 故黃金棄于山,珠玉捐于淵,巖居穴處,衣皮毛,飲泉液,吮露英,虛無寥廓,與天地通靈也。

又應劭風俗通義皇霸篇云:

> 皇者天;天不言,四時行焉,百物生焉。 三皇垂拱無爲,設言而民不違,道德玄泊,有似皇天,故稱曰皇。

他們以爲"皇"只能出在沒有物質文明的時代,"帝"只能出在不以仁義號召的時代。 這分明取自道家的學說。

五　"皇"爲人王位號的實現

呂氏春秋作成了十八年,秦王政便削平六國,統一天下了。於是他命令丞相,御史等議帝號。丞相王綰,御史大夫馮刼,廷尉李斯等奏道:

> 昔者五帝地方千里;其外侯服夷服諸侯或朝或否,天子不能制。今陛下興義兵,誅殘賊,平定天下,海內爲郡縣,法令由一統,自上古以來未嘗有,五帝所不及。
>
> 臣等謹與博士議曰:古有天皇,有地皇,有泰皇;泰皇最貴。臣等昧死上尊號,王爲"泰皇"。

秦王批道:

> 去"泰"著"皇",采上古"帝"位號,號曰"皇帝。"（史記秦始皇本紀）

同時,他又追尊莊襄王爲"太上皇"（同上）。"皇帝"一名的來歷如此,從此"皇"便成了人王的位號了。這原是三皇五帝說鼓吹的結果。

"皇"與"帝"合爲一個名詞,好像項羽的"西楚霸王,"以"王"與"霸"合爲一個名詞。戰國時的四種階位,都給他們兩人占據了！"皇帝"既成爲一個名詞,於是就有人替它作起解釋,董仲舒春秋繁露三代改制質文篇說:

> 通天地,陰陽,四時,日月,星辰,山川,人倫,德侔天地者稱"皇帝"。

至於我們讀呂氏春秋時所起的"三皇是怎樣的三個人"的疑問也於這裏得到答案了:他們是天皇,地皇和泰皇;沒有神農氏在內。王綰們所說的"五帝地方千里,其外侯服夷服諸侯或朝或否,天子不能制,"正與呂氏春秋說的"有舜欲服海外而不成,旣足以成帝矣"相印合;秦王之所以可稱爲"皇,"只因他的勢力超過了五帝!

我們對於天皇地皇這兩個名詞好生面善。西周時人常說"皇天上帝"（見尙書）;東周時人常說"皇天,后土"（見左傳）。 現在"天皇"之名就是從"皇天"倒轉來的,"地皇"之名就是從"后土"翻譯來的,恐怕依舊是天地之神罷？ 泰皇之名,前所未聞;但楚辭九歌中有東皇太一,"泰"和"太"古字是通的,也許是他。如果這個猜想不錯,則他到這時已由偏安的東皇升作了一統的泰皇了。 凡是用"泰"作形容詞的都含有最高的意思,如周的第一個王是太王,齊的第一個公是太公,東方的最高的山是泰山,兩儀之上是太極。……王綰們說"泰皇最貴,""泰"確是一個崇高尊貴的稱呼呵!

在秦始皇本紀裏,我們只能知道三皇的權威比五帝爲大,在三皇中以泰皇爲最貴。 除此之外,它再沒有告給我們什麼了。 我們自己在先秦諸子中找去,只找到一處似乎與泰皇有些關係的。 莊子應帝王篇云:

有虞氏不及泰氏。 有虞氏其猶藏仁以要人,亦得人矣而未始出於非人。 泰氏其臥徐徐,其覺于于,一以己爲馬,一以己爲牛,其知情信,其德甚眞,而未始入於非人。

這泰氏,從來注家不知是甚麼人。 按呂氏春秋謂"舜欲旗古今而不成,旣足以成帝矣,"則此條謂"有虞氏不及泰氏,"此泰氏甚有"皇"的可能,說不定這竟是戰國時關于泰皇傳說的一個僅存的記載。

爾雅相傳爲周公作,康有爲先生說它不見於西漢前,乃是劉歆僞造的(詳見僞經考漢書藝文志辨僞)，實在只是西漢末的產物。因此，它可以說，"林，烝，天，帝，皇，王，后，辟，公，侯，君也。"(釋詁第一。以後蔡邕獨斷也說"皇，王，后，帝，皆君也。") 淮南子時代較早，尚云：

　　帝者體太一，王者法陰陽，霸者則四時，君者用六律。

(本經訓)

若在後世，定云"皇者效三才，帝者法五行"了。 又呂氏春秋云：

　　五帝先道而後德，故德莫盛焉。 三王先德而後事，故
　　事莫功焉。 五霸先事而後兵，故兵莫強焉。(先已)

當呂劉作書的時代已有"皇"的傳說，書中亦屢提起，然而說到整個的系統時還時常忘掉，可見其新成立時的狀態。 因爲還不曾用熟，故每每脫漏，以後的緯書及白虎通等就不會這樣了。

六　二皇二神和太帝

　　呂氏春秋和王綰等奏文是代表秦地的傳說，他們都說三皇。淮南於戰國屬楚，淮南王劉安又是一個楚辭學家，所以他的書中多維持楚辭的古史系統而道二皇。（書中亦有三皇，如齊俗訓云"故三皇五帝法籍殊方，其得民心均也。"）

　　原道訓云：

　　　　泰古二皇得道之柄，立於中央，神與化游，以撫四方。是故能天運地滯，輪轉而無廢，水流而不止，與萬物終始。

話說的玄妙得很，竟捉摸不定他們是人是神。但精神訓云：

　　　　古未有天地之時，惟象無形，窈窈冥冥，芒芠漠閔，澒濛鴻洞，莫知其門。有二神混生，經天營地，孔乎莫知其所終極，滔乎莫知其所止息。於是乃別爲陰陽，離爲八極。剛柔相成，萬物乃形：煩氣爲蟲，精氣爲人。

這固然說的是二神，沒有說二皇，但這"二"數是相同的。又(1)二神"經天營地，"而二皇"能天運地滯；"(2)二神"滔乎莫知其所止息，"而二皇"輪轉而無廢，水流而不止；"(3)二神"萬物乃形，"而二皇"與萬物終始；"其意義皆甚相似，說不定二皇即是二神。看它先說"未有天地，莫知其門，"又說"別爲陰陽，萬物乃形，"則二神竟是開天闢地的神。若二皇即二神，則二皇也是開天闢地的神了，故原道訓云"與萬物終始。"

　　但繆稱訓中又提到二皇，那就確是人而不是神了：

　　　　昔二皇，鳳皇至於庭。三代，至乎門。周室，至乎澤。……德彌精，所至彌近。

是二皇爲三代以前的王者甚明。三代以前的二皇是誰呢？

二皇二神和太帝

這二皇,從楚辭看來,很像是東皇和西皇。但高誘因文中有"別爲陰陽,剛柔相成"之語,故於"二皇"注云"指說陰陽,"於"二神"注云"陰陽之神也,"這或者確是當初用二數來定名的本意。

淮南子中也曾提到"太皇"。精神訓云:

> 登太皇,馮太一,玩天地於掌握之中。

這"太皇"言"登,"似乎不是王綰等奏書中的"泰皇"。故高誘注云:

> 太皇,天也。……太一,天之形神也。

那麼,這句話是說他登上了天,憑依了天的形神,而玩弄天地,這"太皇"和"太一"兩名都是天的稱謂而不是神名。至于天文訓中的太一,那自然是神名了(詳下章)。

但是,地形訓裏還有一個"太帝"。依楚辭中"后帝"改稱"后皇"之例,則"泰皇"亦未嘗不可改稱爲"太帝。"他說:

> 昆侖之丘,或上倍之,是謂涼風之山,登之而不死。或上倍之,是謂懸圃,登之乃靈,能使風雨。或上倍之,乃維上天,登之乃神,是謂太帝之居。扶木在陽州,日之所曘。建木在都廣,衆帝所自上下。

昆侖之丘已經夠高了;再往上去,走三倍的路,就登天了。天上是太帝之居,可見太帝即是上帝。他又說建木是衆帝所自上下之處,把"衆帝"較"太帝,"見得太帝是許多天帝中地位最高的一個。這和王綰們奏書中所謂"有天皇,有地皇,有泰皇;泰皇最貴"的話正相合。是不是他們所謂"二皇"即是天皇地皇,所謂"太帝"即是泰皇? 是不是太帝的地位在二皇之上? 其系統是不是如"易有太極,是生兩儀"一般? 材料太少,我們對於這些問題不敢下斷語,但可說似有此趨勢。

淮南子裏的二皇和太帝,爲神爲人,撲朔迷離,不容易分別;或者在那時也想不到應有什麼分別,因爲無此需要。二皇的名詞,以後倒也常見,如:

挾三王之趠趡,軼五帝之長騶,踵二皇之遐武。（文選,張衡西京賦）

若然六器者,猶以二皇聖哲詿益。(文選,馬融長笛賦)

二皇稱至化,盛哉唐虞廷。(曹子建集卷六惟漢行)

聖帝之創化也,參德乎二皇,齊風乎虞夏。(晉書皇甫謐傳皇甫謐釋勸論)

其後逮二皇之世,演八會之文,爲龍鳳之章。(陶弘景真誥卷一)

這些二皇,毫無疑義地是人而不是神。但自此以後,他們卻漸被人忘記而不提起了。

七 "九皇"和"民"

　　較淮南王時代稍後的有董仲舒。他是廣川(今河北省深縣冀縣一帶)人,離燕齊甚近,容易受到燕齊方士的影響。他是春秋學家,春秋本是很平實的一部書,但他竟會在裏邊找出不平實的"三統說"來。所謂三統者,他說天地間有黑統,白統,赤統三個統循環當王,每一個新朝代起來,必是占有這裏邊的一統,且合於這循環的次序的。他說,殷是白統,周是赤統,孔子作春秋以王魯是黑統。他在三代改制質文篇中說:

　　　　王者改制作科奈何? 曰,當十二色,歷各法而(而,當作共)正色,逆數三而復。紬三之前曰五帝,帝迭首一色,順數五而相復。禮樂各以其法象其宜,順數四而相復。咸作國號,遷宮邑,易官名,制禮,作樂。

　　　　故湯受命而王,應天變夏作殷號,時正白統,親夏,故虞,紬唐謂之帝堯,以神農為赤帝,作宮邑於下洛之陽,名相官曰尹,作濩樂,制質禮以奉天。

　　　　文王受命而王,應天變殷作周號,時正赤統,親殷,故夏,紬虞謂之帝舜,以軒轅為黃帝,推神農以為九皇,作宮邑於豐,命相官曰宰,作武樂,制文禮以奉天………

　　　　故春秋應天作新王之事,時正黑統,王魯,尚黑,紬夏,親周,故宋,樂宜親招武,故以虞錄親,樂制(當作制爵)宜商,合伯子男為一等。

他的意思,以為一個新朝起來一定要改制度。改制度的事情有三個格式。第一個格式是"三統,"首建寅,次建丑,又次建子,下一代又是建寅。因為是把"子,丑,寅"倒轉來數的,故云"逆

24　　　　　三　皇　考

數三而復"。　第二個格式是"五帝"和"九皇"。　以前說五帝,三皇,都有固定的人,例如黃帝一定是五帝中的人物,泰皇一定是三皇中的人物。他說:這樣不對,帝和皇應該跟着朝代變的;一個新王起來,應把自己的一代,和前一代(親的),更前的一代(故的),算做"三王,"三王的前五代算做"五帝,"五帝的前一代算做"九皇"。　例如文王受命,夏殷周是三代;舜,本來不稱帝的,這時因爲他到三代之前去了,所以稱他爲帝舜;從此排上去,堯,嚳,顓頊,軒轅都是周的五帝,而軒轅居五帝之首,應當請他標上一種顏色,故稱他爲黃帝;軒轅的前一代是神農,倒數上去已經是第九代了,故推他爲九皇。　每一個朝代,都有三個王,五個帝,一個皇。　這皇,帝,王的名號,全不是固定的,是跟着朝代遞嬗的。　所以周在兩代之後,文王就要改稱帝了;到八代之後,文王就要改稱皇了。　試列一表如下:

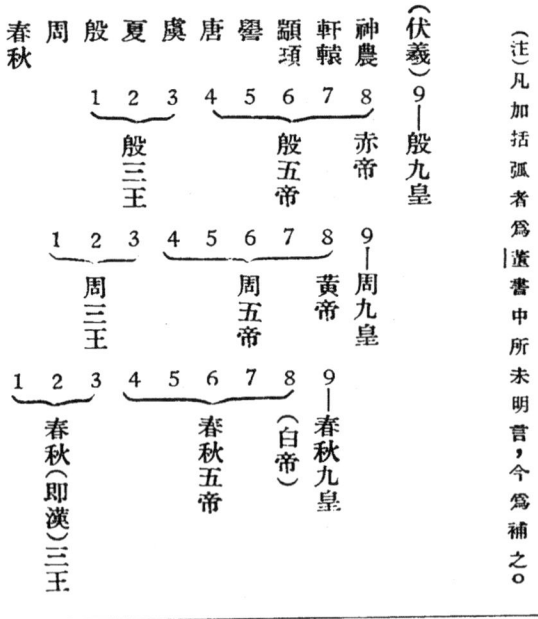

(注)凡加括弧者爲遷書中所未明言,今爲補之。

第三個格式是"四法"。他說,制度有"商,夏,質,文"四類,也是循環的。因為春秋的新王和舜是同樣的"法商"而王,所以要"以虞錄親"(立嗣予子,篤母弟,妾以子貴…),"制爵宜商"了。

他的玩意兒多得很,不是本篇所能說明。現在只討論他的第二個格式。他說:

> 故聖王生則稱"天子,"崩遷則存為"三王,"絀滅則為"五帝;"下至附庸,絀為"九皇;"下極其為"民。"

以前總說皇,帝,王,霸的異號由于道德或勢力的不同,他則說是代次的不同,任你是誰,只要做到"王,"那"帝"和"皇"是逃不了的,只是時間有久暫而已;可是升到了"皇"之後,到了頂了,再換朝代時就要跌作"民"了!再說新王的封國,在三王內的封以大國,五帝的後裔則封以小國,九皇的後裔更小一點封以附庸;再換朝代時,九皇的子孫就要無立錐之地了!為什麼要這樣呢?他說:

> 遠者號尊而地小,近者號卑而地大,親疏之義也。

原來這種制度的基礎建築於儒家的"親親之殺"上。朝代愈古則先王的名號愈尊,而他的子孫的勢力反愈縮小,這原是合於"新鬼大而故鬼小"的原理的呢。

照他的說法,伏羲應是殷的九皇,神農乃是周的九皇,軒轅則是春秋的九皇。依照漢人的見解,孔子作春秋乃是為漢制法,故軒轅也即是漢的九皇。神農所以被喚作赤帝,只因他是殷的五帝的首一帝;軒轅的所以被喚作黃帝,也因他是周的五帝的首一帝;赤帝與黃帝是不能同時存在的。若照孔子的制度說來,則神農已落於九皇之外,軒轅已居於九皇的地位而不能復稱為黃帝,顓頊卻有被喚作白帝的資格了。(赤帝後為黃帝,是依五行相生說火生土的次序；土生金，故顓頊應爲白帝。）

　　這種學說，後世固然忘了，但在當時確曾發生了不小的影響。史記封禪書云：

　　　　天子(漢武帝)旣聞公孫卿及方士之言，………欲放黃帝以上接神仙人蓬萊士，高世比德於九皇，而頗採儒術文以之。

旣云"欲放黃帝，"又云"比德於九皇，"可知黃帝卽是九皇，董仲舒的學說已流行於社會了。

　　漢舊儀云：

　　　　聖王………又祭三皇，五帝，九皇，六十四民，皆古帝王，凡八十一姓。(太平御覽卷五二六禮儀部五引。孫星衍輯本漢舊儀補遺卷下云"案，民當作氏。")

周禮春官小宗伯，鄭玄注云：

　　　　鄭司農云，"………三皇，五帝，九皇，六十四氏，咸祀之。"

這些話有錯誤，"三皇"應作"三王，" "氏"當作"民，"這是我們讀了董仲舒書之後可以知道的。至於姓也沒有八十一個，因爲三王，五帝，九皇，包括九代，只有九個姓，加上六十四民，只有七十三姓。六十四民的數目怎樣來的呢？只因封禪說中有下列一段話：

　　　　齊桓公旣霸，會諸侯於葵丘而欲封禪。管仲曰，"古者封泰山，禪梁父者七十二家，而夷吾所記者十有二焉。………"(管子封禪；史記封禪書)

依照董仲舒的學說，到了漢代，軒轅已經"紲爲九皇，"神農更"下概其爲民"了。這七十二家是周代的數目，到漢爲七十三家。七十三家中，除去三王三家，五帝五家，九皇一家，卽爲六十四家。

這六十四家都是紬滅爲民的,故云"六十四民"。 這很分明地是從董仲舒的學說下計算出來的。 這一種理想的制度,東漢人已不能盡知,故多誤說。

九皇,他書中提起的甚少。依我們所見,只有下列數則:

泰一者,執大同之制,調泰鴻之氣,正神明之位者也。 故九皇受傅,以索其然之所生。……九皇殊制而政莫不效焉,故曰泰一。(鶡冠子泰鴻)

泰一之道,九皇之傅,請成於泰始之末。(鶡冠子泰錄)

九皇之制,主不虛王,臣不虛貴,階級尊卑,名號自居。 吏民於次者無國歷寵歷錄副,其所付授,與天人參,相結連鉤考之,具不備也。(路史前紀卷二引文子,鶡冠子)

巍然如九皇,德澤四海沾。(王安石望九華山詩,臨川全集卷十二)

這幾段文字,都看不明白它的真義。 但有一點足以指出的,他們看"九皇"並不像董氏所說,是一個遞嬗的階位,乃是一個或數個固定的人物。 又鶡冠子說到九皇時必連說太一,且云"九皇殊制而政莫不效焉,故曰泰一,"似乎是九個皇同得泰一之道以治其國,因其道同,故名之曰泰一,則泰一即是九皇。 鶡冠子和文子本是很有問題的書,這些話說不定是出得很後的,故對於董仲舒創立此名的原義已經弄不明白了。

八 "太一"一名的來源

大凡一個人能使後人在他的身上有所附會,有所依託,必是這個人的文字或思想上有使後人翻觔斗的餘地。 不然,一個平正明白的道理,你儘說它是神奇的了不得,有誰來信你。老子之所以被擁為道教始祖者以此,孔子之不能成為教主者亦以此。 道教中當然以"道"為首義,老子卻是提出"道"的問題的第一人。 什麼是道呢?

> 有物混成,先天地生。 寂兮寥兮,獨立而不改,周行而不殆,可以為天下母。 吾不知其名,字之曰道,強為之名曰大。 (老子第二十五章)
>
> 大道氾兮其可左右,萬物恃之而生而不辭,功成不名有,衣養萬物而不為主。(第三十四章)

"道"就是天下萬物之母。 本來,未有天地之先,應當有些什麼? 必有有這天地萬物的原因,必有有這天地萬物的根本;這就是他所說的"道。" 你能說出這個"根本"是什麼形相,黑的,白的,長的,短的? 這你雖不能說,然而你能說沒有這個"道"麼? 所以他說:

> 道之為物,惟恍惟惚。 惚兮恍兮,其中有象。 恍兮惚兮,其中有物。 窈兮冥兮,其中有精;其精甚真,其中有信。(二十一章)

這樣子的一個"道,"當然難以給它一個具體的名字,所以叫它做"道"可以,叫它做"大"可以,而叫它做"一"也未嘗不可。

> 昔之得一者,天得一以清,地得一以寧,神得一以靈,谷得一以盈,萬物得一以生,侯王得一以為天下貞。(三十

九章)

韓非子解老說:

> 道者,萬物之所然也。……　天得之以高,地得之以藏,
> 維斗得以成其威,日月得以恆其光,……軒轅得之以
> 擅四方,赤松得之與天地統,聖人得之以成文章。

老子說得着"一"則皆能如意,韓非子說得着"道"乃無不能成就,可見老子的"一"就是道了。

以後的人們也喜歡用"一"來名"道,"但他們又漸漸地感覺到這"一"字是太平凡了,萬不足以表示這個恍恍惚惚的"道,"於是請來了一頂榮耀的王冠加在它的頭上,名之曰"太一"或"大一"。莊子天下篇有云:

> 以本為精,以物為粗,以有積為不足,澹然獨與神明居,
> 古之道術有在於是者。關尹老聃聞其風而悅之,建
> 之以常無有,主之以太一。

"常無有""太一"就是老子中的"道"和"一"。從此,人們就多用這個加冠的"一",如:

> 萬物所出,造於太一,化於陰陽。(呂氏春秋大樂)

> 道也者,至精也,不可為形,不可為名,彊為之名,謂之太一。(同上)

> 帝者體太一,王者法陰陽,霸者則四時,君者用六律。(淮南子本經訓)

> 洞同天地,渾沌為樸,未造而成物,謂之太一。(淮南子詮言訓)

> 是故夫禮必本於大一,分而為天地,轉而為陰陽,變而為四時,列而為鬼神,其降曰命,其官於天地也。

（禮記禮運）

楚辭的第二篇是九歌，王逸的叙說，"九歌者，屈原之所作也。昔楚國南郢之邑，沅湘之間，其俗信鬼而好神，其祠必作歌樂鼓舞，以樂諸神。"而他們第一個歌的是"東皇太一，"歌首云：

吉日兮良辰，穆將愉兮上皇。………

"上皇"就是東皇太一。我們已在哲學家的書裏看到"太一"是"道"的別名，現在又在文學家的詩歌裏看到了這個天神太一了。按文選十九載宋玉的高唐賦云：

有方之士，羨門，高谿，上成，鬱林，公樂，聚穀，進純犧，禱璇室，醮諸神，禮太一；傅祝已具，言辭已畢。

劉良注：

諸神，百神也。太一，天神也。

這兩種意義的"太一"的來源誰早誰晚，很難確定；不過，我們總可以說，在戰國以前是不見有這個名稱的。

九　"天神貴者太一"及三一

秦始皇的時候,三皇之說甚活躍。但一到西漢就沈寂了。高惠文景之世,沒有人提起過。武帝時,淮南子多談二皇,春秋繁露則有九皇之說,別方面也不曾見到三皇的名字。但到武帝元朔五年(西元前一二四),忽然有泰一出來(泰一與太一同),稍後又有三一出來。他們雖沒有提起三皇的名稱,但我們在這裏邊尋得出它們的關係。

漢書郊祀志(史記封禪書文同;但因史記略有脫誤處,故舉此)云:

> 亳人謬忌奏祠泰一方,曰,"天神貴者泰一,泰一佐曰五帝。古者天子以春秋祭泰一東南郊,日一太牢,七日;爲壇,開八通之鬼道。"於是天子令太祝立其祠長安城東南郊,常奉祀如忌方。
>
> 其後人上書言"古者天子三年一用太牢,祠三一:天一,地一,泰一。"天子許之,令太祝領祀之於忌泰一壇上,如其方。……

王綰們奏書中以三皇位五帝之上,而此以泰一位五帝之上;奏書中以天皇地皇泰皇爲三皇,而此以天一地一泰一爲三一:其名詞和地位的相同如此,足信三一是三皇的化身,泰一是泰皇的化身。本來三皇中"泰皇最貴,"所以在三一中亦以泰一爲最貴了。又云:

> 後人復有言"古天子常以春解祠,祠黃帝,用一梟破鏡;冥羊,用羊祠;馬行,用一青牡馬;泰一,皋山山君,用牛;武夷君,用乾魚;陰陽使者,以一牛。"令祠官領之,如

其方；而祠泰一於忌泰一壇旁。

這一則，封禪書作"泰一澤山君地長用牛。" 史記索隱云，"'澤山，'本紀作'嶧山'。'澤山君地長，'謂祭地於嶧山。同用太牢，故曰'用牛'"。 如其說，是泰一與嶧山君同祀，一為天神，一為地神，與周人的皇天后土甚相類。謬忌泰一壇上本已有泰一，又有三一中的泰一，到這時又有與嶧山君同祀的泰一：泰一的種類眞多，泰一的運氣就突然地好起來了！

至元狩三年(西元前一二〇)：

> 文成(齊人少翁拜文成將軍)言"上即與神通，宮室被服非象神，神物不至。" 迺作畫雲氣車，及各以勝日駕車辟惡鬼。 又作甘泉宮，中爲臺室，畫天地泰一諸鬼神，而致祭具以致天神。

這一段裏先言天地而後言泰一，頗與天一地一泰一之次相合，不知道少翁所畫的是否即是三一。

由以上的數種記載看來，武帝時的泰一是在三一之中，又在三一之外的。 他的地位，總是"天神貴者。"

一〇　太一的勃興及其與后土的並立

我們已在上面知道太一日漸興盛,若向後看去,他的幸福正是無疆呢! 漢書郊祀志云:

文成死,明年(元狩五年,西元前一一八),天子病鼎湖甚。……游水發根言,"上郡有巫,病而鬼下之。" 上召置祠之甘泉。及病,使人問神君。神君言曰,"天子無憂病。病少愈,強與我會甘泉。" 於是上病愈,遂起幸甘泉,病良已。 大赦,置酒壽宮神君。 神君最貴者曰太一;其佐曰太禁司命之屬,皆從之。 非可得見;聞其言,言與人音等。 時去時來;來則風肅然,居室帷中。 時晝言,然常以夜。……神君所言,上使人受書其言,命之曰畫法。 其所言,世俗之所知也,無絕殊者;而天子心獨喜。 其事祕,世莫知也。

漢武帝固然相信鬼神,多立太一之祀;但以前所立,只是聽了別人的話照辦而已,並沒有特殊的情感。 到這時,因為自己的病好了,又親聞了太一們的說話,纔激起他的強烈的信仰。 甘泉的太一祠所以終西漢之世而長存,及太一在諸神中取得獨尊的資格,其故都由於此。 這條說"神君最貴者曰太一,"與王綰們奏書中所說的"泰皇最貴"正相印合。

到元鼎四年(西元前一一三)的秋天,武帝就實定泰一的祭典:

上(幸)雍且郊。或曰,"五帝,泰一之佐也,宜立泰一而上親郊之。" 上疑未定。 齊人公孫卿曰,"今年得寶鼎,其冬辛巳朔旦冬至,與黃帝時等。" 卿有札書,……因嬖

人奏之。上大說,……拜卿爲郎,使東候神於太室。上
遂郊雍,至隴西,登空桐。幸甘泉,令祠官寬舒等具泰
一祠壇。祠壇放毫忌泰一壇,三陔;五帝壇環居其下,
各如其方,黃帝西南,除八通鬼道。泰一所用如雍一
時物,而加醴棗脯之屬,殺一氂牛以爲俎豆牢具。而
五帝獨有俎豆醴進。其下四方地爲腏食羣神從者
及北斗云。……祭日以牛,祭月以以羊彘,特。泰一祝
宰則衣紫及繡;五帝各如其方;日赤,月白。

　　十一月辛巳朔旦冬至,昧爽,天子始郊拜泰一。
朝朝日,夕夕月,則揖;而見泰一如雍郊禮。其贊饗曰,
"天始以寶鼎神策授皇帝,朔而又朔,終而復始,皇帝
敬拜見焉。"……

　　公卿言皇帝始郊見泰一雲陽,有司奉瑄玉,嘉牲
薦享,是夜有美光;及晝,黃氣上屬天。太史令談,祠官
寬舒等曰,"神靈之休,佑福兆祥,宜因此地光域,立泰時
壇以明應,令太祝領秋及臘間祠;三歲,天子一郊見。"

自從謬忌勸武帝立了泰一壇以來,十二年了,運動成熟了。本
來西漢的上帝是沿秦制祠青白黃赤諸帝的,到這時換了泰一
了,五帝降爲第二級的上帝了。謬忌領祀的泰一本在長安城
東南郊,三一等的泰一本附設在謬忌的壇上,自少翁始將泰一
們畫在甘泉宮,自上郡巫始請泰一們在甘泉宮裏說話,而泰一
遂在甘泉得一堅固的根據地。到這時,正式的泰一祠壇就設
立在甘泉了。 至於祝宰等官祠五帝及日月衣青,赤,黃,白,黑,而
祠泰一獨以紫者,則因泰一之居在紫宮裏的緣故。(淮南子天文
訓云,"紫宮者,太一之居也。")

從此以後,有什麼重要的事情發生,就去祭祀泰一。元鼎五年(西元前一一二)的秋天:

> 爲伐南越,告禱泰一。以牡荆畫幡日月北斗登龍,以象太一三星。爲泰一鋒旗,命曰靈旗。爲兵禱,則太史奉以指所伐國。

到明年春:

> 旣滅南越,嬖臣李延年以好音見。上善之,下公卿議,曰,"民間祠有鼓舞樂;今郊祀而無樂,豈稱乎!"公卿曰,"古者祠天地皆有樂,而神祇可得而禮。"……於是塞南越,禱祠泰一后土,始用樂舞。

伐南越時要禱泰一,滅了南越又要禱泰一,以前的五帝時再不提起了。上云"祠天地",下云"禱祀泰一后土,"可見當時確認泰一爲天皇,后土爲地皇。(禮記所謂"祭天於泰壇,"自是此時之言)。但是這樣之後,泰一與天一,泰皇與天皇,他們的職權又將如何劃分呢?

元封元年(前一一○)冬:

> 上議曰,"古者先振兵釋旅,然後封禪。"乃遂北巡朔方,勒兵十餘萬騎。還,……旣至甘泉,爲且用事泰山,先類祠泰一。

"類"是什麼? 書堯典云,"肆類於上帝,"可見這是祭上帝的專名。

> 四月,還至奉高。上念諸儒及方士言封禪,人殊,不經,難施行。……至乙卯,令侍中儒者,皮弁縉紳射牛行事,封泰山下東方,如郊祠泰一之禮。……丙辰,禪泰山下阯東北蕭然山,如祭后土禮。天子皆親拜見。

武帝因爲封禪之儀,講的太紛歧了,所以就用祀泰一之禮去封泰山,用祀后土之禮去禪肅然山。封相當於祭天,禪相當於祭地。

元封二年(前一〇九)冬:

郊雍五帝,還,拜祝祠泰一。贊饗曰,"德星昭衍,厥維休祥。壽星仍出,淵燿光明。信星昭見,皇帝敬拜泰祝之享!"

他出去一次,回來必祭一次泰一,彷彿堯典上的巡狩四岳而歸,"格于藝祖"似的。

初,天子封泰山,泰山東北阯,古時有明堂處,處險不敞。上欲治明堂奉高旁,未曉其制度。濟南人公玉帶上黃帝時明堂圖。……於是上令奉高作明堂汶上,如帶圖。及是歲(元封五年,前一〇六)修封,則祠泰一五帝於明堂上坐,令高皇帝祠坐對之;祠后土於下房,以二十太牢。……還幸甘泉,郊泰畤。春(元封六,前一〇五),幸汾陰,祠后土。

當時的郊祀系統當如下圖:

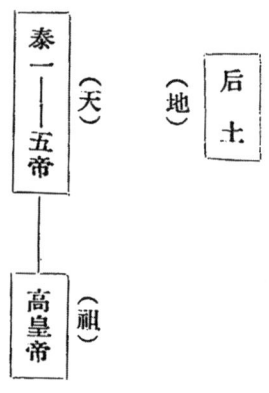

泰一后土之祀於是施及於泰山。甘泉泰一壇正式稱為"泰畤"亦於此始見。

太初元年(前一〇四):

> 幸泰山。以十一月甲子朔旦冬至日,祀上帝於明堂。後每(毋)修封。其贊饗曰,"天增授皇帝泰元神策,周而復始。皇帝敬拜泰一!"

祠上帝而贊饗之辭曰"皇帝敬拜泰一,"是明以泰一為上帝了。"泰元",索隱云,"案黃帝得寶鼎神策,則泰元者古昔上皇創歷之號。"王先謙補注云:

> 案册府元龜三十六,"開元十三年,封禪禮畢,中書令張說進稱'賜皇帝太一神策,周而復始,'"宋史志,"真宗封禪,攝中書令王旦跪稱曰,'天賜皇帝太一神策,周而復始,'"皆依倣漢世為之。是泰元即泰一也。

他的說法如果是對的,那麼泰一又得了一個新名了!

此後關于泰一的記載,可惜司馬遷沒有記下,故班固作漢書也無所記。史記封禪書總結武帝一代事曰:

> 今天子所興祠,太一,后土,三年親郊祠。建漢家封禪,五年一修封。薄忌太一及三一,冥羊,馬行,赤星五,寬舒之祠官以歲時致禮。

郊天,郊的是泰一。封禪,封的是泰一。還有薄忌的太一和三一的太一等。太一自前一二四年露臉,歷十餘年而取得正統的地位,凌駕五帝,統一諸天,更易上帝之名,真是宗教史上一件絕大的事情。這變,變的真快呵!

泰一之祀是極盛於漢武帝時的,他是天神,是上帝,是統屬五帝和北斗,日,月的。他的地位之高,等於現在的玉皇大帝。

漢書藝文志中錄有泰一的許多箸作：

太壹兵法一篇。（兵，陰陽）

泰一雜子星二十八卷。（數術，天文）

泰壹雜子雲雨三十四卷。（數術，天文）

泰壹陰陽二十三卷。（數術，五行）

泰一二十九卷。（數術，五行）

泰壹雜子候歲二十二卷。（數術，雜占）

泰壹雜子十五家方二十二卷。（方技，神僊）

泰壹雜子黃冶三十一卷。（方技，神僊）

又所錄天一的箸作：

天一兵法三十五篇。（兵，陰陽）

天一六卷。（數術，五行）

天一陰道二十四卷。（方技，房中）

以上泰一凡一百九十卷，天一凡六十五卷。泰一不及黃帝多（黃帝四四九卷），天一不及神農多（神農九十二卷）；但在古帝王中已占了第二，第四位了。

一一　泰帝的兩件故事

淮南子中的"太帝，"我們在上面已看到了。他是住在天上的；我們如能旅行到崑崙丘，儘管定上去，走到最上一層，便可看見他，自己也成了神仙了。這樣說來，太帝豈不是一個純粹的上帝了嗎？這也不然，他是會下凡做人帝的。我們試從封禪書裏找出兩段泰帝的故事來證明這句話，這兩段故事是武帝時人所說的。

其一，是元鼎四年（前一一三）事：

其夏六月，汾陰巫錦為民祠魏脽后土營旁，見地如鉤狀，掊視，得鼎。鼎大，異於衆鼎，文鏤無款識。……天子使驗問得鼎無姦詐，乃以禮祠，迎鼎至……長安。公卿大夫皆議尊寶鼎。……有司皆言，"聞昔泰帝與神鼎一，一者一統，天地萬物所繫象也。黃帝作寶鼎三，象天，地，人。禹收九牧之金，鑄九鼎，象九州。皆嘗鬺享上帝鬼神。有德則興。……"

其二是元鼎六年（前一一一）事：

其春，既滅南越，嬖臣李延年以好音見。上善之，下公卿議，曰，"民間祠有鼓舞樂，今郊祀而無樂，豈稱乎！"公卿曰，"古者祠天地皆有樂，而神祇可得而禮。"或曰，"泰帝使素女鼓五十絃瑟，悲。帝禁不止，故破其瑟為二十五絃。"於是塞南越，禱祠泰一后土，始用樂舞。益召歌兒，作二十五絃，及空侯瑟自此起。

這兩件事只相差兩年，而公卿大夫議奏中乃兩稱泰帝，可見那時關於泰帝的故事頗發達。（風俗通卷六，瑟，"謹按世本'宓羲作八尺一寸四十五絃。'黃帝書，'泰帝使素女鼓瑟而悲，帝禁不止，故破其瑟爲二十五弦。'"此云泰帝事出黃帝書，或爲彼等所本？）

　　看漢公卿之言，泰帝是一個生人，他是在禹和黃帝之前作帝王的，他也曾饗享過上帝鬼神。然則他究竟是一位怎樣的帝呢？這位帝王爲什麽不見於我們的歷史？於是顔師古漢書注云：

　　　　泰帝者，卽泰昊伏羲氏也。

這大概因爲那時公卿們旣把泰帝放在黃帝之前，而在黃帝前的泰昊之"泰"與泰帝字同的緣故。但沈欽韓漢書疏證則以爲卽是黃帝。他的理由是：

　　　　(1) 韓非十過，"黃帝合鬼神於泰山之上，作爲淸角。" 淮南覽冥訓，"昔者師曠（黃帝臣）奏白雪之音而神物爲之下降。" 注，"白雪，太乙五十絃樂名也。"

　　　　(2) 抱朴子極言篇，"黃帝論道養則質玄素二女。" 旣云使素女鼓之，則黃帝也。

王先謙也贊成這一說，於漢書補注中爲他加上兩條證據：

　　　　(3) 世本，"庖羲瑟五十絃，黃帝損之爲二十五絃。"

　　　　(4) 王嘉拾遺記，"黃帝使素女鼓庖羲之瑟，滿席悲不能已。後破爲七尺二寸，二十五絃。" 則爲黃帝不疑。顔說誤也。

他們的理由固然也算充足，但鑄一個鼎時稱他爲泰帝，鑄三個鼎時便稱他爲黃帝，這是什麽道理？若鑄一鼎的泰帝可以說爲黃帝，那麽鑄九鼎的禹亦何嘗不可說爲黃帝呢？所以在"破瑟爲二十五絃"及"使素女鼓瑟"兩事上，確可說泰帝卽黃帝，而在"興神鼎"上則絕無倂合的道理。

我對于這事的意見,以爲泰帝這個人是臨時由天上拉下來的,這些故事也是臨時拼湊起來的(看漢武帝於汾陰得鼎之後,齊人公孫卿的札書就會有"黃帝得寶鼎宛朐,仙登於天"的故事,司馬遷作五帝本紀時就采用了,可以推見。"武王誅紂,以妲己賜周公"的"想當然耳,"使無曹操之問,豈不成爲眞事實。)　那時的人見泰一正交好運,而泰一是一個天神,總覺得應使他下凡纔好。　那時黃帝故事正風行,而泰一的地位在黃帝之上,所以就定他的時代前於黃帝。　漢武帝要議郊祀之樂,就以黃帝的音樂故事算做泰帝的,爲這件故事再鍍一次金。　如果漢武帝還活下去,對于天帝的泰一越尊敬,則人間的泰帝的故事亦將以應時代的需要而製造不已。　到泰一沒有新發展的時候,泰帝的歷史也就停止產生了。

一二　西漢時三皇消沈的原因

我們看了西漢時的學說與其歷史,該得發問:何以呂氏春秋與王綰們的奏書都以三皇列五帝之前,但一到了西漢,在五帝之前的乃是二皇,九皇,太一,太帝,而三皇卻不與其盛? 比較近似的,是三一,但何以也不占勢力?

依我們的猜想,這大約有兩種原因:

其一,西漢是陰陽說極盛的時候。 戰國沒有聽說過有陰陽家;而西漢則司馬談論六家要指即首列陰陽家,地位在儒墨之上。 泰皇本來是在天皇地皇之上的,他們的關係好像"太極"之與"兩儀。" 但武帝時以泰一為天的異名,泰皇即可與天皇併家。 甘泉泰時與汾陰后土對立,汶上明堂祠泰一五帝於上坐而祠后土於下房,天地之神既定,可以不需要再有別的。 淮南中的"二皇"說不定即是陰陽二神,故高誘注曰,"指說陰陽"(原道訓)。 綜此,秦漢人對於天上與人間最高人物的觀念的分別,約如下圖:

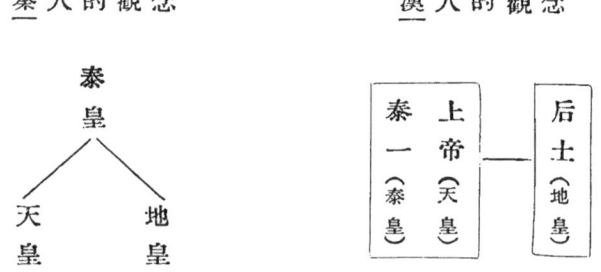

既沒有三皇的需要,三皇之說自然就不發達了。

其二,西漢是極注重曆法的時代。 在天象裏,有大帝星,有五帝星。 甘公星經(五行大義引)云:

> 天皇大帝……一星在鈎陳口中。又有五帝內座五
> 星,在華蓋下。

又史記天官書云:

> 中宮,天極星。其一明者,太一常居也。旁三星,
> 三公,或曰子屬。後句四星,末大星,正妃。餘三星,後
> 宮之屬也。環之匡衞十二星,藩臣。皆曰紫宮。……
> 　　太微,三光之廷。匡衞十二星,藩臣,西將,東相;南四
> 星,執法。中端門;門左右,掖門。門內六星,諸侯。其內
> 五星,五帝坐。

可見在紫宮裏有太一(即天皇大帝),在華蓋下有五帝。這座莊
嚴的宮殿裏只容得一皇而容不下三皇。天象中旣有一皇與
五帝,所以祭祀之神也只能有泰一與五帝,古史中也只能有泰
帝與五帝了。

一三 三皇的復現

　　三皇給西漢的人埋沒了二百年,大家幾乎忘記了。 但到了西漢的末年,忽然又顯現了。 揚雄賦:

　　　軼五帝之遐迹兮,躡三皇之高蹤。(漢書揚雄傳河東賦)

　　　加勞三皇,勛勤五帝,不亦至乎。(漢書揚雄傳羽獵賦)

特別是王莽,他似乎酷好這"皇"字。 他受漢高祖的禪讓,由於哀章的兩個銅匭,其一匭上署的是"赤帝行璽邦傳予黃帝金策書,"這就是說:赤帝劉邦傳國與黃帝王莽,王莽即成了黃帝。 但他還不滿意,想進一步做黃皇,故即眞之後把他的女兒(平帝后,孺子嬰時稱皇太后)更號爲"黃皇室主"。 顏師古注云,"莽自謂土德,故云黃皇。室主,若漢之稱公主。" 這樣,足見他已自居於黃皇了。

　　天鳳六年(西元一九),王莽令太史推三萬六千歲曆紀。 明年,就依了這曆紀,改元爲地皇。 這地皇的年號和黃皇的名號是一致的,都表示其爲土德之王。 但地皇這個名字,不但在五德中表示土德,也是秦三皇中的一個呵!

　　地皇三年(西元二二),霸(灞)橋失火,燒了。 王莽心中其實嫌惡這件事,反下一詔書來自己安慰,道:

　　　夫三皇象春,五帝象夏,三王象秋,五伯象冬。 伯者,繼
　　　空續乏以成歷數,故其道駁。……… 乃二月癸巳之夜,
　　　甲午之辰,火燒霸橋,從東方西行;至甲午夕,橋盡,火滅。
　　　…… 其明旦卽乙未,立春之日也。 予以神明聖祖
　　　黃虞遺統受命,至於地皇四年爲十五年,正以三年終
　　　冬。 絕滅霸駁之橋,欲以興盛新室,統壹長存之道也。

三皇的復現

............其更名霸橋爲長存橋。

他以霸橋之"霸"釋作五伯之"伯，"謂其應在絕滅之列；又以皇，帝，王，霸分配春，夏，秋，冬，謂霸橋失火的翌日正爲立春，地皇三年正是冬之終，卽此證明以後"霸"道可滅而"皇"道可興。皇是誰呢？當然是他自己。拿這些話與黃皇地皇合看，可知他不但不安於王，且不甘於帝，直要作皇咧！

在這一篇詔書裏，"三皇，五帝，三王，五伯"這一個古史系統出現了。我們將問：他以何人爲三皇，何人爲五帝？關於這一個問題，康有爲以爲劉歆所作的助他篡位的世經裏，把少皞插入黃帝顓頊之間，違背了舊說，是有心以伏羲，神農，黃帝爲三皇，少皞，顓頊，帝嚳，堯，舜爲五帝的。他在新學僞經考裏說：

> 按，今學無三皇名。惟春秋繁露三代改制質文篇云，"故聖王生則稱天子，崩遷則存爲三王，絀滅則爲五帝；下至附庸，絀爲九皇；下極其爲民。"......史記五帝本紀以黃帝，顓頊，帝嚳，唐堯，虞舜爲五帝，實依大戴禮五帝德，帝繫姓及世本，蓋孔門相傳之說。......漢書律歷志載歆世經，以太昊帝，炎帝，黃帝，少昊帝，顓頊帝，帝嚳，唐帝，虞帝爲次，暗寓三皇五帝之序。而月令"孟春盛德在木，其帝太皞；孟夏盛德在火，其帝炎帝；中央土，其帝黃帝；孟秋盛德在金，其帝少皞；孟冬盛德在水，其帝顓頊，"與世經相應。......月令，律歷志大行，於是三皇之說興，少昊之事出，五帝之號變。(卷六)

又史記經說足證僞經考：

> 劉歆欲臆造三皇，變亂五帝之說以與今文家爲難，因躋黃帝於三皇而以少集補之。

這好像也對,因爲從太昊到舜恰恰八人,可以分配這八個位子。但我細加考慮了一回,覺得不敢表示贊同。 第一,在世經中,這八個人都稱爲"帝,"不稱"皇;"在月令中,其爲五帝而非三皇更顯明。 第二,世經中不見有"三皇"一名,劉歆擅加少昊於帝系中尚不覺得什麽,他要是存心排列這個系統,又何必吝惜於此二字。第三,他說,"今學無三皇名,"似以三皇一名爲王莽們所肌撰;但呂氏春秋或可竄亂,而始皇本紀則絕不出于竄亂,否則始皇帝的"皇"字是從哪裏來的? 第四,劉歆旣在月令中以太昊,炎帝,黃帝,少昊,顓頊爲五帝,當不至復以伏羲(太昊),神農(炎帝),黃帝爲三皇,否則這兩個系統是自相衝突了。 我的意思,世經這個系統是全爲五德終始表的系統而列的,他不曾有分別誰爲三皇,誰爲五帝之意存於其間。 至於沒有此意,並非他不要有三皇五帝這個歷史系統,乃是因爲王莽時的三皇五帝還是保存董仲舒的學說的意義,看皇,帝,王諸名是順着時代遷變的。所以王莽卽眞之後,傳云:

> 策曰,"⋯⋯帝王之道,相因而通;盛德之祚,百世享祀。 予惟黃帝,帝少昊,帝顓頊,帝嚳,帝堯,帝舜,帝夏禹⋯⋯咸有聖德假於皇天,功烈巍巍,光施於遠。 予甚嘉之,營求其後,將祚厥祀。 惟王氏,虞帝之祀也,出自帝嚳;劉氏,堯之後也,出自顓頊。"
>
> 於是封姚恂爲初睦侯,奉黃帝後。 梁護爲脩遠伯,奉少昊後。 皇孫功隆公千,奉帝嚳後。 劉歆爲祁烈伯,奉顓頊後。 國師劉歆子疊爲伊休侯,奉堯後。 媯昌爲始睦侯,奉虞帝後。⋯⋯漢後定安公劉嬰位爲賓。 周後衛公姬黨更封爲章平公,亦爲賓。 殷後宋

公孔弘,運轉次移,更封爲章昭侯,位爲恪。夏後遼西
姒豐,封爲章功侯,亦爲恪。……

把上面所說的列爲一表,應如下式:

1. 黃帝 —— 姚恂 —— 初睦侯
2. 少昊 —— 梁護 —— 脩遠伯
3. 顓頊 —— 劉歆 —— 祁烈伯
4. 帝嚳 —— 王千 —— 功隆公
5. 帝堯 —— 劉豊 —— 伊休侯
6. 虞帝 —— 媯昌 —— 始睦侯
7. 夏 ——— 姒豐 —— 章功侯 ⎫
8. 殷 ——— 孔弘 —— 章昭侯 ⎭ 恪
9. 周 ——— 姬黨 —— 章平公 ⎫
10. 漢 ——— 劉嬰 —— 定安公 ⎭ 賓

在這個表裏,王莽的封國制度用三統說是很明白的。董仲舒把新王及上二代之王算作"三王,"並云"下存二王之後以大國,使稱客而朝,"故他封漢後劉嬰及周後姬黨皆爲"公,"位爲"賓。"董云,"紬王謂之帝,封其後以小國,"故殷後孔弘本爲"宋公,"現在因"運轉次移"而改封小國,爵爲"侯"了。自殷後推上去,至帝嚳後,凡五代,都應爲侯;惟帝嚳爲王莽自承的祖先,故奉祀他的王千特封爲公(也許因他是皇孫)。再上去,照董說是只有一個"九皇"了;但他有顓頊,少昊,黃帝三人。少昊與顓頊後俱封伯,這是爲了世代愈遠,國應當愈小的緣故。至於黃帝之後不封伯而封侯者,因爲黃帝是王莽的"太初祖,"所以把奉祀他的人進了一級。在這上面,可見他對於董氏學說,別的都用,惟九皇說不用。所以然之故,想因用了他的九皇說,黃帝只能"下極其

為民"了,殊不是敬祖宗的道理,所以他在古書中找出"三皇五帝"說來,重新用了。

如果王千姚恂不因所奉祀的是王莽的祖先而進級,則同時應封伯者三,封侯者五,封公者二,恰合三皇,五帝,三王的次序。他的不封太昊炎帝之後,只因他們已在三皇之外了,應當爲"民"了。 從此可知王莽的"三皇"是黃帝,少昊,顓頊;他的"五帝"是帝嚳,堯,舜,夏,殷;他的"三王"是周,漢,新。(王莽時,有三統說中的五帝,是不固定的,帝嚳至殷是也。 又有五德說中的五帝,是固定的,月令所記是也。)

因爲他有了這樣的一個新制度,所以要在古書裏插下證據,使人相信。 周禮,是他改制度的大本營,左傳,又是劉歆所重編過的,他們就在這一經一傳中確立了三皇與五帝的根基(別詳三墳與古三墳書章中)。 雖是他的三皇(黃帝至顓頊)也不久便被人忘記,但"三皇五帝"這個名詞從此就長存於天地間了。

三皇旣經復現,於是讖緯書中就大講其"三皇五帝",如:

三皇百世計神元書;五帝之世受籙圖。(尚書緯璇璣鈐,白虎通五經引)

孔子曰,"三皇設言民不違;五帝畫象世順機;三王肉刑揆漸加,應世黠巧姦僞多。"(孝經緯,公羊傳宣二十九年解詁引)

三皇無文;五帝畫象;三王明刑,應世以五。(孝經緯援神契,周禮保氏疏引)

三皇步;五帝驟;三王馳;五伯騖。(孝經緯鉤命決,白虎通號篇引)

白虎通講到封禪,也說:

三皇的復現

> 三皇禪於繹繹之山,明已成功而去,有德者居之,繹繹者無窮之義也。五帝禪於亭亭之山,亭亭者制度審諦,道德著明也。三王禪於梁甫之山,梁者信也,甫者輔也,信輔天地之道而行之也。

這繹繹之山是爲了三皇特地造出來的。從此"皇,帝,王"就因了名號的不同而有各個的封禪處了。董仲舒要使皇,帝,王歸於同,他們則反道而行,要判之使不同。至應劭風俗通義又襲此說而小變之,云:

> 三皇禪于繹繹,明已成功而去,德者居之;繹繹者無所指斥也。五帝禪于亭亭,德不及於皇;亭亭名山,其身禪予聖人。三王禪于梁父者,信父者子,言父子相信與也。

康先生的懷疑三皇一名,我又在他的筆記稿上見有一則,云:

> 呂覽孝行覽長攻"豈能跨五湖九江而有吳哉,"說苑國語作"三江,"此作"九江。"知"九皇"之改爲"三皇"者多矣。

他的意思,以爲古書中"三皇"多半是從"九皇"改來的。因爲他是董仲舒的信徒,所以信守了春秋繁露的說話。崔懷瑾先生(適)承其流,在春秋復始的箴何篇中說:

> 桀大戴記五帝德,"孔子曰,'五帝用記,三王用度。'"史記本紀始五帝,次夏,次殷,次周。然則稽古至五帝何已,無所謂三皇也。三皇之目始於周官外史"掌三皇五帝之書。"鄭君引左氏注之曰,"楚靈王所謂三墳五典。"按,左氏周官皆古文家言,孰爲三皇,惟

見於緯書,亦無定說。 王符潛夫論五德志曰,"世傳三皇,多以爲伏羲神農爲二皇;其一者,或曰燧人,或曰祝融,或曰女媧,其是與非,未可知也。 我聞古有天皇,地皇,人皇,以爲或即此謂,亦不敢言,其於五經皆無正文。" 汪繼培箋,於"或曰燧人"曰,"尙書大傳及禮緯含文嘉說,見風俗通皇霸篇。 禮記曲禮疏云,'宋均注援神契引甄耀度,數燧人,伏羲,神農爲三皇。'" 於"或曰祝融"曰,"禮號謚記說,見風俗通,白虎通亦引之。" 於"或曰女媧"曰,"春秋運斗樞說。" 於"天皇,地皇,人皇"曰,"初學記九引春秋緯云'天皇,地皇,人皇兄弟九人,分九州,長天下。'" 案,緯書爲古文支流;此孝經緯(卽襄二十九年解詁所引孔子說三皇五帝)也,今文家不應闌入。 例以大戴記引孔子之言五帝,上不及三皇,則此文列三皇於五帝之前,必非孔子之言甚明。我們不必像淸末這班今文家一樣,斷定自從有了周官和緯書之後纔有三皇,三皇只存在於古文家的學說,因爲就本篇的前數章看來,三皇確有出現於戰國之末的事實;而且讖緯的思想實導源於西漢儒者,即所謂今文家,只因出在東漢時,爲要依照"漢爲火德"的功令,不得不沿用古文家的五德說的形式,看鄭興賈逵一班古文家反對讖緯,即知讖緯非古文支流。 但三皇一名的加入儒家的經典,由古文家言的左傳,周官及緯書始,是西漢末和東漢初的事情,這是千眞萬確的提示,我們不該不信。

可是,歷史的壓力總是重的。 西漢一代,太一的權威何等強大,王莽縱費力立出新系統來,究竟擺脫不了這個習慣,所以在他的傳中又有下列數事:

三 皇 的 復 現

　　五威將乘乾文車,駕坤六馬,背負鷩鳥之毛,服飾甚偉。 每一將,各置左,右,前,後,中帥,凡五帥,衣冠,車服,駕馬,各如其方面色數。 將持節稱太一之使,帥持幢稱五帝之使。 莽策命曰,"普天之下,迄於四表,靡所不至!"(傳中,始建國元年)

　　六年(天鳳)春,莽見盜賊多,乃令太史推三萬六千歲歷紀,六歲一改元,布天下。 下書曰,"紫閣圖曰,'太一黃帝皆僊上天,張樂崑崙虔山之上。 後世聖主得瑞者當張樂秦終南山之上。'予之不敏,奉行未明,乃今諭矣。………"(傳下)

　　七月(地皇元年),大風,毀王路堂。 復下書曰,"…………昔符命文'立安爲新遷王;臨國雒陽,爲統義陽王。'……… 伏念紫閣圖文,'太一黃帝皆得瑞以僊,後世褒主當登終南山。' 所謂'新遷王'者,乃太一新遷之後也。'統義陽王,'乃用五統,以禮義登陽,上遷之後也。………其立安爲新遷王,臨爲統義陽王,幾以保全二子。………"(傳下)

這第一則五威將帥的制度卽是武帝時泰一壇的制度。 第二,三則所述紫閣圖文,謂太一與黃帝皆仙而上天,與武帝時公卿所述泰帝事相近,太一亦人王,且在黃帝前。 卽此可證泰帝卽是太一。 而太一的神人之鄰,也給紫閣圖打通了。

一四　太一的消失

太一和三皇好像是迴避似的。當太一勢力高張時,不聽得有人提起三皇;到王莽時,三皇又擡頭了,太一卻漸漸退讓,終至於隱去了。但這是偶然的一件事,並非太一與三皇有一起一伏的必然關係。要明白它的原因,須把武帝以後的泰畤情況先看一下。

漢書郊祀志記宣帝時事,云:

> 十二年(元康四年,西元前六二),乃下詔曰,"蓋聞天子尊事天地,修祀山川,古今通禮也。閒者上帝之祠闕而不親,十有餘年,朕甚懼焉。朕親飭躬齋戒,親奉祀,爲百姓蒙嘉氣,獲豐年焉。"
>
> 明年(前六一)正月,上始幸甘泉,郊見泰畤。數有美祥。修武帝故事,盛車服,敬齋祠之禮,頗作詩歌。其三月,祠后土。

漢書宣帝紀神爵四年(前五八):

> 春二月,詔曰,"迺者鳳皇甘露降集京師,嘉瑞並見,修興泰一、五帝、后土之祠,祈爲百姓蒙祉福。……齋戒之暮,神光顯著。薦鬯之夕,神光交錯,或降于天,或登于地,或從四方來集于壇。上帝嘉饗,海内承福。其赦天下!"

郊祀志又云:

> 明年(五鳳元年,前五七),復幸甘泉,郊泰畤。改元曰五鳳。明年(前五六),幸雍,祠五畤。其明年春(前五五),幸河東,祠后土。赦天下。

太一的消失

  後間歲(前五三),改元爲甘露。 正月,上幸甘泉,郊泰畤。……後間歲(前五一)正月,上郊泰畤,因朝單于於甘泉宮。 後間歲(前四九),改元爲黃龍。 正月,復幸甘泉,郊泰畤,又朝單于於甘泉宮。 至冬而崩。

綜計宣帝一朝,於首尾十四年中五郊泰畤,兩祠后土,一祠雍五畤。 他遵守他的祖父的制度,無所變更。 而每逢改元,必郊泰畤,似是表示其隆重。

  到元帝時(前四八——三三):

  元帝即位,遵舊儀。 間歲正月,一幸甘泉,郊泰畤。 又東至河東,祠后土。 西至雍,祠五畤。 凡五奉泰畤后土之祠。 亦施恩澤,時所過毋出田租,賜百戶牛酒,或賜爵,赦罪人。

他在位十六年,凡五奉泰畤之祠,合於"三年一郊"之制。

  自武帝在甘泉立了泰一壇,到此八十年,這聖地不曾變換,也沒有人想到變換。 不料到了成帝即位,儒臣翼奉,匡衡,張譚等提出抗議來了。 漢書翼奉傳云:

  翼奉…………治齊詩,與蕭望之匡衡同師,三人經術皆明,衡爲後進。

  明年(初元三年,前四五)夏四月乙未,孝武園白鶴館災。……上復延問以得失。 奉以爲祭天地於雲陽汾陰,及諸寢廟不以親疏迭毀,皆煩費違古制。……迺上疏曰,"……漢家郊兆,寢廟,祭祀之禮多不應古,臣奉誠難盡居而改作,故願陛下遷都正本,衆制皆定。…"

  其後貢禹亦言當定迭毀禮,上遂從之;及匡衡爲丞相,奏徙南北郊:其議皆自奉發之。

翼奉說漢家以先的祭祀制度"皆不應古,"都應改作。但他沒
有說明應如何的改作和為什麼"皆不應古;"承其後的匡衡等
乃有詳細的說明。郊祀志云:

　　成帝初即位,丞相衡,御史大夫譚奏言,"帝王之
事莫大乎承天之序,承天之序莫重於郊祀,故聖王盡
心極慮以建其制。祭天於南郊,就天之義也。瘞地
於北郊,即陰之象也。天之於天子也,因所都而各饗
焉。

　　"往者孝武皇帝居甘泉宮,即於雲陽立泰畤,祭
於宮南。今常幸長安,郊見皇天反北之"泰陰,"祠后
土反東之"少陽,"事與古制殊。又至雲陽,行谿谷中,
陘陝且百里;汾陰則渡大川,有風波舟楫之危:皆非聖
主所宜數乘。郡縣治道共張,吏民困苦,百官煩費。
勞所保之民,行危險之地,難以奉神靈而祈福佑,殆未
合於承天子民之意。

　　"昔者周文武郊於豐鄗,成王郊於雒邑。由此
觀之,天隨王者所居而饗之可見也。甘泉泰畤,河東
后土之祠宜可徙置長安,合於古帝王。願與羣臣議
定!" 奏可。

他們在這篇奏書上,老實說破,泰畤所以立在甘泉,只為武帝常
住在甘泉宮的緣故。至於在學理上說,"天"是就陽位的,該立
在國都的南面,而今反在國都的北面,顛倒了陰陽的次序了。
同樣,"地"是就陰位的,應在國都的北面,今反在東面,也不符了。
再從事實上說,到甘泉去要走百餘里的山路,到汾陰去要渡過
黃河,既有危險,又因所到的地方供張煩費,使百官和吏民都受

到困苦,這是不合於天意的。從前周代郊社之禮都在國都附近舉行;現在應當復古,把泰畤移到長安南郊,后土移到長安北郊。這是把天地之祭作一番理性的改革。

我們在上邊知道,武帝所以在甘泉立泰畤,由於在壽宮中聽得太一們的講話;其立后土於汾陰,則是由於他東幸汾陰時,汾旁有光如絳。這些動機都由於信鬼神。現在匡衡們只依陰陽的學說和周代的舊制,全不理會鬼神的權威,可知他們對於泰畤后土的觀念已經不是武帝的觀念了。

> 既定,衡言"甘泉泰畤,紫壇八觚,宜通象八方,五帝壇周環其下,又有羣神之壇,以尚書禮六宗,望山川,徧羣神之義。紫壇有文章,采縷,黼黻之飾及玉女樂。………臣聞………上質不飾,以章天德。紫壇僞飾,女樂,鸞路,騂駒,龍馬,石壇之屬宜皆勿修。"

本來很講究的一座泰畤,現在移到長安時弄得很質樸了。我們記得,當武帝滅了南越之後,令公卿議郊祀禮樂以禮神祇,於是述及"泰帝使素女鼓五十絃瑟,悲"的故事,現在這些樂舞也廢除了。不但除去樂舞,連太一乘的鸞路騂駒也不要了。這人格化的上帝,本來要聽音樂,要看文采,要乘車馬,現在一切取消了。匡衡們眞有魄力,把這位威靈顯赫的上帝回復到"無聲無臭。"既經無聲無臭,再用得着什麼太一的名號!

郊祀志又說:

> 明年(建始二,前三一),上始祀南郊。

> 是歲,衡譚復條奏,"………郡國候神方士使者所祠,凡六百八十三所。其二百八所,應禮,及疑無明文,可奏祀如故。其餘四百七十五所,不應禮,或復重,請

皆罷。"奏可。……孝武薄忌太一,三一,黃帝,冥羊,馬行,泰一,皋山山君,武夷………之屬………皆罷。候神方士,使者,副佐,本草待詔七十餘人皆歸家。(漢書成帝紀,建始二年,春正月,罷雍五畤;辛巳,上始郊祀長安南郊,詔曰,'迺者徙泰畤后土于南郊,北郊,朕親飭躬,郊祀上帝,皇天報應,神光並見。三輔長無共張繇役之勞,赦奉郊縣長安【天郊所在】盐陵【地郊所在】。……"三月,…辛丑,上始祠后土于北郊。)

這是對於西漢前期的迷信作一次大破壞。從此以後,所祭祀的只有古禮所本有的,或陰陽的學說下所該有的,而沒有由神話作背景以興起的了。這是對于漢代宗教的一個淨化運動!這是儒者和方士的一回大爭戰!

太一,在武帝時何等轟轟烈烈,現在既失去了他的聖地甘泉,就是原始的謬忌領祀的太一,三一中的太一,與皋山山君同祀的太一,都廢棄了。太一之神從此不靈了吧?但是他還有後運呢。

明年(建始三,前三〇),匡衡因事免官,反對他的人都說不應常變動祭祀,又說:

初罷甘泉泰畤,作南郊日,大風壞甘泉竹宮,折拔畤中樹木十圍以上百餘。

見得太一的憤怒。成帝去問劉向,他是一個守舊的人,對道:

家人尚不欲絕種祠,況於國之神寶舊畤!且甘泉汾陰及雍五畤始立,皆有神祇感應,然後營之,非苟而已也!……易大傳曰,"誣神者殃及三世。"…………

但廢舊立新,事已做成了,雖有反對,一時也沒法改回來。再過了十六年,到永始三年(前一四),成帝尚無子嗣,疑心是甘泉的太

一作怪,遂由皇太后下詔道:

> 蓋聞王者承事天地,交接泰一,尊莫著於祭祀。孝武皇帝大聖通明,始建上下之祀,營泰畤於甘泉,定后土汾陰;而神祇安之,饗國長久,子孫蕃滋。累世遵業,福流於今。今皇帝寬仁孝順,奉循聖緒,靡有大愆,而久無繼嗣。思其咎職,殆在徙南北郊,違先帝之制,改神祇舊位,失天地之心,以妨繼祀之福。春秋六十,未見皇孫,⋯⋯朕甚悼焉。春秋大復古,善順祀,其復甘泉泰畤,汾陰后土如故!⋯⋯"

於是甘泉的泰畤恢復了。可是那時候的儒者實在很盛,匡衡的同志依舊作南北郊的運動。成帝末年(前一三——一〇),王商為大司馬,衛將軍,輔政。杜鄴說商道:

> 古者壇場有常處,祭禮有常用,贄見有常禮,犧牲玉帛雖備而財不匱,車輿臣役雖動而用不勞。是故每舉其禮,助者歡說;大路所歷,黎元不知。今甘泉河東天地郊祀,咸失方位,違陰陽之宜;及雍五畤,皆曠遠。⋯⋯繕治共張,無解已時。⋯⋯宜如異時公卿之議,復還長安南北郊。

他的理由依然和匡衡的一樣:甘泉汾陰之祀,在學理上是失方位,違陰陽;在事實上是使人民繕治供張無已時,太苦了。學理只是那時的一種信仰,事實則是那時人民的切身利害。但即在此信仰上,可見陰陽方位的觀念極盛於西漢後期,在武帝時則尚不如是嚴格,所以他每立新的祭祀都不曾想到這一點。

因為常有人作這南北郊運動,所以綏和二年(前七)成帝崩後,郊社之禮仍回復到長安來了。

繼位的哀帝多病，爲求神靈的保佑，興復神祠七百餘所。泰時后土亦於建平三年(前四)仍遷回原地。

　　過了八年，到平帝元始五年(西元五)，大司馬王莽與太師孔光等六十七人議，又把泰時后土遷到長安。

　　總計天地之祀，成帝初年從甘泉汾陰遷到長安，末年又從長安遷回原地，死後又從原地遷到長安；哀帝又從長安遷回原地；平帝又從原地遷到長安：三十七年之間搬了五次，人和神都勞了。

　　王莽是有大計畫的人，他把天地及諸神之祀重新整理了一過。大約在居攝間(西元六——八)吧，他奏言：

臣前奏徙甘泉泰時，汾陰后土皆復於南北郊。謹案，周官"兆五帝於四郊，山川各因其方"。今五帝兆居在雍五時，不合於古。又日，月，雷，風，山，澤，易卦六子之尊氣，所謂"六宗"也；星辰，水，火，溝瀆，皆六宗之屬也：今或未特祀，或無兆居。謹與太師光，大司徒宮，羲和歆等八十九人議，皆曰：天子父事天，母事地。今稱天神曰皇天上帝泰一，兆曰泰時；而稱地祇曰后土，與中央黃靈同，又兆北郊，未有尊稱，宜令地祇稱皇地后祇，兆曰廣時。……分羣神，以類相從，爲五部，兆天地之別神。中央[黃]帝，黃靈后土時，及日廟，北辰，北斗，填星，中宿，中宮，於長安城之未地兆。東方帝太昊，青靈句芒時，及雷公風伯廟，歲星，東宿，東宮，於東郊兆。南方炎帝，赤靈祝融時，及熒惑星，南宿，南宮，於南郊兆。西方帝少皞，白靈蓐收時，及太白星，西宿，西宮，於西郊兆。北方帝顓頊，黑靈玄冥時，及月廟，雨師廟，辰星，北宿，北宮，於北郊兆。

這是他們用了陰陽五行的系統把古今合理的神祇作一次總清理。本來泰一只叫泰一,現在叫皇天上帝泰一了。本來后土只叫后土,現在后土一名送給中央黃靈,原有的后土改稱皇地后祇了。本來五帝只是五帝,現在各有一靈以配之了。本來日,月,雷,風,雨及諸星是沒有統屬的,現在都由五帝五靈統帥着了。王莽的政治事業雖失敗,但他的文化事業占了勝利,這樣的一個系統永遠支配了中國學術和國家宗教,直等到清亡而後已。

照我們想,"泰一"之上加了"皇天上帝,"他更尊貴了。但事情是有不可測的,他竟因戴這個高帽子而把原有的名字消失了! 原因大約有二種。 一,這名字太長,念起來不順口,於是縮短為"皇天上帝,"不再連稱為"泰一"。 二,自匡衡以來,都要把人格化了的上帝恢復他的無聲無臭的原有狀態,泰一是曾有許多猥鄙的故事的,覺得不尊重,然而泰時明明祀泰一,沒法替他洗刷;現在泰一之上既有皇天上帝四字,便可移花接木地把泰一二字棄去不提了。 他們為要維持天地的莊嚴,不需有天神地祇的故事和感應,這是西漢末年的儒者"留術數而去鬼神"的公同心理,雖則在攝皇帝的心中未必如此。

可以證實太一的消失的,有月令和周禮。 周禮,是王莽所發得的,別有論列。 月令,見於呂氏春秋十二紀,淮南子時則訓及小戴禮記,似乎不是後出。 但王莽傳中記元始四年(西元四):

> 立樂經。 益博士員,經各五人。 徵天下通一藝,教授十一人以上,及有逸禮,古書,毛詩,周官,爾雅,天文,圖讖,鍾律,月令,兵法,史篇文字,通知其意者皆詣公車。 網

> 羅天下異能之士。至者前後千數，皆令記說廷中，將
> 令正乖謬，壹異說云。

可見月令即使不是王莽時纔出，也是給這一班徵士整理過的，他們認為乖謬的都正了，認為異說的都壹了。因此，月令中的五帝五神，卽是居攝時郊祀新制中的五帝五靈。而除了五帝五靈之外，還說：

> 天子乃以元日祈穀於上帝。
>
> 令民無不咸出其力以共皇天上帝………以為民祈福。

在五帝之上還有上帝，還有皇天上帝，這不是皇天上帝泰一嗎？然而"泰一"二字是扔下了。

至於周禮，有：

> 兆五帝於四郊。（春官小宗伯）
>
> 四圭有邸，以祀天旅上帝。（春官典瑞）
>
> 王大旅上帝則張氈案，設皇邸；朝日祀五帝則張大次小次，設重帝重案。（天官掌次）
>
> 王之吉服，祀昊天上帝則服大裘而冕；祀五帝亦如之。（春官司服）

它把上帝和五帝分開，這上帝豈不是皇天上帝泰一？昊天上帝一名，也只是皇天上帝的小變。這種制度，和武帝的泰一壇固有些相像，因為泰一在上而五帝在下。但武帝時何嘗直稱泰一為上帝，他更何嘗兆五帝於四郊？兆五帝於四郊的乃是王莽時呵！周代固有"皇天上帝"（書召誥）及"昊天上帝"（詩大雅雲漢）之名，但又何嘗有五帝，何嘗以上帝與五帝分掌諸天？正名定稱，以五帝分掌五天，而以上帝總領之者，始於王莽；所以周禮不能不說是王莽時的一部書。

太一的消失

　　王莽時的制度,上帝的整個稱號是"皇天上帝泰一,"然而那時的經(周禮)只稱"上帝"與"昊天上帝,"那時的傳(月令)只稱"上帝"與"皇天上帝,"都不提"泰一"二字。後之學者在經傳裏從不見上帝有泰一之名,便把泰一忘掉了。就是從史書裏看到,也只當他一個普通的天神,不當他是駕於五帝之上的權威最大的天神了。泰一與上帝合名,正似近年的日韓合國,實際上只是他的名號的消失與地位的沒落而已。

　　從此以後,大家想像中的上帝依然回復到周代的上帝,而忘記了他在西漢時的一段親民的歷史。

一五 人皇的出現

董仲舒作三代改制質文篇,說:

> 三正以黑統初,正日月朔於營室,斗建寅。 天統氣始通化物,物見萌達。 其色黑,故朝正服黑,…………
>
> 正白統者,歷正日月朔於虛,斗建丑。 天統氣始蛻化物,物始芽。 其色白,故朝正服白,…………
>
> 正赤統者,歷日月朔於牽牛,斗建子。 天統氣始施化物,物始動。 其色赤,故朝正服赤,…………

他的朝代次序的學說,只是"黑,白,赤"三個統。 此外,尚有"天統"二字,乃是指自然的統緒而言。 故正黑統的得天統,正白統的得天統,正赤統的也是得天統。 司馬遷作高祖本紀贊云:

> 夏之政"忠;"忠之敝小人以野,故殷人承之以"敬。" 敬之敝小人以鬼,故周人承之以"文。" 文之敝小人以僿,故救僿莫若以忠。 三王之道若循環,終而復始。 周秦之間,可謂文敝矣。 秦政不改,反酷刑法,豈不謬乎! 故漢興,承敝易變,使人不倦,得"天統"矣。

他說周的"文"敝了,應當用夏的"忠"去救它,然而秦人不懂得這個道理,所以他們失敗了,只得讓漢去"得天統"了。 這"天統"即是董仲舒書裏的"天統,"也即是後世所說的"正統。"

但到了西漢末年,新學說創造得太多了,尤其是劉歆,他是一個創造新學說的大宗師,所以在他的三統歷裏又另有一種三統說。 三統歷這書已亡,虧得漢書律歷志把它保存了許多。 他說:

> 夏數得天,得四時之正也。 三代各據一統,明三統常

> 合而迭爲首,登降三統之首,周還五行之道也。故三
> 五相包而生。天統之正,始施於子半,日萌色赤。地
> 統受之於丑初,日肇化而黄;至丑半,日牙化而白。人
> 統受之於寅初,日孽成而黑;至寅半,日生成而青。天
> 施復於子;地化自丑,畢於辰;人生自寅,成於申。故歷
> 數三統,天以甲子,地以甲辰,人以甲申。孟,仲,季迭用
> 事爲統首。三微之統旣著,而五行自青始,其序亦如
> 之。

他真會變花樣!舊式的三統說,講"黑統,白統,赤統"的,給他一改,變成了"天統,地統,人統"了!正如五德終始說,本來主"相勝說"的,給他一改,便變成了主"相生說";而本來只有一度的終始的,給他一改,也就變成了三度的終始了!

他在這段文字裏說,夏始自子爲天統,殷始自丑爲地統,周始自寅爲人統。本來,古人說話,常把"天,地,人"合講,例如,易繫辭傳說:

> 立天之道,曰陰與陽。立地之道,曰柔與剛。立人之
> 道,曰仁與義。

又如孟子說:

> 天時不如地利;地利不如人和。(公孫丑篇)

卽此可見劉歆要立這個新說也未爲不可,雖則夏爲天統,殷爲地統,周爲人統,在古籍中得不到證據。不過他說夏始自子,周始自寅,不但和原始的三統說相衝突,而且也講不過去。依董氏說:

> 黑統 —— 建寅,平明朝正。(夏,春秋)
> 白統 —— 建丑,鳴晨朝正。(殷)

> 赤統 —— 建子,夜半朝正。(周)

這個理由很簡單,一年十二個月中的第一月,和一日十二個時中的第一時是應當一致的。黑統以寅正爲正月,故卽以寅時(平明)爲朝正。白統以丑月爲正月,故卽以丑時(鳴晨)爲朝正。赤統以子月爲正月,故卽以子時(夜半)爲朝正。現在劉歆郤把他們的次序倒過來了,建寅的夏反要"始施於子半,"建子的周反要"受之於寅初"了!(只有殷,因爲它在中間,故無所變更。)這是不是講不通的?

這種不通,當時的人也未嘗不覺得,故春秋緯感精符云:

> 天統十一月建子,天始施之端也;謂之天統,周以爲正。
> 地統十二月建丑,地助生之端也;謂之地統,商以爲正。
> 人統十三月建寅,物生之端;謂之人統,夏以爲正。(御覽卷二十六,又二十九引)

又三正記云:

> 十一月之時,陽氣始養根株黃泉之下,萬物皆赤;赤者盛陽之氣也,故周爲天正,色尚赤也。十二月之時,萬物始芽而白,白者陰氣,故殷爲地正,色尚白也。十三月之時,萬物始達孚甲而出,皆黑,人得加功,故夏爲人正,色尚黑。(白虎通三正篇引。三正記一書不知作者,觀其所說,必爲東漢產物。)

他們感到劉歆所說的不合,所以變換了。他們都使建子的爲天統,建寅的爲人統(三正記改爲天正,人正),而改周爲天統,夏爲人統。三正記又云天正色尚赤,地正色尚白,人正色尚黑。如此,旣和董仲舒的說法相合,又收容了劉歆新創的冠冕名詞,眞算得"後來居上!"

我們再看，劉歆是把"三統"和"五行"打通了講的，其次序為：

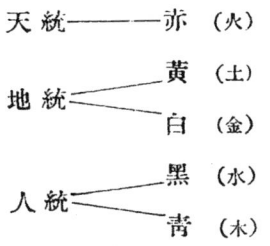

這分明是他用了"五行相生說"把"三統說"整理過的！虧他想得出，拿太陽的顏色來分配這三統。更虧他想得出，把太陽的顏色分成了五行的五色。可是，在子半會有赤色的太陽，到寅初反而變成了黑色，這將怎麼講？所以劉歆的講三統，實在不是講的三統，還是講他的五行相生說；他只要把五行相生說散播到各方面去，使得它無施不宜而已。

不過經他這樣一講，以後講三統說的雖於他的"夏數得天，始於子半"之說還不敢違背了舊說而從之，但終不敢不依他的"天統，地統，人統"之說了。"天皇，地皇，人皇"就跟着這新三統說而起來！

緯書，不知是什麼時候出現的。漢書李尋傳中曾有這樣一段話：

紫宮極樞，通位帝紀。太微四門，廣開大道。五經六緯，尊術顯士。翼張舒布，燭臨四海。少微處士，為比為輔。故次帝廷，女宮在後。聖人承天，賢賢易色，取法於此。天官上相上將，皆顓面正朝；憂責甚重，要在得人。

從來注漢書的都以這"五經六緯"的緯即是緯書（孟康曰，"六緯，五經與樂緯也。"張晏曰,"六緯,五經就孝經緯也。"師古曰"六緯者,五經之緯及樂緯也,孟說是也"),倘使果如所言,是李尋的時候(漢成哀間)已有緯書。但緯書中是很多講災異的,如果那時已有這類書,何以京房,翼奉,劉向,谷永,李尋這一班好談災異的人竟絕不一引? 何以劉向歆父子校錄經傳,總羣書為七畧,其中乃沒有一部緯書? 即此可知西漢是一個醞釀緯書的時代,而尚沒有緯書存在。李尋所謂"五經六緯"乃是承上文"太微四門,廣開大道"來的:向南北開的大道謂之"經,"向東西的則謂之"緯,"(正如今天津濟南所開馬路,有"經路"和"緯路。") 其云"尊術顯士,"即堯典"闢四門,明四目,達四聰"之義。 蓋他述天象,因論天廷的政事,因"女宮在後"而想到"賢賢易色,"因"上將上相"而想到"要在得人,"因"太微四門"而想到"五經六緯"與"尊術顯士,"語法正一律。 所以我們不能從李尋傳裏推說那時已有緯書。

後漢書八十九張衡傳,記其於順帝時上書斥讖書之妄云:

讖書始出,蓋知之者寡。 自漢取秦,用兵力戰,功成業遂,可謂大事;當此之時,莫或稱讖。 若夏侯勝,眭孟之徒,以道術立名,其所述著,無讖一言。 劉向父子領校祕書,閱定九流,亦無錄。 成哀之後,乃始聞之。

說到成哀之後,已當西漢之末了。 自王莽以圖讖得國,光武帝效法了他而致中興,讖的勢力乃大盛,繼是而有六緯與六經方駕。 我們對於緯書,用了東漢思想史料的眼光去看它,可以說"雖不中,不遠矣。"

春秋緯中有一部命歷序,是很有系統的古史記載。 它把開闢以來分為十紀:

人皇的出現　　　67

> 自開闢至獲麟二百二十七萬六千歲。分爲十紀,每紀爲二十六萬七千年。凡世七萬六百年。一曰九頭紀;二曰五龍紀;三曰攝提紀;四曰合雒紀;五曰連通紀;六曰序命紀;七曰修飛紀;八曰因提紀;九曰禪通紀;十曰疏訖紀。(司馬貞補三皇本紀引)

這九頭紀是三皇所佔的一紀,所以這書中又說:

> 天地初立,有天皇氏十二頭,淡泊無所施爲而俗自化。木德王。歲起攝提。兄弟十二人,立各一萬八千歲。

> 地皇十一頭,火德王。一姓十一人,興于熊耳龍門等山,亦各萬八千歲。

> 人皇九頭,乘雲車,駕六羽,出谷口,分長九州,各立城邑,凡一百五十世,合四萬五千六百年。(司馬貞補三皇紀引,謂爲河圖及三五歷,非命歷序文。但自來輯緯者均作命歷序文。)

又說:

> 天地開闢,萬物渾渾,無知無識。陰陽所恁,天體始於北極之野,地形起於崑崙之虛,日月五緯俱起牽牛。四萬五千年,日月五緯一輪轉。天皇出焉,號曰防五,兄弟十三人繼相治。乘風雨,夾日月以行。定天之象,法地之儀,作干支以定日月度,共治一萬八千歲。天皇被蹟在柱州崑崙山下。

> 次後,地皇出,黑色而碧,號曰文悅。兄弟十一人,興於龍門熊耳山。共治一萬九千歲。

> 次後,人皇出焉,駕六羽,乘雲谷口。兄弟九人,相

象以別,分治九州。人皇治中輔,號曰攝元。共治四萬一千六百歲。

九頭紀時,有臣無官位尊卑之別。(黃奭《逸書考》引清河郡本《命歷序》。按"清河郡本"未識何書。)

此外,再有關于人皇的話:

人皇出於提地之國,九男,九兄弟相似,別長九國。離仄地精女出,為之后。(《太平御覽》卷三九六,一三五引)

人皇駕六蜚鹿,政三百歲。(《繹史》卷一注引)

以上幾段話,雖各書同稱引《命歷序》,但人數,年代多不同,想來一種書裏的文字不會如此衝突,不知以哪種所引為是;惜原書不可見,無法加以別擇。其不出於(或不註明出於)《命歷序》的,有以下數段:

天皇,地皇,人皇,兄弟九人,分為九州長天下。(《太平御覽》卷七十八引《春秋緯》)

天皇於是斟元陳樞,以立易威。(《路史注》引《春秋緯保乾圖》)

天皇氏之先,與乾曜合德,君有五期,輔有三名。(《路史注》引《易通卦驗》)

天皇九翼,提名旋復。(《路史注》引《河圖括地象》)

天皇被跡在柱州崑崙山下。地皇興於熊耳龍門山。人皇生於刑馬山提地之國。(《繹史》卷一注引《遁甲開山圖》)

人皇氏九頭,駕六羽,乘雲車,出谷口,分九州。(《繹史》卷一注引《尚書璇璣鈐》)

天地立,有天皇十三頭,號曰天靈,治萬八千歲。

人皇的出現

> 地皇十一頭,治八千歲。 人皇九頭,兄弟各三百歲,依山川土地之勢,裁度為九州,各居其一方,因是而區別。
>
> (繹史卷一引項峻始學篇)

這些絕不是原始的神話,而是術數與理性綜合編成的,顯見得是很進步的一種東西了。

在以上許多材料中,可知人皇"九頭"即九頭紀(依御覽引春秋緯,則天,地,人三皇兄弟九人當合為九頭紀),而九頭紀是以九州之說為其背景的。但命歷序云,"自開闢至獲麟二百二十七萬六千歲,分為十紀,每紀為二十六萬七千年(按二數不合,必有一誤),凡世七萬六千年。" 無論以人皇一代概九頭紀,或以三皇全體概九頭紀,又無論依哪家的年數推算,相差的年數總是多得很:下看五龍紀等,更不足了。

天皇以木德王,地皇以火德王,與相生的五德系統恰合。人皇以何德王,緯書雖沒說,但依這次序應以土德王,所以他是生於提地之國,又分九州而以地精女為后了。 這和劉歆的新三統說與五德說何等相合,顯見得這三皇是從劉歆的學說裏推演出來的。 若說他們先劉歆的說法而存在,何以他的世經裏却說"炮犧繼天而王,為百王先首,"而不說開闢之初已有這三皇呢?

三皇,無論是秦博士的天皇,地皇,泰皇,或是漢方士的天一,地一,泰一,總有"泰"而無"人。" 不料到了緯書裏,竟有"人"而無"泰"了。 自此以後,人皇占據了泰皇的地位,泰皇就被淘汰了! 因此,元胡一桂的十七史纂古今通要云:

> 太昊………炎帝………黃帝,………秦以前未嘗列之於三皇也。
> 其三皇之號終不可泯,則仍以秦博士所謂天皇,地皇,

> 人皇者當之，而不必附會其人。

清趙翼的陔餘叢考(卷十六)也說：

> 秦博士所議，但云天皇，地皇，人皇而已。

他們都把"泰皇"壓根兒忘記了，就是引秦博士的話也改變爲"人皇"了。一代碩學尚且如此，何況僅憑口耳傳聞的普通人呢！於是人皇的寶座是坐穩定了！

一六　伏羲們和三皇的併家及其糾紛

不信讖緯書尚易,要不信從讖緯書中流傳出來的歷史郤甚難。東漢時最有學問的張衡,他能不信讖緯,郤不能不信三皇,所以他條上"司馬遷班固與典籍不合者十餘事"時,其一事云,"史遷獨載五帝,不記三皇;今宜并錄"(後漢書本傳章懷太子注引)。原來到了此時,歷史中不記三皇便是缺典了。他不知道,周官中的三皇五帝與讖緯書中的三皇五帝是在同一的時代背景下出現的。至於司馬遷的時代,本來不是讖緯的時代呵! 但究竟天,地,人三皇只流行于下層社會,理智較強的士大夫們不能信,所以東漢時代表儒家說的白虎通就不肯提到他們。

伏羲氏"繼天而王,爲百王先首,"這已是西漢末年人的一種信念。現在天皇氏等起來,搶坐了這百王先首的位子,雖然爲儒者所不道,但在緯書中又如何可以解決這個衝突呢? 神農,在呂氏春秋裏已列在五帝的前面,當然有請作三皇的可能;而且在易繫辭傳裏說包犧神農的"觀象制器,備物致用,立成器以爲天下利,"確是對於人民有大功的,立爲三皇可說是應當的事。只是三皇僅有他們二人,缺了一位,這怎麼辦? 這也是一個難題。於是在緯書中就有了以下的彌縫:

三皇:虙戲,燧人,神農。 虙者,別也,變也。 戲者,獻也,法也。

虙戲始別八卦以變化天下,天下法則咸服貢獻,故曰"虙戲"也。 燧人始鑽木取火,炮生爲熟,令人無復腹疾,有異於禽獸,遂天下之意,故曰"燧人"也。 神農: 神者,信也;農者,濃也。 始作耒耜,教民耕種,美其衣食;

德濃厚如神，故爲"神農"也。(禮緯含文嘉，風俗通義皇霸篇等引)

伏羲，女媧，神農，是三皇也。(春秋緯運斗樞，風俗通皇霸篇引)

伏羲，女媧，神農，是三皇也。(春秋緯元命苞，文選東都賦李注引)

他們以伏羲列三皇之首，以神農爲三皇之一，是相同的。其另一人則異：禮緯說是燧人，春秋緯說是女媧。燧人始見於莊子外篇繕性：

及燧人伏戲始爲天下，是故順而不一。

但莊子外篇的時代是頗有問題的。次則見於韓非子五蠹篇：

上古之時，人民少而禽獸衆，人民不勝禽獸蟲蛇。有聖人作，構木爲巢以避羣害；而民悅之，使王天下，號曰有巢氏。

民食果蓏蜯蛤，腥臊惡臭，而傷害腹胃，民多疾病。有聖人作，鑽燧取火以化腥臊，而民悅之，使王天下，號曰燧人氏。(又世本作篇：燧人出火。)

燧人和有巢本來是聯帶的(一個解決食的問題，一個解決住的問題)，爲什麼只請燧人入三皇而把有巢扔在一邊，不理他呢？而且用了什麼理由，知道他的次序應在伏羲之後，神農之前呢？這都是沒有確據的。燧人還有一件苦處，就是他只見於諸子而不見於經記，所以雖有教民熟食的大功，但在崇尚經學之世是得不到和見於易繫辭的伏羲神農的同等地位的。女媧卻比燧人古些便宜，因爲她見於禮記明堂位：

女媧氏之笙簧。(世本作篇：女媧作笙簧。)

可是製造笙簧算得了什麼大功,如何可以厠入三皇;且明堂位中以"女媧之笙簧"與"垂之和鐘,叔之離磬"同列,垂和叔非帝王,女媧那能一定說為帝王。 但在淮南子覽冥訓裏看,則她的大功立見,而且該作帝王了:

> 往古之時,四極廢,九州裂,天不兼覆,地不周載,火爁炎而不滅,水浩洋而不息,猛獸食顓民,鷙鳥攫老弱。 於是女媧鍊五色石以補蒼天,斷鼇足以立四極,殺黑龍以濟冀州,積蘆灰以止淫水。 蒼天補,四極正,淫水涸,冀州平,狡蟲死,顓民生。……… 陰陽之所壅沈不通者竅理之,逆氣戾物傷民厚積者絕止之。 當此之時,臥倨倨,興眄眄,……侗然皆得其和,莫知所由生。………當此之時,禽獸蝮蛇無不匿其爪牙,藏其螫毒,無有攫噬之心。 考其功烈,上際九天,下契黃壚,

讀上面一段話,女媧氏的功業真是大極了,她補了天,立了地,止了洪水,殺了狡蟲,然後人民方能生活下來。 這種功業,遠超於伏羲神農及禹之上,自應列入三皇而無愧色。 可是她有了這樣平地成天的大功,何以直到淮南子中方得表章,又何以在天問中盛誇禹績而對於她只淡淡地問了一句"女媧有體,孰制匠之"的無關痛癢的話呢?

女媧何以列在伏羲之次? 這在淮南子中也是有證據的。覽冥訓云:

> 伏羲,女媧不設法度而以至德遺於後世,何則? 至虛無純一而不一蹀喋苟事也。

可見他自是伏羲以後的帝王了。 這是一位富有天神性的人帝。

把女媧來比燧人,當然她較適宜於三皇之列,所以後來信從春秋緯說的人很不少(詳見後)。然而不讀諸子的人究竟多,她依然得不到和伏羲神農同等的地位。

到了白虎通德論,又有一種新說:

> 三皇者,何謂也? 謂伏羲,神農,燧人也。 或曰,伏羲,神農,祝融也。

> 古之時未有三綱六紀,民人但知其母,不知其父;能覆前而不能覆後;臥之詓詓,行之吁吁;飢即求食,飽即棄餘;茹毛飲血而衣皮葦。 於是伏羲仰觀象於天,俯察法於地,因夫婦,正五行,始定人道,畫八卦以治下。下伏而化之,故謂之伏羲也。

> 謂之神農何? 古之人民皆食禽獸肉。 至於神農,人民衆多,禽獸不足。 於是神農因天之時,分地之利,制耒耜,教民農作,神而化之,使民宜之,故謂之神農也。

> 謂之燧人何? 鑽木燧取火,教民熟食,養人利性,避臭去毒,謂之燧人也。

> 謂之祝融何? 祝者,屬也。 融者,續也。 言能屬續三皇之道而明之,故謂祝融也。(號篇)

又孝經緯鉤命決云:

> 伏羲樂爲立基,神農樂爲下謀,祝融樂爲祝續。(禮記樂記正義引)

於是三皇問題有了第三說,而祝融亦得備員於其中。 可是在月令裏,只說"其帝炎帝,其神祝融,"祝融乃是炎帝的輔佐,五帝尚彀不上,如何上僭到三皇呢! 再看國語,則云:

> 夫黎爲高辛氏火正,以淳耀敦大,天明地德,光照四海,故命之曰祝融,其功大矣。(鄭語)

史記楚世家說:

> 重黎爲帝嚳高辛居火正,甚有功,能光融天下,帝嚳命曰祝融。共工氏作亂,帝嚳使重黎誅之而不盡;帝乃以庚寅日誅重黎,而以其弟吳回爲重黎後,復居火正爲祝融。

即左氏傳中也說:

> 火正曰祝融。………顓頊氏有子曰犁,爲祝融。(昭公二十九年)

祝融只是一個官名,而且做這官的重黎及吳回都是帝嚳的臣子,哪有跳到最上層作三皇的可能!海內經云:

> 炎帝之妻,赤水之子聽訞生炎居。炎居生節並。節並生戲器。戲器生祝融。

然則祝融乃是炎帝的玄孫,又如何夠得上作三皇!

這第三說不知是怎樣起來的,白虎通也沒有說是誰建立的。(也許因伏羲木德,神農耕地爲土德,而厠一火德之祝融於其間。)看風俗通則知這是禮號謚記之說,這恐怕也是緯書之一,其次序是(1)伏羲,(2)祝融,(3)神農。

尚書大傳雖說是伏生所作,但也不少後來的材料,例如古文尚書的篇名,當是西漢末或東漢時研究尚書的人所續附。其中亦有三皇名,與第一說同而次序則異,當是東漢時的一說。文云:

> 遂人爲遂皇,伏羲爲戲皇,神農爲農皇也。遂人以火紀:火,太陽也,陽尊,故託遂皇於天。伏羲以人事紀,故

託戲皇於人。蓋天非人不因,人非天不成也。神農
悉地力種榮疏,故託農皇於地。天,地,人道備而三五
之運興矣。(風俗通義皇霸第一,太平御覽卷七十七,七十八
引)

這"遂皇,戲皇,農皇"是三皇的三個新名;但僅此一見。他以遂
人託於天,伏羲託於人,神農託於地,隱然把天皇,人皇,地皇拍合
這三個人。這是在兩種很不相同的三皇系統之下所應有的
布置。又以遂人居伏羲之前,除此與莊子繕性外,尚有春秋緯
命歷序。文云:

有人五色長肘,號曰有巢。………齧溫次之,號曰遂皇。
冬則穴居,夏則巢覆,燔物為食,使民無腹疾,治五百三
十歲。忽彰次之,號曰庖犧。(黃奭逸書考引清河郡本)

而河圖始開圖云:

(伏羲氏)禪於伯牛,錯木作火。天乃大流火,赤爵銜之。
(黃奭逸書考引清河郡本)

宋均注云"伯牛,即燧皇也,"則仍以燧人排在伏羲氏後了。孝
經緯鈎命決云:

華胥履跡,怪生皇犧。(太平御覽卷七十八引)

稱伏羲為"皇犧,"也是一個新名詞。春秋緯命歷序云:

有神人名石耳,蒼色大眉,………號皇神農。(太平御覽卷
七十八引)

這和皇犧之名正相對,足見他們是三皇了。

確是什麼人始稱伏羲為天皇雖不能知,然而最早記此說
的當推世本了。文云:

女氏,天皇封弟璃於汝水之陽,後為天子,因稱女皇。

其後爲女氏。夏有女艾,商有女鳩,女方,晉有女寬,皆其後也。(氏姓篇)

這位作者稱女媧爲女皇,易字作"瑝,"說是天皇之弟,以封汝水而得名,定女媧爲男子。(太平御覽一百三十五引世本帝繫篇云,"堯取有宣氏子,謂之女皇,"又北堂書鈔卷二十三引詩緯含神霧云,"赤龍感女媧,"此與初學記等引含神霧云,"大電感附寶而生黃帝,""瑤光感女樞生顓頊"相類,可知女媧爲女性,但不知其所生爲何人。) 女媧的性別問題和我們討論這問題無關,但其稱伏羲爲天皇則必在伏羲們已與三皇發生糾葛之後,這條文字至早不得超過東漢。因此,可知世本的材料也不一概早,儘有東漢以來加入的。 其帝繫篇的插入少昊,正與此同。

東漢之末,應劭作風俗通義,他贊同尙書大傳之說。他道:

謹按易稱"古者伏羲氏之王天下也,………伏羲氏沒,神農氏作,………"惟獨叙二皇,不及遂人。遂人功重於祝融,女媧,文明大見。大傳之義,斯近之矣。(三皇篇)

他主張第一說,也有理由。 但他因此疑易傳只記伏羲神農爲缺典,這是他的錯誤;他不曾想,作易傳的時候還想不到把他們送入三皇的組合裏去呢!

高誘也是東漢末年人,他卻贊同第二說。他注呂氏春秋的用衆,孝行中"三皇,"都云:

三皇,伏羲,神農,女媧也。

至注淮南子原道裏的"二皇"則云:

二皇,伏羲,神農也。

其後酈道元水經注亦持此說,於渭水篇云:

庖犧之後,有帝女媧焉,與神農爲三皇矣。

至唐司馬貞作補三皇本紀,亦取此說。可見這三說之中,仍以第一,第二說爲有力。至祝融之說,不過禮號謚記一倡,和白虎通,風俗通一引而已,更沒有響應的。又王符潛夫論五德志云:

> 世傳三皇五帝,多以伏羲神農爲二皇;其一者或曰燧人,或曰祝融,或曰女媧。其是與非,未可知也。我聞古有天皇,地皇,人皇,以爲或及此謂,尚不敢明。凡斯數(說),其於五經皆無正文。故略依易繫,記伏羲以來以遺後嗣。

他因爲三皇於五經無正文,故闕而不道;他的五德志,全依世經的系統。

鄭玄是東漢末年的大經師,他的主張也和高誘相似,可是他有一個系統的主張。他注尙書中候勅省圖云:

> 德合北辰者皆稱"皇。" 運斗樞,"伏羲,女媧,神農,爲三皇也。" 德合五帝座星者稱"帝,"則黃帝,金天氏,高陽氏,高辛氏,陶唐氏,有虞氏是也。 實六人而稱五者,以其俱合五帝座星也。 女媧修伏羲之道,無所改作。(詩譜疏,書序疏引)

他這段話裏,主張女媧爲三皇還是因仍舊說,至於"德合北辰者皆稱皇,德合五帝座星者皆稱帝,"則是他的創義。本來北辰之位只容得一個人,故有了太一就沒有三皇;現在則以伏羲們三人之德均合北辰而稱之爲三皇了。 本來五帝座之位只容得五個人,所以少昊金天氏雖經劉歆硬插進五帝的系統裏,但白虎通,風俗通等均爲五數所限,沒法把他收入,現在則凡德合五帝座星的均可稱五帝,少昊也居然擠進去了。 這是五帝說的一個大改變。 因此,三皇說也隨了改變。

伏羲,神農,本是固定的黃帝以前的人物。黃帝,則是固定的五帝中的首一帝。所以自有人把伏羲神農安放入三皇的宮殿裏,三皇中即缺着一個位子。如不爲三皇而爲淮南原道中的二皇,則恰如其分,例如高誘注。不幸是三,這空缺應當怎樣填滿才對？燧人,女媧,祝融這三說,都有些不大妥當,因爲自來對于這三人不曾加以充分的尊敬。

一方面,五帝中正多着一人,又沒法容納。

自從鄭玄大了膽子,把少昊請進五帝座中去,而後五帝成了"六帝。"三皇實止二皇,五帝竟爲六帝,這很足以給人暗示,說：把五帝之有餘補了三皇之不足罷!

因此,成於魏晉間的僞古文尙書就想出了一種簡便的解決方法。僞孔安國尙書傳序云：

> 伏羲,神農,黃帝之書,謂之三墳,言大道也。少昊,顓頊,高辛,唐,虞之書,謂之五典,言常道也。

他雖沒有明白揭出三皇五帝來,但他借着左傳中的"三墳五典"和周禮中的"三皇五帝之書,"見得稱三墳的是三皇,稱五典的是五帝。他爽快得很,把燧人,女媧,祝融一概推出了;又把本來爲五帝之首的黃帝升做了三皇,什麽問題都解決了。從此,少昊便據了五帝的首座。

晉代的皇甫謐,他在帝王世紀中也主張這一說：

> 伏羲,神農,黃帝爲三皇;少昊,高陽,高辛,唐,虞爲五帝。
> （史記五帝本紀索隱,正義引）

這一說靠了經典的權威,很快地戰勝了前三說! 禮緯稽命徵亦云：

> 三皇三正:伏羲建寅,神農建丑,黃帝建子。（古微書引）

緯書的內容儘有很晚的,宋陳振孫曾指出易緯推陰陽卦直至唐元和中(直齋書錄解題卷三),所以,緯書也滿可以從容接受魏晉間偽孔皇甫謐等人的意見。

到了唐初,孔穎達著尚書正義,對于偽孔尚書傳序作很詳盡的解釋,云:

鄭玄注中候,依運斗樞,以伏羲,女媧,神農為三皇;又云,"五帝座:帝鴻,金天,高陽,高辛,唐,虞氏。"知不爾者,孔君(偽孔安國)既不依緯,不可以緯難之。又易與作之條不見有女媧,何以輒數?……既不數女媧,不可不取黃帝以充三皇耳。

又鄭玄數五帝何以六人? 或為之說云,"德協五帝座,不限多少,故六人亦名五帝。" 若六帝,何有五座? 而皇指大帝,所謂耀魄寶,止一而已;本自無三皇,何云三皇? 豈可三皇數人,五帝數座,二文舛互,自相乖阻也!

其諸儒說三皇,或數燧人,或數祝融,以配羲農者;其五帝皆自軒轅,不數少昊:斯亦非矣。又燧人,說者以為伏羲之前。據易曰,"帝出于震,"震,東方,其帝大昊。又云,"古者包犧氏之王天下也,"言古者制作莫先於伏犧。何以燧人而在前乎? 又祝融,乃顓頊以前火官之號,金天以上百官之號;以徵五經,無云祝融為皇者。縱有,不過如共工氏。共工有水瑞,乃與犧,農,軒,摯相類,尚云霸其九州;祝融本無此瑞,何可數之乎! 左傳曰,"少昊之立,鳳鳥適至,"於月令又在秋享食,所謂白帝之室者也;何為獨非帝乎? 故孔君以黃帝上數爲皇,少昊爲五帝之首耳。……

孔君今者意以月令春曰太昊,夏曰炎帝,中央曰黃帝,依次以爲三皇。又依繫辭,先包犧氏王;沒,神農氏作;又沒,黃帝氏作:亦文相次,皆制作見於易,此三皇之明文也。月令秋曰少昊,冬曰顓頊,自此爲五帝。然黃帝是皇,今言帝不云皇者,以皇亦帝也,別其美名耳。太昊爲皇,月令亦曰"其帝太昊,"易曰"帝出于震,"是也。又軒轅之稱黃帝,猶神農之云炎帝,神農於月令爲炎帝;不怪炎帝爲皇,何怪軒轅稱帝!

這一大篇話爲僞孔作解釋,真可謂無微不至。他用了易繫辭的話來駁鄭玄及諸儒之說,以爲把女媧,燧人,祝融加入三皇是易之所不許的。又駁鄭玄以五帝爲六人之說,以爲如用太微五星來分配五帝,則五星之上只有大帝一星,不能再有三皇,可見三皇五帝之不本於星象。又據月令之文,以爲太昊(伏犧),炎帝(神農)皆稱帝,則黃帝雖名爲帝,又何妨列於三皇。於是,黃帝便確爲三皇中人了!（趙翼陔餘叢考卷十六云,"穎達雖尊安國,亦未敢竟以黃帝入三皇之內,少昊列五帝之中,而顯與史記相戾也。" 蓋其態度比較客觀,故不堅以爲必是也。）

司馬貞史記五帝本紀索隱云:

此以黃帝爲五帝之首,蓋依大戴禮五帝德。又譙周,宋均亦以爲然。而孔安國,皇甫謐帝王世紀及孫氏注系本,並以伏犧,神農,黃帝爲三皇,少昊,高陽,高辛,唐,虞爲五帝。

又張守節史記正義亦云:

案太史公依世本,大戴禮,以黃帝,顓頊,帝嚳,唐堯,虞舜為五帝。譙周，應劭，宋均皆同。而孔安國尚書序，皇甫謐帝王世紀，孫氏注世本，並以伏羲，神農，黃帝為三皇，少昊，顓頊，高辛，唐，虞為五帝。

秦嘉謨世本輯補（卷二）云：

> 案孫氏不知何代人，其注亦無引之者。此條語義似與世本本文相辨證，小司馬等但未引其文耳。

由此，我們可知東漢以來對於三皇五帝的見解應分兩派：

1. 維持五帝德及五帝本紀說，以黃帝至虞舜為五帝————應劭，譙周，宋均。
2. 以伏羲至黃帝為三皇，少昊至虞舜為五帝————偽孔安國，皇甫謐，孫氏。

南朝梁武帝是個很有學問的人，梁書武帝本紀說他：

> 少而篤學，洞達儒玄，雖萬機多務，猶卷不輟手。………
> 又造通史，躬製贊序，凡六百卷。

他對於上項問題，又有個新鮮的說法，尚書序正義引云：

> 梁主云，"書起軒轅，同以燧人為皇。其五帝自黃帝至堯而止。知帝不可以過五，故曰：舜非三王，亦非五帝，與三王為'四代'而已。"

這雖沒有提明是否武帝之說，而道藏洞神部譜錄類混元聖紀按語有云：

> 梁武帝以伏犧，神農，燧人為三皇，以黃帝，少昊，帝嚳，帝摯，帝堯為五帝，謂舜非三王，亦非五帝，與三王為"四代。"

這可見正義所引確為武帝的話。這話大概在他的通史中，可惜六百卷書如今一頁也不存在,而這一說也最不占勢力,只有他自己說說而已;不然,使舜在五帝和三王之間不上不下地弔着,這眞成了一個畸零人了!

　　唐書玄宗本紀,天寶六載:

　　　於京城置三皇五帝廟,以時享祭。

陔餘叢考卷十六"三皇五帝"條云:

　　　唐天寶中祀三皇則伏羲,神農,黃帝;祀五帝則少昊顓
　　　頊,高辛,唐堯,虞舜:蓋用頴達之說。

此未詳其何所本。 果爾,則"伏羲,神農,黃帝"之爲三皇,經僞孔的尙書序和孔穎達的尙書疏一鼓吹之後,這件事算是確定了,關於這個問題的爭論算得到一個結束了。 所不幸者,諸種異說在書本上依然存在,遂使學者們對於這個問題仍不能建立一致的信仰而已。

一七　天皇大帝與太微五帝

當王莽時，上帝是皇天上帝太一，五帝是太皞、炎帝、黃帝、少皞、顓頊。因此，周官中記祭祀，有"上帝"及"五帝"之別。

在另一方面，研究天文的人也在星座裏規定了"天皇大帝"及"五帝"的星辰。甘公星經云：

天皇大帝一星，在鈎陳口中。又有五帝內座五星，在華蓋下。

到緯書興起之後，一方面接受王莽時的歷史，一方面接受天文家的學說，創出了許多新奇可喜的天帝人帝說。例如：

天皇大帝，北辰星也，含元秉陽，舒精吐光，居紫宮中，制御四方，冠有五彩。（春秋合誠圖，初學記服食部引）

紫宮，天皇耀魄寶之所理也。（春秋佐助期，史記封禪書索隱引）

東方青帝靈威仰，木帝也。南方赤帝赤熛怒，火帝也。中央黃帝含樞紐，土帝也。西方白帝白招拒，金帝也。北方黑帝汁光紀，水帝也。（河圖，五行大義引）

帝者承天立五府，以尊天重象也。蒼曰靈府，赤曰文祖，黃曰神汁，白曰顯矩，黑曰玄紀。（尚書帝命驗，隋書宇文愷傳引）

帝者諦也，象上可承五精之神。五精之神實在太微。（孝經援神契，禮記玉藻正義引）

天子皆五帝之精寶，各有題叙，以次運相據起；必有神靈符記，使開階立隧。（春秋演孔圖，初學記卷九引）

本來，五帝只有一個判別顏色的名號，到王莽時而把太皞、顓頊等併了上去,又把句芒,蓐收等做了他們的輔佐,五帝的名稱始繁。 到這時,帝既有靈威仰,赤熛怒等怪名字,廟又有靈府,文祖諸號,其稱謂愈紛雜了。 這種名字,也有有根據的。 例如文祖,即由堯典"舜格于文祖"來。 因為文祖是堯的祖廟,而堯在西漢之末作了漢帝的祖先,與漢同居於火德,故即以他的祖廟算做赤帝之廟。 至於五帝之上的這位上帝,也給以天皇耀魄寶一個名號了。 那時的信仰是天人合一的,看人間的五帝即是天上的五帝,所以王莽以土德王,就自居於黃帝。 在緯書中,更充滿了這種氣味,如:

太微宮有五帝座星。 蒼帝春起受制,其名靈威仰。 赤帝夏起受制,其名赤熛怒。 白帝秋起受制,其名白招拒。 黑帝冬起受制,其名汁光紀。 黃帝季夏六月起受制,其名含樞紐。(春秋緯文耀鉤,周禮春官大宗伯疏引)

東宮蒼帝,其精為青龍。 南宮赤帝,其精為朱鳥。 西宮白帝,其精為白虎。 北方黑帝,其精為玄武。 中宮大帝,其尊北極星,含元出氣,流精生一。(春秋緯文耀鉤,史記天官書索隱引)

天有五帝,五星為之使。(春秋緯元命苞,開元占經引)

歲星帥五精聚於東方七宿,蒼帝以仁良溫讓起。 熒惑帥五精聚於南方七宿,赤帝以寬明多智起。 塡星帥五精聚於中央,黃帝以重厚聖賢起。 太白帥五精聚於西方七宿,白帝以勇武誠信起。 五星從辰星聚於北方,黑帝起,以宿占國。(春秋緯運斗樞,開元占經引)

赤熛怒之神為熒惑,位南方,禮失則罰出。 鎮,黃

帝含樞紐之精,其體璇璣中宿之分也。(春秋緯文耀鉤,史記天官書索隱引)

　　蒼帝之為人,望之廣,視之專,長九尺一寸。 赤帝之為人,視之豐,長八尺七寸。(春秋緯合誠圖,古微書引)

　　赤帝銳頭。 黑帝大頭。(樂緯叶圖徵,太平御覽卷三百六十三引)

　　蒼帝起,蒼雲扶日。 赤帝起,赤雲扶日。 黃帝起,黃雲扶日。 白帝起,白雲扶日。 黑帝起,黑雲扶日。(洛書靈準聽,初學記卷一等引)

　　蒼帝將亡則麒麟見泄。 黃帝將亡則黃龍墜。 玄帝將亡則靈龜蟄。 白帝將亡則虵有足,伏如人。(春秋合誠圖,開元占經引)

　　赤帝亡,五郡陷。 黑帝亡也狼胡張。 黃帝亡也黃星墜。 白帝亡也五殘出。 蒼帝亡也大禮彗星出。(尚書緯運期授,開元占經引)

　　赤帝之滅日消小。(春秋緯元命苞,開元占經引)

　　黑帝亡,二日並照。(尚書緯考靈曜,太平御覽卷三引)

　　黑帝治八百歲,運極而授木。 蒼帝七百二十歲而授火。(春秋緯保乾圖,文選漢高功臣頌注引)

　　蒼帝之始二十八世,滅蒼者翼也;滅翼者斗;滅斗者虛;滅虛者房:五星之精。(春秋緯感精符,春秋公羊傳宣元年疏引)

　　蒼帝之治八百二十歲,立戊午蔀。…… 白帝之治六十四世,其亡也枉矢射參。(尚書緯運期授,許文王序正義引)

照前邊說的看來,五帝是天上太微宮中的五座星,不是人王。但也各有其世數,歲數,以及五德之運,滅亡之徵,似乎又是人王。所以然者何? 這些緯書的作者是把天神和人王的界限打通了的。 他們覺得人間的五帝和天上的五帝(太微宮五星)是一非二:降則在地,神即人也;陟則在天,人即神也。 所以他們說的"蒼帝,"是歲星,天皇,太皞,帝嚳,周王的一個集合的名詞;他們說的"赤帝,"也是熒惑,地皇,炎帝,帝堯,漢皇的一個集合的名詞,……而不是某一人的專名。

因為他們有了這種天人合一的信仰,所以就有許多的感生之說出現。 但感生之說是發生得很早的,商頌的玄鳥,大雅的生民,把商周兩民族都算做上帝降生的了。 就是秦,也有"玄鳥隕卵"的故事,見於史記秦本紀。 緯書中的記載,固然不能說是西漢後發生的思想,而其用了五行相生的系統來支配感生說,則確是西漢末年的學說所造成的事實。 劉歆們的世經(見漢書律歷志)中所列的五德系統表是這樣的:

(木) 1. 太皞伏羲氏   6. 帝嚳高辛氏   11. 周
(火) 2. 炎帝神農氏   7. 帝堯陶唐氏   12. 漢
(土) 3. 黃帝軒轅氏   8. 帝舜有虞氏
(金) 4. 少皞金天氏   9. 伯禹夏后氏
(水) 5. 顓頊高陽氏   10. 商

(緯書起時,新已滅亡,沒有替王莽作宣傳的話,故不書13.新)

於是緯書中的感生說,可以照了這個次序排列起來了:

1. 太皞伏羲氏(木)

大跡出雷澤,華胥履之,生宓犧。(詩緯含神霧,太平御覽七八引。 按,說卦傳曰,"帝出乎震,"震為雷,故其地為雷

華胥履跡，怪生皇犧。(孝經緯鉤命決，太平御覽卷七八引)

2. 炎帝神農氏(火)

少典妃安登遊于華陽，有神龍首感之於常羊，生神農：人面，龍顏，好耕，是謂神農，始為天子。(春秋緯元命苞，路史後紀三注引。)

(附)赤龍感女媧。(詩緯含神霧，北堂書鈔二三引。按此條未明言感而生者為誰，惟春秋緯既以女媧次伏犧之後，則亦謂女媧為赤帝，感而生者或即女媧。如其非也，則作者之意當為赤龍感女媧而生神農也。)

3. 黃帝軒轅氏(土)

大電繞北斗樞，照郊野，感附寶而生黃帝。(詩緯含神霧，初學記卷九引。)

附寶出，降大靈，生帝軒。(孝經緯鉤命決，太平御覽卷七九引。)

4. 少皥金天氏(金)

黃帝時大星如虹，下流華渚，女節夢接，意感而生白帝朱宣。(春秋緯元命苞，文選辯命論注引。按，此雖未明言少皥，但黃帝時生的白帝，舍少皥外更無他人；故賈逵云"左氏以為少昊代黃帝，即圖讖所謂帝宣也。")

5. 顓頊高陽氏(水)

搖光如蜺，貫月正白，感女樞，生顓頊。(詩緯含神霧，初學記卷九引。按，水色黑，此云正白，似不合；然湯亦水德，乃云"扶都見白氣貫月，感黑帝生湯，"此正與之同。他們所以如此，

當自有一種解釋，但我們不知之耳）

6. 帝嚳高辛氏(木)

　　未見。(按，各帝皆有感生之說，而此獨缺，蓋偶未被引，遂致失傳)

7. 帝堯陶唐氏(火)

　　慶都與赤龍合昏，生赤帝伊祁，堯也。(詩緯含神霧，初學記卷九引)

　　堯母慶都，有名於世，蓋火帝之女，生於斗維之野，常在三河之東南。天大雷電，有血流潤大石之中，生慶都。長大，形像火帝，常有黃雲覆蓋之。夢食，不飢。及年二十，寄跡伊長孺家；無夫。出觀三河之首，常若有神隨之者。有赤龍負圖出，慶都讀之，云"赤受天運。"下有圖，人衣赤光，面八彩，鬚髮長七尺二寸，兌上豐下，署曰"赤帝起誠天下寶。"奄然陰風四合，赤龍與慶都合婚，有娠；龍消不見。旣乳堯，貌如圖表。及堯有知，慶都以圖予堯。(春秋緯合誠圖，太平御覽卷八十引)

8. 帝舜有虞氏(土)

　　姚氏縱華感樞。(尙書緯帝命驗，初學記卷九引。按，此句之義為姚氏感樞星而生重華)

　　握登見大虹，意感而生舜于姚墟。(詩緯含神霧，太平御覽八十一引)

9. 伯禹夏后氏(金)

　　禹，白帝精，以星感。修紀山行，見流星，意感栗然，生姒戎文禹。(尙書緯帝命驗，太平御覽卷八十二引)

夏,白帝之子。(春秋緯元命苞,禮記大傳正義引)

命星貫昴,修紀夢接生禹。(孝經緯鈎命決,太平御覽卷八十二引)

10. 商(水)

契母有娀浴于玄丘之水,睇玄鳥銜卵過而墜之。契母得而吞之,遂生契。(詩緯推度災,古微書引)

玄鳥翔水,遺卵于流。娀簡狄吞之,生契封商。(尚書中候,太平御覽卷八十三引)

扶都見白氣貫月,感黑帝生湯。(詩緯含神霧,太平御覽卷八十三引)

殷,黑帝之子。(春秋緯元命苞,禮記大傳正義引)

11. 周(木)

蒼耀稷生感跡昌。(尚書中候,詩大雅生民正義引)

周本后稷,姜原游閟宮,其地扶桑,履大人跡而生后稷。(春秋緯元命苞,太平御覽卷一百三十五引)

周,蒼帝之子。(春秋緯元命苞,禮記大傳正義引)

姬昌,蒼帝之精,位在房心。(春秋緯元命苞,初學記卷九引)

孔子案錄書,含觀五常英人,知姬昌為蒼帝精。(春秋緯感精符,太平御覽卷八十四引)

孔子曰,"扶桑者,日所出,房所立,其耀盛,蒼神用事。"(春秋緯元命苞,太平御覽卷八十四引)

12. 漢(火)

含始吞赤珠,刻曰"玉英生漢皇。"後赤龍感女媼,劉季興。(詩緯含神霧,太平御覽卷八十七引)

庶人爭糴,赤帝之精。(春秋緯文耀鉤,太平御覽卷八十七引。宋均注,"庶人,項羽,劉季也。")

劉媼夢赤鳥如龍,戲己;生執嘉。執嘉妻含始游雒池,赤珠上刻曰,"玉英,吞此者為王客。" 以其年生劉季為漢皇。(春秋緯握誠圖,史記高祖紀正義及太平御覽卷一百三十六引)

(附) 孔子:

孔子母徵在游於大澤之陂,睡,夢黑帝使請己。己往,夢交;語曰,"女乳必於空桑之中。" 覺則若感,生丘於空桑之中,故曰玄聖。(春秋緯演孔圖,太平御覽卷三百六十一引)

丘,水精,治法為赤制功。(春秋緯演孔圖,公羊隱元年傳引)

黑龍生為赤,必告示象使知命。(同上)

叔梁紇與徵在禱尼丘山,感黑龍之精以生仲尼。(論語撰考讖,禮檀弓上疏引)

孔子所以會成黑帝之子,並不是把他算做"介於木(周)火(漢)之間"的閏統,乃是從三統說的黑統來的。當漢武帝時,一班儒者為"夏時"作鼓吹,說夏是黑統,商是白統,周是赤統,三統循環,周後應復為黑統;而孔子作春秋以當新王,用夏時,即他自居于黑統的表徵。"玄聖"之號,大約即於是時發生。他既為黑統,又號玄聖,約定俗成,匪伊朝夕,故雖在五行相生的感生說中亦只得成為黑帝之子了。何況在這個新五德說中,殷是黑帝之子,而孔子乃是殷王的後裔呢!

天皇大帝耀魄寶,一方面是北辰星,一方面也就是西漢時

"天神貴者太一"的變相，他的輔佐，五帝，旣然都有了新奇可喜的名字，他當然也得照樣地來一個。 但因他和五帝合起來成爲"六天，"五行說中安排不下他；所以感生說無論宣傳得多麼起勁，永沒有高攀到他的頭上。

鄭玄是東漢末年的一位經學大師。 他是混合今古文的通學者；他承受以前的一切，不像古文學家的菲薄緯書了。 所以，他注禮記云：

(月令"令民無不咸出其力以共皇天上帝")皇天，北辰耀魄寶，冬至所祭于圜丘也。 上帝，太微五帝。

(又"天子乃以元日祈穀于上帝")上帝，太微之帝也。

(又"天子乃薦鞠衣于先帝")先帝，太暤之屬。

(又"其帝太暤，其神勾芒")此蒼精之君，木官之臣，自古以來，著德立功者也。(下炎帝等略同，不再舉。)

(明堂位"魯君孟春…………祀帝于郊")帝，謂蒼帝靈威仰也。 昊天上帝，魯不祭。

(禮器"魯人將有事於上帝")上帝，周所郊祀之帝，謂蒼帝靈威仰也。 魯以周公之故，得郊祀上帝，與周同。

(喪服小記"王者禘其祖之所自出，以其祖配之")禘，大祭也。 始祖感天神靈而生，祭天則以祖配之。

(大傳"禮，不王不禘。 王者禘其祖之所自出，以其祖配之") 凡大祭曰禘。 自，由也。 大祭其先祖所由生，謂郊祀天也。 王者之先祖皆感太微五帝之精以生,蒼則靈威仰,赤則赤熛怒,黃則含樞紐,白則白招拒,黑則汁光紀,皆用正歲之正月郊祭之,蓋特尊焉。孝經曰,"郊祀后稷以配天,"配靈威仰也;"宗祀文王於明堂以配上帝,"汎配五帝也。

又注周官云:

> (小宗伯"兆五帝於四郊")兆,爲壇之營域。五帝:蒼曰靈威仰,太昊食焉;赤曰赤熛怒,炎帝食焉;黃曰含樞紐,黃帝食焉;白曰白招拒,少昊食焉;黑曰汁光紀,顓頊食焉。黃帝亦於南郊。
>
> (大宗伯"以玉作六器,以禮天地四方")此禮天以冬至,謂天皇大帝在北極者也。禮地以夏至,謂神在混淪者也。禮東方以立春,謂蒼精之帝,而太昊,句芒食焉。禮南方以立夏,謂赤精之帝,而炎帝,祝融食焉。禮西方以立秋,謂白精之帝,而少昊,蓐收食焉。禮北方以立冬,謂黑精之帝,而顓頊,玄冥食焉。
>
> (春官典瑞"四圭有邸,以祀天旅上帝")祀天,郊天也。上帝,五帝。所郊亦猶五帝;殊言天者,尊異之也。

在這些注裏,充滿了緯書中的太微五帝說和五精感生說。這從現在看來固然不值一笑,但我們在讀了緯書之後再去讀它,則這類思想正是東漢時代的流行病,他可以不負攪亂經典的責任。

不過,這些注文又微微把月令及緯書裏的原來樣子改變了。月令中的帝本來只是太皞們,他因有緯書的成見在胸,所以把"上帝"釋爲"太微之帝,"而把"先帝"釋作"太皞之屬。"本來合一的人帝和天帝,他則分開了。又"皇天上帝"本來是一個整的名詞,是一個五帝之上的上帝,看王莽所說的"皇天上帝泰一"可知。 但他把"皇天"釋作北辰耀魄寶,把"上帝"釋作太微五帝,把這個名詞腰斬了。 所以然之故,只因他的心目中有以下的一個圖,作他的注解的骨幹,所以他到處把材料這樣地配合起來:

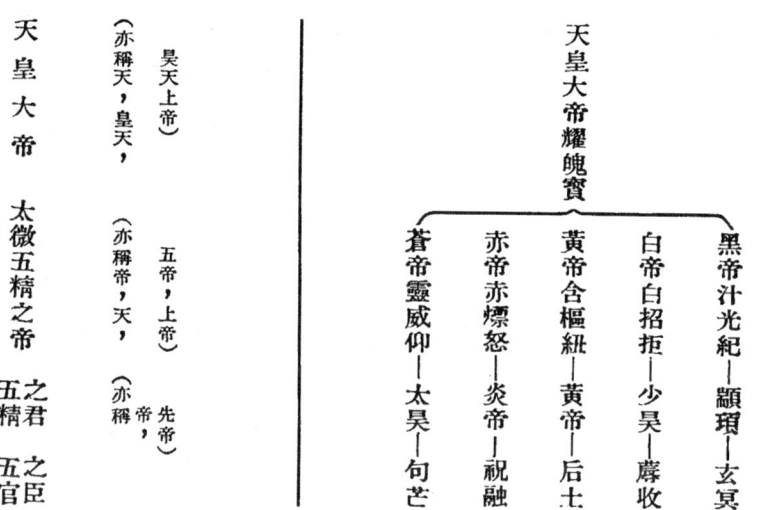

在這個圖裏,共有四個階級,月令中的五帝五神的地位跌到第三和第四級裏去了。 月令本沒有說五帝之上更有五天帝。緯書雖為五天帝各立新名,但也沒有說月令的五帝是配食於他們的。 現在鄭玄既捨不得緯書,也捨不得月令,把兩個近於重複的系統變成了一個上下相承的系統,遂使正統的五帝僅豫於五帝的配食之列,他不能不負這創立新說的責任。

還有,他把"天"及"皇天"釋作天皇大帝固是可以,但他不應把孝經的"郊祀后稷以配天"的"天"另釋作靈威仰。 我們也知道他的意思,周是木德,感蒼帝之精所生,所應郊祀的上帝應是蒼帝,所以后稷所配食的應為靈威仰,——他還沒有資格配食耀魄寶呢！但同樣的名詞可作異樣的解釋嗎？而且，靈威仰旣給后稷配去了，孝經所云"宗祀文王于明堂以配上帝，"他釋爲"汎配五帝，"是文王所配的上帝將爲赤熛怒，白招拒們而不是他的本德的蒼帝了！這是講得過去的嗎？所以他的學說雖有淵源，而仍不免隨情抑揚之弊。

時代稍後於鄭玄的王肅，他雖也是一個通學者，但他的思想比較接近於古文學家。他反對讖緯；他只要抱着幾部經記。對於上面的問題，他有兩個主張：第一是沒有所謂五精感生說，第二是不承認五帝之外再有五天帝。這都是和鄭玄立於反對的地位的。

他的一家之言的聖證論（用孔子話來證明自己的學說，故曰"聖證"）已失傳了。幸而禮記祭法篇的正義裏雜引了他的許多話，我們還能窺見他的學說的一斑：

> （祭法，"有虞氏禘黃帝而郊嚳，祖顓頊而宗堯"）按，聖證論以此"禘黃帝"是宗廟五年祭之名，故小記云，"王者禘其祖之所自出，以其祖配之。" 謂虞氏之祖出自黃帝，以祖顓頊配黃帝而祭，故云"以其祖配之。"依五帝本紀，黃帝爲虞氏九世祖；黃帝生昌意，昌意生顓頊，虞氏七世祖。以顓頊配黃帝而祭，是"禘其祖之所自出，以其祖配之"也。

鄭玄酷信緯書之說，以爲王者之先祖皆感太微五帝之精以生，而禘則爲祭此太微五帝的禮。王肅反之，以王者之先祖爲人類所生，禘則爲祭此先祖以前之祖的禮。雖是很講不通（祖之所自出如是人類，則仍應稱祖，如虞氏七世祖顓頊與九世祖黃帝只差兩世，在"祖"的稱謂上不該有分別。爲什麼要稱顓頊爲祖，而稱黃帝爲"祖之所自出"呢?),但在他的理性上不容有靈威仰等荒謬的名詞存在,所以想出另一種解釋來把鄭玄的學說掃除,這一點苦心是我們應當原諒的。再看下去:

> 故肅難鄭云,"案易'帝出乎震。'震,東方,生萬物之初,故王者制之,初以木德王天下;非謂木精之所生。五帝皆黃帝之子孫,各改號代變而以五行爲次焉;何太微之精所生乎! 又郊祭,鄭玄云'祭感生之帝,'唯祭一帝耳,郊特牲何得云'郊之祭,大報天而主日!' 又天,唯一而已,何得有六! 又家語云,'季康子問五帝,孔子曰,"天有五行,木,火,金,水,及土,分時化育以成萬物,其神謂之五帝。"' 是五帝,〔上天〕之佐也。 猶三公輔王,三公可得稱王輔,不得稱天王。 五帝可得稱天佐,不得稱上天。 而鄭云以五帝爲靈威仰之屬,非也。……………"

這一段話,很顯明地排斥鄭玄的感生之說和六天(五天帝加一天皇大帝)之說,很顯明地擡出孔子家語做自己的"聖證。" 他主張,人間的五帝都是黃帝的子孫,不是太微五帝之精所生;及其死而爲天上的五帝,則是天的輔佐而不即是天。

孔子家語這部書,名義上是孔子的弟子所記,甚至可說爲論語之所由出。 然而王肅的孔子家語解自序上很露出僞作的馬脚。 他說:

> 鄭氏學行五十載矣。 自肅成童始志於學而學鄭氏學矣。 然尋文責實,考其上下,義理不安,違錯者多,是以奪而易之。 然世未明其欵情,而謂其苟駁前師以自見異於人。 乃喟然而歎曰,"豈好難哉,予不得已

也！……＂孔子二十二世孫有孔猛者,家有其先人之書,昔相從學,頃還家方取以來,與予所論有若重規疊矩。……　恐其將絕,故特爲解以貽好事之君子。

他因鄭玄之學義理不安,所以自己起來奪而易之;恰好他的弟子孔猛從家裏帶了一部家語來,翻開一看,和自己爲了奪易鄭玄之學而新倡的學說完全一樣:這是何等奇巧的事,他的心如何與聖人之心相印合呵!

可是這樣奇巧的事是不容易給人相信的。所以這書一出來,鄭玄的弟子馬昭就說:

家語王肅增加,非鄭玄所見,肅私定以難鄭玄。(玉海卷四十一引)

其後顏師古注漢書,於藝文志"孔子家語"條也注道:

非今所有家語。

這個問題,直到清代中葉而完全解決,孫志祖作家語疏證,范家相作家語證僞,就內容研究,尋出每篇每章的根據及其割裂改竄的痕迹,於是這一宗造僞書的案子就判定了。所以,我們對於孔子家語,只須當作王肅的學說看便得。

我們既經明白了這宗公案,再來看家語中的五帝篇,就可以明白王肅所以造出這篇的宗旨。本篇云:

天有五行,木,火,金,水,土,分時化育以成萬物,其神謂之五帝。

注(正文是王肅作,注亦王肅作)云:

一歲三百六十日,五行各主七十二日也。化生長育,一歲之功,萬物莫敢不成。五帝,五行之帝,代天生物者。後世讖緯皆爲之名字,亦爲妖怪妄言。

這是他打破"六天"之說的。他以爲天有五行,自然地運行,自然地化育萬物。五帝只是五行之神,幫助天生長萬物的,並非各占一天。至讖緯書上的靈威仰諸名,自是妖怪妄言,學者所不當信。又云:

> 古之王者易代而改號,取法五行。五行更王,終始相生,亦象其義。故其爲明王者而死配五行,是以太皞配木,炎帝配火,黃帝配土,少皞配金,顓頊配水。……五行佐成上帝而稱五帝;太皞之屬配焉,亦云帝,從其號。

注云:

> 法五行更王,終始相生,始以木德王天下。其次以生之行轉相承。而諸說乃謂五精之帝下生王者其爲蔽惑無可言者也。

> 天至尊,物不可以同其號;亦兼稱"上帝。"上得包下,五行佐成天事,謂之"五帝。"以地有五行而其精神在上,故亦爲"上帝。"黃帝之屬故亦稱"帝,"蓋從天五帝之號。故王者雖號稱"帝"而不得稱"天帝。"

這是他打破感生之說的。他以爲佐成上帝化育之功的是五行;法五行的是明王;明王死了之後配五行;五行以佐成天事稱五帝;明王從其號,故亦稱五帝。至於紛紛之說,謂五精之帝下生王者,乃是蔽惑的話,也是不當信的。又云:

> 康子曰,"陶唐,有虞,夏后,殷,周獨不得配五帝者,意者德不及上古耶? 將有限乎?" 孔子曰,"古之平治水土及播殖百穀者衆矣,唯勾龍曾食于社,而棄爲稷神,易代奉之,無敢益者;明不可與等。故自太皞以降,逮

於顓頊,其應五行而王,數非徒五而配五帝,是以其德不可以多也。"

這一段是說明顓頊之後所以沒有王者再配五帝的緣故,因為五帝的數目已經滿了,不可增了。依照緯書所說,凡是王者都為太微五帝所生,都有稱為某帝的資格。在那時的空氣之下,所以有王莽自稱為黃帝,公孫述自稱為白帝,光武帝自稱為赤帝華孟自稱為黑帝(見後漢書竇帝紀)的事實。但到了王肅,他把月令的五帝系統守得謹嚴了,顓頊之後就不許再有新的五帝,出現了。

用了王肅的意見,我們也可以畫出一個圖來,表明他的思想的骨幹,並看它與鄭玄的觀念有怎樣的不同:

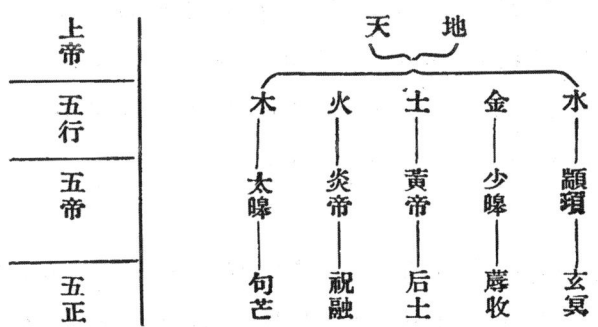

這是對於讖緯的大反動! 這是"留術數而去鬼神"的大手筆! 鄭玄所謂"六天,"所謂"德合北辰者稱皇,德合五帝座星者稱帝,"他都用了自撰的孔子語言,摧陷而廓清之了!

一八　盤古的出現與三皇時代的移後

關于建立宇宙的古帝,秦的三皇旣可合爲漢的泰帝,自然西漢的泰帝也可分爲東漢時的三皇。 怪誕到了緯書,依我們想,該是透了頂了;但還是不肯罷休。

緯書中有一種叫做遁甲開山圖,其中所記有巨靈者,他出世最早,本領最大。 文云:

有巨靈者,偏得元神之道,故與元氣一時生混沌。

(御覽一,又說郛五引)

有巨靈胡者,偏得坤元之道,能造山川,出江河。

(文選西京賦李善注引)

巨靈與元氣齊生,爲九元眞母。(路史前紀三注引)

照它所講,頗似淮南子中的"二神,"但這裏只有一人。 這個傳說似乎沒有發生多大的影響,因爲後來的書裏很少見他。

在山海經裏有兩個神,勢力頗大,也很有做造物主的資格。其一云:

鍾山之神,名曰燭陰,視爲晝,瞑爲夜,吹爲冬,呼爲夏,不食,不飮,不息,息爲風。 身長千里,在無臂之東。 其爲物,人面,蛇身,赤色,居鍾山之下。(海外北經)

其一云:

西北海外,赤水之北,有章尾山,有神人面,蛇身而赤,直目正乘,其瞑乃晦,其視乃明,不食,不寢,不息,風雨是謁,是燭九陰,是謂燭龍(大荒北經)

這雖然是兩地的神,而其形狀能力完全相同,名字一個叫燭陰,一個叫燭龍,而燭龍能"燭九陰,"所以這兩種傳說實爲一神的小變；只是海外經與大荒經的作者記得不同而已（海外經和大荒經,作者雖不同,而其所根據之圖則爲一物）。但這神的氣魄雖大,不幸也沒有正式成爲開天闢地的大聖。若要此人,還得另請高明呢。

後漢書南蠻西南夷傳中記載一段有趣的南蠻始祖的故事,云：

> 昔高辛氏有犬戎之寇,帝患其侵暴,而征伐不剋,乃訪募天下有能得犬戎之將吳將軍頭者,購黃金千鎰,邑萬家,又妻以少女。時帝有畜狗,其毛五彩,名曰槃瓠。下令之後,槃瓠遂銜人頭造闕下；羣臣怪而診之,乃吳將軍頭也。……乃以女配槃瓠。槃瓠得女,負而走入南山,止石室中,所處險絕,人跡不至。……經三年,生子一十二人,六男,六女；槃瓠死後,因自相夫妻。……其後滋蔓,號曰蠻夷。

說南蠻的始祖是高辛氏的狗女壻,我想南蠻的文化如果高一些,他們一定要否認這門皇親的。但槃瓠的命運太好了,他竟在無意中變成了開天闢地的人物——盤古。夏曾佑氏的中國歷史教科書(今易名中國古代史)中曾說:

> 今按盤古之名,古籍不見,疑非漢族舊有之說,或盤古槃瓠音近,槃瓠爲南蠻之祖,……故南海獨有盤古墓,桂林又有盤古祠。不然,吾族古皇並在北方,何盤古獨居南荒哉?（第一篇第一章）

他這個說法是對的,而始記盤古這個人物的,今所見以吳徐整的三五歷紀爲最早。這書上說:

> 天地混沌如雞子,盤古生其中萬八千歲。天地開闢,

陽淸爲天，陰濁爲地。盤古在其中，一日九變。神於天，聖於地。天日高一丈，地日厚一丈，盤古日長一丈。如此萬八千歲，天數極高，地數極深，盤古極長。後乃有三皇。數起於一，成於五，盛於七，處於九，故天去地九萬里。(藝文類聚卷一引)

梁任昉的述異記又說：

生物始於盤古，天地萬物之祖也。其死也頭爲五岳，目爲日月，脂膏爲江海，毛髮爲草木。先儒說盤古泣爲江河，氣爲風，聲爲雷，目瞳爲電，喜爲晴，怒爲陰。秦漢間俗說盤古頭爲東岳，腹爲中岳，左臂爲南岳，右臂爲北岳，足爲西岳。吳楚間說，盤古夫妻，陰陽之始也。

這位盤古的形態和山海經中的燭陰(或燭龍)竟會這等相似，大概是把盤古作爲開天闢地的人物之後，乃將燭陰的故事塗附上去的。但不明白的是：爲什麼南蠻民族的祖先會得變爲開天闢地的人物？如果直接以燭陰當此鉅艱，也未必不能勝任吧？

此後，連天皇也不是首出御世的聖人，更不必說伏羲了。宋胡宏作皇王大紀，正式把盤古列於三皇之首，說：

盤古生於大荒，莫知其始，明天地之道，達陰陽之變，爲三才首君，於是混茫開矣。

以後元陳桱的資治通鑑前編，明王世貞袁黃的綱鑑合編及清吳乘權的綱鑑易知錄，三皇之前都必先書盤古。三皇的地位於是又低了一層！

宋代的一部僞書，三墳，其中勦襲緯書十紀之言而顛倒其次序，云：

> 太古之人皆壽盈，易始三男三女，冬聚夏散，食鳥，獸，蟲，魚，草木之實，而男女構精，以女生爲姓，始三頭，謂之合雄紀，生子三世。合雄氏，子孫相傳，記其壽命，謂之叙命紀。通紀四姓，生子二世，男女衆多，羣居連逋，從強而行，是謂連逋紀。生子一世，通紀五姓，是謂五姓紀。天下羣居，以類相親，男女衆多，分爲九頭，各有居方，故號居方氏。

我們看緯書中說"人皇九頭，"又說"兄弟別長九州，"則居方氏不卽是人皇嗎？人皇之上已有合雄，叙命，連逋，五姓諸紀，依命歷序之言，一紀爲二十六萬七千年，則人皇之起也甚遲了。時代旣遲，地位當然不能特高。後之作者，如淸林春溥的開闢傳疑，卽依此說，而將三皇全放在居方氏之下。他的依據是春秋緯的"天皇，地皇，人皇兄弟九人，分九州，長天下，"見得分居九州的不但人皇而已。

一九　女媧地位的升降

盤古，自三國至今日一千七百年，已公認為首出御世的聖王了。但我們不要忘記，在盤古未出的時候，女媧實為開闢天地的大人物。

女媧的地位在後人的傳說裏雖也不算低下，如鄭玄便以她為三皇之一，但究竟和原來的情形不同；即以她的形狀性別而論，本來是蛇身人首，也沒有人說她是女性，而在以後就成了伏羲的女弟或是伏羲的夫人，漸漸變為一個美好的女主了。

她的名字，最早在天問裏見到。天問問道：

女媧有體，孰制匠之？

這用白話譯出，就是說，"女媧的身體，是誰作成的呢？" 問的好像突兀，為什麼單問到她的身體的來歷呢？王逸注說：

傳言女媧人頭蛇身，一日七十化，其體如此，誰所制匠而圖之乎？

因為她有一個多變化的身體，所以發生疑問。然而所謂"一日七十化"者，並不是她自己的身體如此，大約是說她一日而七十化萬物；因為我們在其它的記載裏知道女媧是個奠定天地而創造萬物的。許慎的說文說：

"媧，"古之神聖女，化萬物者也。

應劭的風俗通義說：

俗說天地開闢，未有人民，女媧摶黃土作人，劇務力不暇供，乃引繩於泥中，舉以為人。故富貴者，黃土人；貧賤凡庸者，絙人也。（見御覽卷七十八）

當天地初開闢時沒有人類，女媧乃用黃土摶為人類，但這工作太繁重了,於是用了省事的法子,引繩於泥中,一拉起時就造出許多人來,然而又未免流於庸賤了。　天問的問話,應當以此二條作注脚乃可,就是說人類是女媧造的,萬物是女媧化的,然而她自己的身體又是哪一個人所作成的呢?　這好比反基督教的人說:上帝造成人類,上帝又是誰造的呢?

女媧不僅有創造萬物人類的傳說,而且也有補天奠地的傳說。淮南子覽冥訓說:

> 往古之時,四極廢,九州裂,天不兼覆,地不周載,火爁炎而不滅,水浩洋而不息,猛獸食顓民,鷙鳥攫老弱;於是女媧鍊五色石以補蒼天,斷鼇足以立四極,殺黑龍以濟冀州,積蘆灰以止淫水。蒼天補,四極正。淫水涸,冀州平。狡蟲死,顓民生。背方州,抱圓天,和春,陽夏,殺秋,約冬,枕方寢繩,陰陽之所壅沈不通者竅理之,逆氣戾物傷民厚積者絕止之。當此之時,臥倨倨,興眄眄,一自以爲馬,一自以爲牛,其行蹎蹎,其視瞑瞑,倜然皆得其和,莫知所由生,浮游不知所求,魍魎不知所往。當此之時,禽獸蝮蛇無不匿其爪牙,藏其螫毒,無有攫噬之心。考其功烈,上際九天,下契黃壚,名聲被後世,光暉重萬物。（冀州即中國,說詳馬培棠冀州考原,禹貢半月刊一卷五期）

這一段神話是說當上古的時候,天也壞了,地也裂了,水火傷人,猛獸鷙鳥食人,於是女媧乃鍊石補天,斷鼇足立極,黑龍也殺了,猛獸鷙鳥也死了,而人民乃得安居,無思無慮,如牛如馬的過他們的太平日子。女媧有這樣的功德,安得不"名聲被後世"呢!

風俗通又說:

> 女媧禱祠神祈而爲女媒,因置昏姻。（見繹史卷三引）

是女媧於補天修地造人之後又創設婚姻制度,從此以後的人類就不須她自己動手製造了。 關于她死後的事,山海經又有記載道:

> 有神十人,名曰女媧之腸,化爲神,處栗廣之野。（大荒西經）

統觀以上的記載,我們知道,天由她補,地由她修,人由她造,且死後她的腸子尚能化而爲神人,豈不是人類的始祖嗎,她的地位不應在三皇之先而爲首出御世的聖王嗎? 乃後來的開闢始祖不奉她,另請一位南蠻的祖宗,槃瓠,這是什麼道理? 想來也許是因爲她被傳說定成一個女人,不克擔此重任? 然而我們知道,在漢代以先,至少在楚國一帶地方,是奉女媧爲開闢天地的人物的。 以後的史家以爲她既作過修補天地的工作,而又不在開闢的時候,於是替她想出所以修補天地的原因來。記載這原因的,就我們所見,第一是王充論衡。 順鼓篇道:

> 傳又言共工與顓頊爭爲天子,不勝,怒而觸不周之山,使天柱折,地維絕。 女媧消煉五色石以補蒼天,斷鼇之足以立四極。

第二是司馬貞補三皇本紀:

> ……特舉女媧……而充三皇。 當其末年也,諸侯有共工氏任智刑以強,霸而不王,以水乘木,乃與祝融戰不勝而怒,乃頭觸不周山崩,天柱折,地維缺,女媧乃鍊五色石以補天,斷鼇足以立四極,聚蘆灰以止滔水,以濟冀州;於是地平天成,不改舊物。

這兩說和淮南子不同的地方,就是淮南說天地是自然缺陷的,而他們則說天地缺陷的原因由於共工觸不周山。其實這本是兩個各不相干的傳說(共工觸不周山之說亦見淮南,然與女媧無關),何必硬拉在一起。但既已硬拉在一起,那麼女媧雖有修補天地的大功,當然不該再算作首出御世的聖王了。

二〇　三皇名稱確立後對于舊名稱的解釋

三皇爲天皇,地皇,人皇,自有緯書以來,其勢甚盛。但對於泰皇何以改爲人皇,始終無以除掉讀書者的疑惑,應當給它一個解釋纔好。五行大義(第二十,論諸神)引帝王世紀道:

> 天皇大帝,曜魄寶。地皇爲天一。人皇爲太一。

太一天一從此有了着落,可是地一爲什麼不見? 要知道這裏所説的天皇大帝,天一,太一是三個星名,他們是拿歷史上的三皇來配天上最有權威的三個星的。在星圖上向來沒有地一星,所以地皇祇好配天一了。宋羅苹路史注又云:

> 按孔衍春秋後語,泰皇乃人皇。(前紀卷二)

孔衍之書已亡,不知其如何證明泰皇即人皇。至羅苹的自己解釋,則云:

> 秦丞相綰曰,"古有天皇,有地皇,有泰皇;泰皇最貴。" 貴者非貴於二皇也,以其阜民物,備君臣,政治之足貴也。……張晏云,"人皇九首,"韓勅孔廟碑云,"前開九頭,以叶言教" 是也。泰皇即九頭紀,舊記不之知爾。 眞源賦云,"人皇厭倦塵事,乃授籙於五姓,"知爲九頭紀也。(前紀卷二)

他用下列幾種理由,證明泰皇即人皇:(一)泰皇之所以足貴在其阜民物,備君臣的政治,這就是人道;(二)眞源賦謂人皇授籙於五姓紀,五姓紀前爲九頭紀;人皇爲九頭紀,故知泰皇即九頭紀。他的第一理由也是有所本的,周禮正義序云,"政教君臣,起自人皇之世"。惟第二理由則殊苦薄弱,因爲泰皇九頭,從來沒有這句話,所以羅苹也只能説一聲"舊記不之知爾。" 舊記不知,彼果何從而知之?

董仲舒曾說出一個"九皇"的名詞。文子亦云:

九皇之制,主不虛王,臣不虛貴,階級尊卑,名號自居。(不見於今本文子;路史前紀卷二注引)

吳韋昭曾說:

人皇九人,所謂"九皇"。（路史前紀卷二注引）

他把"九皇"一名完全送給人皇了。其後馬驌在繹史中集合韋昭羅苹之言,斷之曰:

秦博士稱"古有天皇,地皇,泰皇;泰皇最貴,"即人皇也,亦號九皇。（卷一）

這泰皇,九皇,人皇三個不同的名號,從此以後就集合於一人之身了。

淮南子裏的"二皇"怎麼辦呢? 路史云:

伯陽父曰,"泰古二皇得道之柄,立乎中央,神與化游,以撫四方,是故能天運地墆而輪轉無廢,水流不止,而與萬物相終始"。然不曰三皇者,豈非泰皇之世,人道大備,非復二皇之代,故退首乎十紀,而不遂與二靈參乎? 予故從之,別紀二靈,而返泰皇氏於九頭紀。

（前紀卷二）

他把泰皇氏列於九頭紀,而別記天皇地皇在九頭紀之前為二靈。(他以"泰皇之世,人道大備,"亦即泰皇為人皇的證據。) 馬驌乃云:

天皇,地皇,稱為二靈,是泰古二皇也。注謂伏羲神農者,非。（繹史卷一）

這麼一來,淮南子裏的二皇就拍合了天皇地皇了。天皇地皇為二皇,人皇為九皇,於是此後三皇在西漢前期的書中也各各有了着落了。故事愈整齊，其眞相愈泯滅，這是一個例子。

他們對于泰皇，二皇，九皇，都有法子作解釋，使其與三皇合爲一體，獨至于泰一，則因他的名下沒有帶一個"皇"字，忘記了，再想不起他是"皇天上帝泰一"了。雖以羅泌的好博逞奇，亦只有錄泰皇氏於九頭紀；而錄泰壹氏於循蜚紀，雜在無名的巫常氏和空桑氏之間。他說：

> 泰壹氏，是爲皇人。（原注：道言"天眞皇人者泰壹也"。）……昔者神農嘗受事于泰壹小子（本草經），而黃帝老子皆受要于泰壹元君。蓋范無形，嘗無味，要會久視，操法攬而長存者。有兵法，雜子，陰陽，雲氣，黃冶，及泰壹之書。……其書言"黃帝謁峨眉，見天眞皇人（原注：三一經云，"黃帝游靈臺靑城山絕巖之下，見天眞皇人"），拜之玉堂曰，'敢問何爲三一之道？'皇人曰，'而旣已君統矣，又咨三一，無乃朗抗乎？……'黃帝乃終身弗違而天下治。……"（前紀卷三）

道書把泰壹只說成一個仙人，羅泌也沒奈何了。三皇經云：

> 皇人者，泰帝之所使，在峨眉山，黃帝往受眞一五牙之法。（見路史卷三注引）

羅苹注云：

> 泰帝者，泰皇氏也。傳言泰帝與神鼎，說者以爲伏羲，失之。

泰帝是泰皇，也是人皇，就這樣定了。只苦了泰一，卻來給人皇做了個使者！

二一　道教中的三皇

　　緯書是東漢時民間信仰的一個薈萃。這些民間信仰,依附孔子,以孔子作中心。他們似乎要造成孔教,但因有一班儒者的不合作,而且起來破壞他們,所以未能成功。到三國時,有張道陵的新教起來,依附老子,一時民間信仰就湊集在那裏。適值佛教輸入,就摹仿了佛教的儀式而建立道教,這一次居然成功了。道教中的著作謂之道經,在道經裏也一樣有三皇,一樣有開天闢地的說法。但自魏晉至元明,全是道經的著作時期,所以其中的說法頗不一致;而他們說來全很有趣。

　　道經太玄部裏有一種叫作雲笈七籤,是一部很有名的道教經典,其中有許多關于開闢以來和三皇的說法。

　　太上老君開天經(在雲笈七籤內)云:

　　　蓋聞未有天地之間,太清之外不可稱計。虛無之裏,寂寞無表,無天無地,無陰無陽,無日無月。……唯吾老君獨處空玄寂寥之外,玄虛之中,視之不見,聽之不聞,若言有不見其形,若言無萬物從之而生,……而有洪元。洪元之時亦未有天地,虛空未分;玄虛寂寥之裏,清濁未判。洪元一治,至于萬劫。洪元既判而有混元;混元一治萬劫,至于百成。百成亦八十一萬年而有太初;……太初一治至於萬劫,人民之初,故曰太初。……太初既沒,而有太始,……置立天下九十一劫,九十一劫者,至于百成,百成者亦八十一萬年。太始者,萬物之始也,故曰太始。……太始既沒,而有太素。太素之時,老君下降爲師,教示太素,以法天下八

>　十一劫,至于百成,亦八十一萬年。……　太初以下,太素以來,天生甘露,地生醴泉,人民食之,乃得長生,死不知葬埋,棄屍於遠野,名曰上古。

太初時方纔有人類,太始時方始有萬物。　太初以上爲混元,混元之上爲洪元,洪元之上是個虛無寂寥的世界,所有的只是一個"無"。　萬物是由陰陽而生的,這時卻連陰陽也沒有,然而已有老君了。　老君處在玄虛寂寥的世界裏,看也看不見他的形像,聽也聽不到他的聲音;然而不能說沒有他,因爲他是造物主呵!　自太初到太素是有人類以來的上古,這是人類的黃金時代,吸甘露,飲醴泉,長生不老。　以後呢?　文云:

>　太素旣沒而有混沌。……　混沌以來始有識名。　混沌號生二子:大者胡臣,小者胡靈。　胡臣死爲山嶽神,胡靈死爲水神。……　混沌旣沒,而有九宮。……　九宮沒後,而有元皇。……　元皇之後,次有太上皇。……　太上皇之後,而有地皇。　地皇之後,而有人皇。

莊子的應帝王篇說混沌是中央之帝,在這裏他是一位首出御世的帝王,說他"號生二子,"不知是怎麽樣的生法?　繼之者爲九宮,以先我們知道,"太一行九宮"(易乾鑿度)的"九宮,"乃是古代天文學上的一個名詞,如今纔曉得古帝王也有叫"九宮"的。而最奇特的卻是"太上皇"了。　當秦始皇打平了天下之後,自己稱做"始皇帝,"又尊莊襄王爲"太上皇,"以後漢高祖也這樣地模做了。　我們總以爲這是秦始皇的創舉,哪裏知道"太上皇"乃是古代的帝王,秦始皇不過是沿用呢!

>　人皇之後,而有尊盧。　尊盧之後,而有勾婁。　勾婁之後,而有赫胥。　赫胥之後,而有太連。　太連以前,

混沌以來，名曰中古。

太連之後，而有伏羲。……　自伏羲以前，五經不載，書文不達。……　伏羲沒後，而有女媧。女媧沒後，而有神農。……　神農沒後，而有燧人。……　燧人沒後，而有祝融。祝融之時，老君下爲師，號廣壽子，教修三綱，齊七政。三皇修道，人皆不病。……　次有高原，高陽，高辛三世。　次有蒼頡，仲說，教書學文。三皇之後，而有軒轅黃帝。

自混沌到太連是中古，伏羲以後是近世的事了。哪幾位是三皇呢？說是伏羲，女媧，神農吧？但軒轅黃帝又不承接。說是高原高陽，高辛吧？也不像，在舊說裏，高陽是顓頊，高辛是帝嚳，本來是黃帝以後的帝王。到底黃帝承自何人，是難以確定的了。

全部道藏的三皇說法，自是頗多歧異，即是在同一部書裏也有許多不同。道藏的著者以道士們爲多，他們所說的全是漢集來的，先秦諸子，各種緯書以及帝王世紀，三五歷紀等，是他們古史的淵藪，但也沒有融化成一個系統。再加入些他們的想象，那就是儒者們所稱的荒誕了。

雲笈七籤內有一篇天尊老君名號歷劫經略是記老君在那一時有那些教化的事。有云：

老君至開冥賢劫之時，……號曰無極太上大道君，亦號曰最上至眞正一眞人，亦號曰無上虛皇元始天尊。……爾時盤古眞人因立功德，見召於天中。盤古乃稽首元始虛皇道君，請受靈寶內經三百七十五卷。時高上虛皇太上道君則授以三皇內經三十六卷，而

> 盤古眞人乃法則斯經,運行功用,成立天地,化造萬物。
> ……逐有五億五千五百五十億萬重天地焉。十方俱行道德之化後,天皇氏始興焉。

盤古,是很熟習的,"眞人"也不眼生,卻想不到盤古也成了眞人。他法則了三皇內經而成立天地萬物;以後天下太平,俱行道德之化了,天皇氏方纔繼之而起。天皇氏起後:

> 老君降三玄空天宮,以天皇內經十四篇授與天皇;以治天下三十六萬歲,乃白日昇仙,上三玄空天宮中。天皇氏後而地皇氏興焉,太極老君又授地皇內經十四篇;地皇氏得此經以治天下三十六萬歲,乃白日升天,上素虛玉皇天宮中,萬帝朝尊。地皇仙後,人皇氏興焉,太極老君又授人皇內經十四篇;人皇得此經以治天下三十六萬歲,於是白日昇仙,上太素虛玉皇天宮,受自然之壽。由是以後,九億九千九百九十九萬歲,方至于五帝興焉。

太極老君的功德大極了,給他們每人一部經,他們本着這部經安安穩穩的治理天下三十六萬年,然後"白日昇仙,"這眞是享盡了人間天上之福。以後隔了九億九千九百九十九萬年,五帝纔繼之而起,這個中間是誰來治理呢? 文獻無徵,只好缺疑,可是未免嫌它缺疑得太長久了。

> 五帝各理三萬六千歲。而五帝氏後逮於中皇天皇君出世,而啟太上老君,太極眞人下降崑崙之山,又授以天皇內經十四篇。而天皇君得此經以道治世三萬六千歲,白日登仙,上昇太清天中。天皇君仙後而地皇君興焉。地皇君出世,太上老君太極眞人又下降

流綱之山,授地皇君地皇內經十四篇。而地皇君得此經以道治世三萬六千歲,白日登仙,上昇太極虛皇天中。而地皇君仙後,而人皇君興焉。人皇君時,太極真人太上老君下降於南霍之山,又授以人皇君內經十四篇。而人皇君得此經,以道治世三萬六千歲,白日登仙于太極南朱上天宮。自中三皇氏後,老君經九萬九千九百九十萬歲,又以法授人皇君子孫,俾治世修道,元始天尊真人皆降焉。

初三皇之後有五帝,五帝後有中三皇君。中三皇君每位治理天下三萬六千年,當初三皇的十分之一。這裏面的五帝也僅僅的知道這麼一個名詞,是哪幾個人呢? 人皇君後:

五龍氏興焉。天真皇人太上老君降下開明之國,以靈寶真文三皇內經各十四篇授五龍氏。五龍氏得此經,以道治世萬二千歲,白日登仙。爾時甘露降焉,蒼生則於中化生。是後運動陰陽,作為五行四徵世欲生死之業,……經于三十六萬歲後,神人氏興焉。神人氏出生,其狀神異,若盤古真人而亦號"盤古,"即是無劫蒼生萬物之所承也。以己形狀類象分別天,地,日,月,星辰,陰陽,四時,五行,九宮,八卦六甲,山川,河海,不能決定,故以天中元景元年七月一日上登太極天上,上啟元始太上天尊,更授神寶三皇內經並靈寶五符經,老君下降授神人氏。得斯經下世,則按經圖,分畫天地,名前劫高上真人,更新開乎造化時事,故昧前皇聖人功用,所以於此而為更始。

五龍氏後是神人氏。巧得很,這位神人氏的像貌竟似盤古真人，所以他也叫做"盤古"了。 盤古眞人是成立天地，化造萬物的，這位盤古也是萬物蒼生之所承。 世人只知道盤古開天，那裏曉得有前後相像的二人做了兩次開闢的工作！ 這位盤古想着以他自己的身體作爲樣本去分別天地日月萬物萬事，但沒有成功，所以跑到天上去求元始太上天尊再授給他兩部經，於是由太上老君降臨授他。 這次按經圖分畫天地，纔成功了。 盤古眞人雖然已經創造天地萬物，神人氏所爲乃是一種更新運動。 後世的人無論革命或改制，只是政治或經濟上的改革，他卻要重整宇宙，再列山川，這是何等的魄力！ 旣經又是一番世界，怪不得前皇聖人的功用被他湮沒了！

自斯盤古以道治世萬九千九百九十九載，白日昇仙，上崑崙登太淸天中，授號曰元始天王。……而盤古眞人氏仙後，伏羲氏興。伏羲氏興，而太極天眞大神以淸濁已分，元年上啓太上老君，以天皇內經十四篇並靈寶圖道德五千文授伏羲。…… 伏羲以道治世六千歲，白日昇天中，號曰天眞景星眞人。

伏羲氏後而燧人氏興焉。…… 燧人氏以道經治世六千歲，於丹霍之山白日昇仙，登于太極左宮，號曰玉虛眞人。

燧人氏後，祝融氏興焉。…… 祝融氏以道德治天下六千歲，白日昇于太極南昌上宮，號大行眞人。自伏羲燧人各授六百歲，傳子孫得六千歲。

祝融氏後而神農氏興焉。 神農以道治天下二百歲，於大室之山白日昇仙，上登太皇之天，號曰靈寶虛皇眞人，傳世子孫合五百二十二年，後則軒轅氏興。

道教中的三皇

黃帝以道治世一百二十年,於鼎湖山白日昇天,上登太極宮,號曰中黃眞人。

盤古治世萬九千九百九十年後昇仙,以後是伏羲,燧人,祝融,神農,黃帝,他們全是白日昇仙的。這和太上老君開天經的次序不同,在那裏伏羲傳女媧,以後是神農,燧人,祝融。同一部書內的兩篇書,可以互相歧異如此,眞可說是出人意外。今依此篇列一世系表如下:

   盤古眞人 ⟶ 初天皇 ⟶ 初地皇 ⟶ 初人皇 ⟶
   五帝(五人) ⟶ 中天皇 ⟶ 中地皇 ⟶ 中人皇 ⟶
   五龍氏 ⟶ 神人氏(盤古) ⟶ 伏羲氏 ⟶ 燧人氏 ⟶
   祝融氏 ⟶ 神農 ⟶ 黃帝

洞神部玉訣類有一種經叫做玄經元旨發揮,其本意是"本玄經著元旨,復徵古史爲發揮。"(見序言) 這裏面也講到人類以前,天地未闢,混沌世界的時候,又和雲笈七籤所說的不同。第一是先天章,所謂"先天"是極渺茫的,是太極以前的無極,是"道生一"之"道。" 第二是元始章,此章中有五太,即:太易,太初,太始,太素,太極,共經二萬七千年。爲什麼這無知無識的五太也有年數可紀呢? 是因爲'它們一樣的有理,氣,象,數的。第三是開物章,天地萬物自此開始,玄元始三氣相凝合而生盤古氏。我們試看他是何等樣的人物:

  天地渾淪如雞子,盤古生其中,一日九變,神於天,聖於地。天日高一丈,地日厚一丈,盤古日長一丈,如此萬八百歲,天極高,地極厚,盤古極長。

  其生也神靈,極天之高,極地之厚,宰御形氣,胚輝萬有。其死也,頭爲五嶽,目爲日月,脂膏爲江海,毛髮為草木,然則盤古萬物之祖也。

頭一段和三五歷紀所說的相同,第二段與述異記所說的相似。這纔是"萬物皆備於我,"所以山川,日月,江海,草木,全出於其一身。 我們想一個造物主也應當有這樣的一個偉大軀幹,不然,又如何可以創造這樣一個繁複的世界! 據此書的注(著者自注,元杜道堅)說盤古也就是混沌,他說"逮渾沌鑿而盤古死。" 莊子的喻言,被他現實化了。

第四是太上章,盤古氏沒,初天皇氏生。

初天皇氏,天皇十二頭,元氣肇始,有神人號天皇氏,爲物初生民之主。…… 物初生民與動物同出一氣,分形未清,故有蛇身人首者,有人身牛首者。 如天之二十八宿,地之十二宮神,皆以禽獸之名而名,蓋禽獸與人同稟天星地靈而生,故稱人曰"倮靈"焉。 則知天皇氏之民,無思無爲,若嬰兒之未孩,飡元飲和,抱道自然,…… 是時人壽千餘歲。 子孫相承,歷十五運,合五千四百年。

初天皇氏沒,初地皇氏作。……

地皇氏十一頭,繼初天皇氏而王,德合自然,功贊天地。 定星辰,分晝夜,調陰陽,制寒暑,四時順序,人民毓,萬木折,萬草萌,鱗介,羽毛,飛潛,動植,各正生成。 則知地皇氏之民若嬰兒之既孩,餐霞茹芝,無飢飽勞役。…… 是時人上壽猶千歲,子孫相承,歷……五千四百年。

初地皇氏沒,初人皇氏作。……

人皇九頭,當是時也,生類日衆,如孩已童,天性既鑒，人欲漸萌。 披木葉，藉草萊，食果飲水，長幼羣居。無爪牙之利，以禦猛獸；無官民之分，以制剛虣；強食弱肉，民不堪處。 卽山川土地之勢，財度九州，九頭各居其一而爲之長。 人皇居中以制八輔，謂之九頭紀。……… 子孫相承，歷五千四百年，初人皇氏沒，中天皇氏出。………

人和禽獸本皆由一氣所生，而當初天皇之時分形尙未能清，所以蛇身人首，人身牛首的多有。 地皇氏出，纔有分晝夜，定四時等事業，動植萬物乃各正生成，也許不致有禽獸與人分別不清的現象了。 人皇之時，人欲已萌，不能各安其居，於是九頭各據一州，人皇居於中爲之長，以管理之。 所謂九頭者，就是九個人的意思，這好比說魚幾尾，鳥幾隻一樣。 人皇時叫作九頭紀，鄒又相當於叙命紀，天皇氏當於五龍紀，地皇氏當於合雄紀。 初三皇子孫相承共治一萬六千四百年，而中三皇繼起。

中天皇號泰皇氏，繼初人皇氏而王。……… 當時之民，如童初冠，生實不足以濟飢餒，取動物之可食者而飽其腹，恬淡自安，他無營爭，雖有君長之，而民安其故。 世代相承，歷五千四百年，中天皇氏沒，中地皇氏出。………

中地皇號有巢氏，繼泰皇氏而王。 當是時也，山無蹊隧，澤無舟梁，萬物羣生，連屬其鄉，禽獸成羣，草木遂長，人民野處，不勝虎狼蛇豕之毒；有巢氏教民構木爲巢，以避羣害，冬則處穴，夏則居巢，寒暑有備，禽獸不傷；然後民安其所，天下九頭咸歸而尊事之。 子孫相承，歷五運，凡一千八百年，中地皇氏沒，中人皇氏出。………

中人皇號燧人氏,繼有巢氏而王。人民巢居穴處,飲血茹毛,傷害腹胃,漸致夭喪;有燧人氏始敎民鑽木取火,炮生為熟,避腥去臭,養人利性,遂天之道,故號燧人氏。……世代相承,歷一千三百一十年而後天皇氏作。

中天皇相當於連通紀,中地皇相當於五姓紀,中人皇相當於循蜚紀。這裏說中天皇號曰泰皇。泰皇到不面生,他不是秦人所說三皇中最貴的泰皇嗎? 自從人皇出世之後,泰皇早被人忘掉,郤跑在這裏作中天皇,真可謂"失之東隅,收之桑榆。"韓非子五蠹篇序有巢氏在燧人氏之先,可是有人擁戴燧人作三皇,有巢氏郤被冷落了下來;如今他也時來運轉,做了中地皇了。燧人仍在他的後面做中人皇,也算得地位相當。

第五是三五章,三五章者:

後三皇逮五帝也。

後天皇號伏羲氏,風姓,歲起攝提,始甲寅,以木德王。都太昊之墟,敎民伏犧,因以為號。冶金成器,示民炮食,一號炮犧,仰觀俯察,近取遠求,畫八卦,造書契,作甲歷,結繩而為網罟,以畋以漁,而聖職敎化之道興。當時人民羣處,網常未立,伏羲德合上下,法兩儀以正君臣父子夫婦之義,於是人倫乃正。繼天而王,為百王先,尊之曰天皇。太昊在位一百一十六年,傳女媧至無懷通十五代,歷一千三百單七年,而後地皇神農氏作。

後地皇號神農氏,姜姓,起辛丑,以火德王,都魯。當時人民噉茹生疾,陰陽相寇,神農嘗百草製百藥以療之。教民耒耜之利,以播種百穀,民乃粒食。日中爲市,有無相通,使民宜之。諸侯夙沙氏叛不用命,箕文諫而殺之;神農修德,夙沙氏之民自攻其君而歸其地。南通交趾,北接幽都,西距三危,東連暘谷。在位一百四十年。傳臨魁至楡罔八世,歷五百二十六年,而後人皇氏作。

　　後人皇號軒轅氏,公孫姓;長於姬水,改姬姓。起庚子,以土德王。都軒轅之丘,因號焉。承楡罔之衰,蚩尤不用命,戰于涿鹿,戮于中冀。……畫野分州,經土設井,人民不爭,百官無私,市不預賈,相讓以財,四夷賓貢,諸侯咸歸,是爲黃帝。

伏羲相當於因提紀;其下所傳的十四代,據注言,爲:女媧氏,大庭氏,柏黃氏,中央氏,栗陸氏,驪連氏,赫胥氏,尊盧氏,混沌氏,皥英氏,有巢氏,朱襄氏,葛天氏,陰康氏,無懷氏。正文中曾以有巢氏爲中地皇,這卻在後天皇之後十一傳;混沌本說卽盤古氏,這卻在後天皇之後九傳。不過,這種矛盾,他們也自有辦法,他們說這乃是以先的有巢盤古的後嗣。女媧,他們說是伏羲的皇后,是繼伏羲爲君的。神農氏當於禪通紀,以後八世是:帝臨魁,帝承,帝明,帝直,帝釐,帝哀,帝楡罔(據注。按,此僅七世。)黃帝當於流訖紀,這九紀和春秋緯命曆序所說的十紀前後的次序不同。如依命曆序每紀爲二十六萬七千年之說,那末,自初天皇到神農氏纔二萬六千五百年,還不到一紀的十分之一,卻如何分佔了八紀?好在他們是不理會這些的,閉戶造車,不必管其出門合轍與否。我們看人類的進化也不算慢了,六萬年前尙無人類(據注言自開物至大禹爲六萬四千八百年,而人民萬物始于開物),兩萬年前尙且人獸難分:這是道教的人類學呵!

三皇,我們知道了許多,但我們並不知道他們的父母是誰,他們是如何產生的。元始上眞衆仙記(洞眞部譜錄類)說的很詳細,云:

眞書曰,"昔二儀未分,溟涬鴻濛,未有成形,天地日月未具,狀如雞子,混沌玄黃;已有盤古眞人,天地之精,自號元始天王,遊乎其中。溟涬經四劫,天形如巨蓋,上無所係,下無所根;天地之外,遼屬無端;玄玄太空,無響無聲;元氣浩浩,如水之形。下無山嶽,上無列星,積氣堅剛,大柔服結,天地浮其中,展轉無方;若無此氣,天地不生。天者如龍,旋迴雲中,復經四劫,二儀始分,相去三萬六千里。……元始天王在天中心之上,名曰玉京山,山中宮殿並金玉飾之,常仰吸天氣,俯飲地泉。復經二劫,忽生太元玉女在石澗積血之中,出而能言,人形具足,天姿絕妙,常遊厚地之間,仰吸天元,號曰太元聖母。元始君下游見之,乃與通氣結精,招還上宮。"

當天地未分的時候,已有盤古眞人遊于其中;又經四劫,天形乃像一個巨蓋在空中懸着;又經四劫,天地始分,相隔了三萬六千里路。盤古眞人住在玉京山的宮殿裏吸天氣,飲地泉,倒也逍遙自在,但又未免太孤寂了。隔了二劫之後,忽然於積血之中生出一個天姿絕妙的女人來,這豈不是"天作之合"? 於是他招她到上宮,到上宮後:

太元母生天皇十三頭,治三萬六千歲,書爲扶桑大帝東王公,號曰元陽父。又生九光玄女,號曰太眞西王母,是西漢夫人。天皇受號十三頭,後生地皇,地皇十一頭,地皇生人皇九頭,各治三萬六千歲。

這相當於上面所見的初三皇,但亦有不同(頭數,年數)。我們看了這個,纔知道天皇是盤古的兒子,他的妹妹是西王母,地皇是他兒子,人皇是他孫子。這早就是家天下了,哪裏有什麼禪讓!

這是又一個古史系統,三皇後不是中三皇或五帝,卻是八帝。文云:

次得八帝;大庭氏,庖羲,神農,祝融,五龍氏等是其苗胤也。

八帝後乃有五帝:

太昊氏為青帝,治岱宗山。 顓頊氏為黑帝,治太恒山。
祝融氏為赤帝,治衡霍山。 軒轅氏為黃帝,治嵩高山。
金天氏為白帝,治華陰山。

唐堯以下五人乃是上列五帝的輔佐(註言),"五帝一劫遷,佐者代焉。" 他們也治在山上:

堯治熊耳山,舜治積石山,禹治蓋竹山,湯治玄極山,青烏治長山及馮修山長。

雲笈七籤中也引有三皇八帝的話:

三皇經云,"昔天皇治時,以天經一卷授之;天皇用而治天下二萬八千歲。地皇代之,上天又以經一卷授之;地皇用而治天下二萬八千歲。人皇代之,上天又以經一卷授之;人皇用而治天下亦二萬八千歲。三皇所授經合三卷,爾時號為三墳是也,亦名三皇經。又有八帝,治各八千歲,上天又各以經一卷授之,時號為八索是也。此乃三墳八索根本經也。"(卷四,三皇經說)

三墳是三皇的書,八索是八帝的書,五典當然是五帝的書了,這又是何等適合的事情! 可惜他們不曾于八帝和五帝之下再造出"九帝"或"九王"來,不然,豈不是連九丘之名也一併有了着落了嗎!

  雲笈七籤又引小有經,說三墳八索的用處:

   三皇治世,各受一卷,以天下有急,召天上神,地下鬼,皆勅使之,號曰三墳。 後有八帝,次三皇而治,又各受一卷,亦以神靈之教治天下;上三卷曰三精,次三卷曰三變,次二卷曰二化;凡八卷,號曰八索。 (卷九)

由此我們知道三墳八索乃是遣將驅神,以神靈之教治天下的文字。

  然而到底八帝是些什麼人? 太上三皇寶齋神仙上錄經(洞神部,方法類)有云:

   黃帝曰,"先天有三皇之神,八帝次其治,皆高眞爲輔,邪惡不生,災害不作,非世所傳伏羲女媧之時也。 其治各一萬三千歲。"

這位絕世聰明的黃帝也只能說八帝不是伏羲女媧等,而不能說是哪幾位,我們自然不必强作解人了。

  自從三皇到五帝,雖然奠定了天地,作了許多大事業,然而哪一位不是得到了一部經,纔能成功的。 太上黃籙齋儀卷五十二(洞玄部威儀類)記有歷代聖人神仙所授經是老君授經的總賬。 今錄其一段如下:

   老君授上三皇玄中大經,

   老君授中三皇太素經,

   老君授下三皇金闕秘經,

道教中的三皇

> 老君授中三皇開元經,
> 老君授後三皇攝提本經,
> 老君授伏羲元陽經三十四卷,
> 老君授神農元陽經三百六十卷.
> 老君授祝融安神經,
> 老君授黃帝道德經。(以下直授到周昭王)

這裏面有五個三皇。兩中三皇不知是一是二? 後三皇也不知是否即下三皇? 伏羲神農等又不在三皇之數,那麼這三皇是誰? 這當然是又一個新古史系統了。

以上所說的無論三皇,九皇,全是古時治理天下有大功的帝王,雖然他們可以不死,可以成仙,但也是從修鍊中得來,當他們修鍊時是頗吃苦的。金瑣流珠引注(太玄部辭字下)記有地皇學道的故事,云:

> 昔地皇氏不受妄存,忽一旦將軍見,身長九千萬丈,聲似天雷,呼地皇為地氏之子,"子師何人,攝呼我身!" 於是地皇對曰,"臣師是五靈老君。" 將軍又曰,"子緣不師於五靈老君;若師老君,我更見身責,子將作何也。……是何山上妄言妄語,殃及子身? 容子三年理人,後當代責子之罪!" 於是地皇日夜憂懼恐死,即登山涉水,尋求五靈老君。五靈老君見來,遙知被責,便言曰,"大皇奉道不真,罵(按或篤字誤)道不神,今被天神所責,怨在何人?" 於是,地皇氏再拜老君,唯稱死罪,"鄙性好道,修求不真,自身本是愚人,今逢愚匠,令某妄修行,天官責罰,敢望人身! 伏乞大道大恩,賜納驅使,免得三年之外,天官責罰其罪,恐失人身,何敢更受皇位!"

老君即變大神通，閉氣捻訣，西土人謂之"結印"是也。須臾之間，唐李徐三將一時俱下，與地皇氏爲保舉，度大道金籙玉籙八十餘階，天皇地皇人皇三皇內文內籙等經四十九卷，修行十四年得道。理世八萬九千年後而昇玄丘之臺。（卷八）

這位將軍是誰？他姓盤名體，"主管三清之上，大羅之中，巡檢神龍鬼之徒，"他的權威很大。倒霉的地皇受了騙，錯認了老師，以致于修道不眞。我們想像當將軍責罰他的時候，聲色俱厲，地皇惶恐顫慄着口內稱臣，惟恐死罪，是如何的可憐！"再容你三年，"他得了赦旨之後，到處去尋老君；尋到了，多蒙授以眞法，於是皇位得保而昇仙了。

金瑣流珠引又記地皇的家庭狀況：

地皇以土德行世，積土爲臺，堅石爲柱，築土爲穴室，室大號曰宮，宮而爲姓也。……與徵姓而通婚，生子六人，長子改姓風，二子姓工，三子、四子、五子、六子，以上四姓風也。徵姓妻亡，又再與商姓子通婚，又生六子，長子改姓公孫，二子改姓力，三子改姓飛，四子、五子、六子，總承宮姓。（卷一五）

他娶了兩次夫人，生了十二個兒子，家庭是很美滿的。書中又記有人皇行仁德的事：

昔有人皇常行陰德於人，……又以每日思身，自巡遊天下，檢校人物不平不允之事，抱屈之徒，願令得達入夢中見我，我與之申屈，常以心願如此。以一十四年百姓有不平之事，抱屈之人皆各自夢見人皇斷之；夢覺各自知罪，彼此兩自責已。數千餘人，往往如此。

功滿,太上與之長壽,爲人皇,壽一萬八千歲,後昇玄丘之仙宮。

有了寃屈的事,如果跑到人皇那裏去告狀,未免費事,如今在睡夢中就能了郤,豈不是大陰德嗎!

別有一種修道人修"三皇法"時所應存想的初中後三皇,與上面所說的完全不同。洞神八帝妙精經(洞神部本文類)云:

(初)天皇君長九寸,披青錦帔,著青錦裙,戴九天寶冠,執飛仙玉策。

(初)地皇君長九寸,披白錦帔,著素錦裙,戴三晨玉冠,執元皇定錄之策。

(初)人皇君長九寸,披黃錦帔,著黃錦裙,戴七色寶冠,執上皇保命玉策。

初天皇君　　　初地皇君　　　初人皇君

這初三皇是"虛無空之變化,應感同人,同而又異,"如果你打算登三清之宮,你就時時存想他們,就會有神降長生之訣;但男女不得混雜,不得履殗穢,如果犯了,是要受罰的。

(中)天皇君人面蛇身十三頭,平初元年十一月八日出治,姓望,名獲,字閏,將從青雲中陣兵萬萬九千人,主治雲中百二十愍鬼,千二百遊行鬼賊,萬二千陰邪之魃。

(中)地皇君人面蛇身十一頭,太始元年七月五日出治,姓嶽,名鏗,字紫元,將五嶽嶽兵萬萬九千人,主治八荒四極三河四海山川溪谷龍蛇龜鼈黿鼉老魃為人作精祟者。

(中)人皇君人面龍身九頭,太平元年正月三日出治,姓愷,名胡桃,字文生,將天地水三官兵萬萬九千人,主治一切七世父母,三曾五祖,三鬼五神,內外男女傷死客亡墮水產乳,惡禽猛獸,木石所殺,刑獄刀兵之鬼為人作精祟者。

中天皇君

中地皇君

中人皇君

這中三皇是"玄元始之應變,"學道之士,存思啟告,請此三皇,他們就率領着兵將,幫助你自己身中的吏兵(他們以為凡天上所有之官吏,人身中亦具有)收治逆鬼惡吏凶人,一切的精魔全收服了。又可以使神役鬼,應心卽驗,你想作什麼,全可以成功的。

(後)天皇君人面蛇身,姓風,名庖犧,號太昊。

(後)地皇君人面蛇身,姓雲,名女媧,號女皇。

(後)人皇君牛面人身,姓姜名神農,號炎帝。

後天皇君　　　後地皇君　　　後人皇君

如果修道的人修好了這後三皇法,也是可以成"眞聖"的。這三種三皇的階級不相同,學道的人應自後三皇起以至於初三皇,不可躐等而進。

又有一種三皇,我們不曉得他是什麼意義;不僅我們不曉得,連黃帝也須來問人。陰符經三皇玉訣(洞眞部玉訣類)云:

黃帝曰,"天皇者何也?" 廣成子曰,"天皇者,先天之前,五劫開化,混沌之始也。天皇一氣聖化萬象,主天聖玉虛聖境明皇之祖炁也。"

黃帝曰,"地皇者何也?" 天眞皇人曰,"地皇者,天皇一氣下降於地,地炁受之,二炁相合,主生化金光之炁,乃是洞神眞境眞皇之祖炁也。"

黃帝曰,"人皇者何也?" 廣成子曰,"人皇者在天地之間,虛無至理,爲天皇一炁地皇一炁太空虛中相合化,金木五星爲中宮,合乾坤八卦,保護化神,乃仙境主中元人皇之祖炁也。"

這樣的答復,我們看了還是莫明其妙,但黃帝自然是明白的了。傳授三洞經戒法籙略說(正乙部肆字上)裏面的三皇也不是人間的帝王。文云:

三皇者,則三洞之尊神,大有之祖炁。天皇主炁,地皇主神,人皇主生;三合成德,萬物化焉。

這和黃帝所問的三皇相似,他們是尊神,是祖炁,而不是人王。此外我們在太上求仙定錄尺素眞訣玉文(洞眞部玉訣類)中,見到三皇奇異的名諱,是:

天皇君諱闓閔閉闢 四字

地皇君諱閘𨴽閗閉閔開闢 七字

人皇君諱𨳊開𨳊閉闢 五字

這或係符文,然而害我們越發不知道三皇究竟是些什麼樣的人物了。

二二 太一的墮落

太一在西漢是正式的上帝。但到王莽時既改稱皇天上帝太一,後來又單稱皇天上帝或簡稱上帝,便把"太一"忘掉了。如後漢書光武帝紀:

> (建武元年)六月已未,即皇帝位,燔燎告天,禋于六宗,望于羣神,其祝文曰,"皇天上帝,后土神祇,眷顧降命,屬秀黎元。……"

又如獻帝紀:

> 建安元年春正月癸酉,郊祀上帝於安邑,大赦天下。
> 秋七月,車駕至洛陽。…… 丁丑,郊祀上帝,大赦天下。

讀此可知那時的天神,最貴的是皇天上帝,而太一的尊嚴已在不知不覺之間漸漸衰落了下去。

到東晉,晉書禮志一云:

> 明帝太初三年(西元三二五)七月,始詔立北郊,未及建而帝崩。及成帝咸和八年(三三三)正月,追述前旨,於覆舟山南立之天郊,則五帝之佐,日,月,五星,二十八宿,文昌,北斗,三台,司命,軒轅,后土,太一,天一,太微,勾陳,北極,雨師,雷,電,司空,風伯,老人,凡六十二神也。

太一這一跌真跌得可以,他只是五帝之佐的同輩了,他只是六十二神中的一神了!從此以後,他就與上帝合不攏來。

後來呢?隋書禮儀志一云:

> 梁陳以降,以迄于隋,議者各宗所師(按:指鄭玄王肅二家),故郊丘互有變易。梁南郊,……用一特牛祀天皇上帝之神於其上,……五方上帝,五官之神,太一,天一,

日,月,五星,二十八宿,太微,軒轅,文昌,北斗,三台,老人,風伯,司空,雷,電,雨師皆從祀。

這把太一更顯明地定爲"從祀,"他的地位還不及五方帝,哪能仰攀皇天上帝咧!

在北朝,太一所受的待遇也差不多。魏書禮志一云:

(太祖)二年(西元三九九)正月,帝親祀上帝于南郊,以始祖神元皇帝配。……　爲壇埒三重。天位在其上,南面;神元西面。……　五精帝在壇內壝內:四帝各於其方,一帝在未。日,月,五星,二十八宿,天一,太一,北斗,司中,司命,司祿,司民,在中壝內,各因其方。其餘從食者合一千餘神,餞在外壝內。……　上帝神元用犢各一;五方帝共用犢一;日月等共用牛一。

他們把天神分成四級:上帝爲第一級,五精帝爲第二級,太一們爲第三級,許多的小神爲第四級。

及至唐,唐書禮樂志一云:

設昊天上帝神座於壇上,北方南向。……　五方帝,日,月,於壇第一等。……　五星,十二辰,河漢,……於第二等十有二陛之間,各依其方:……　北辰座於東陛之北,曜魄寶於北陛之西,北斗於南陛之東,天一太一皆在北斗之東,五帝內座於曜魄寶之東,皆差在前。二十八宿……於第三等。……

這比較魏的制度顯然又有不同。日,月本在第三級的,這裏升到第二級了。二十八宿本也在第三級的,這裏降到第四級了。曜魄寶,在鄭玄時代就是皇天上帝,現在也和太一享受同一的命運落到第三級了。漢朝人看天上的一粒星做上帝,唐朝人則把上帝升到沒有形像表現的地位,而以"日月"下上帝一等,"星"下上帝二等,這不能不說是理智的進步。

推原太一的地位所以弄到這樣降落的緣故,我們不能不說是由於當時天文學說的轉變。那時的星占家也正在順着時代的要求,修改舊有的星圖。甘公星經(隋蕭吉五行大義第二十引)說:

> 天皇太帝本秉萬神圖,一星,在勾陳中,名曜魄寶,五帝之尊祖也。天一,太一主承神(註,承猶侍也),有兩星在紫微宮門外,俱侍星天皇太帝。天一主戰鬭,知吉凶。……太一主風雨,水旱,兵革,飢疫,災害,復使十六神遊於九宮。天一是含養萬物,太一是察災殃,是爲天帝之臣。

晉書天文志一說:

> 鈎陳口中一星曰天皇大帝,其神曰耀魄寶,主御羣靈,執萬神圖。
>
> 天一星在紫宮門右星南,天帝之神也,主戰鬭,知人吉凶者也。太一星在天一南,相近,亦天帝神也,主使十六神知風雨,水旱,兵革,飢饉,疾疫,災害所在之國也。

晉書天文志係唐李淳風等根據晉武帝時太史令陳卓總甘,石,巫咸三家所定的星圖而作的,故其記天皇大帝,天一,太一等星名和甘公星經同而與史記天官書異。天官書中沒有天皇大帝星,其天一也只是陰德三星的別名,不是後來的天一星。天官書說:

> 天極星:其一明者太一常居也。

這個太一常居的星是北極五星中最赤明的一個,也不是後來

的太一星。晉書天文志裏對於北極五星說:

> 北極,北辰最尊者也。……第一星主月,太子也。第二星主日,帝王也,亦太乙之坐,謂最赤明者也。第三星主五星,庶子也。（卷一）

東漢以後,天皇大帝旣執行主御羣靈的職務,太一降爲臣職,退到紫微宮門外,掌管風雨水旱等事,北極的第二星也就徒擁帝王的虛名,毫無實權了。因此,太一在晉代只是郊天時所祀的六十二神之一。他和天一,太微,勾陳等星旣站在同等的地位,政府舉行南郊時,他就不得不以星官的資格位於從祀之列了!

從晉到唐五百年,這位消沈的太一總算交了兩回幸運。其一在陳時,隋書禮儀志二云:

> 陳制:……又令太中署常以二月八日於署庭中以太牢祠老人星,兼祠天皇大帝,太一,日,月,五星,鉤陳,北極,北斗,三台,二十八宿,大人星,子孫星,都四十六坐。

在祠老人星時,太一得與天皇大帝並列,同享太牢,行次也排在日,月,五星之上,豈不是不幸中之大幸。又一次在唐時,舊唐書蕭宗本紀:

> （乾元元年 西元七五八）六月,……己酉,初置太一神壇於圓丘東。是日,命宰相王璵攝行祠事。

這又是一個特典。除此之外,太一天一二星俱只有以內官資格從祀,和當年萬能的上帝相去太遠了!

因爲太一只是一個官,所以就有人替他定出俸祿的數額。唐段成式酉陽雜俎云:

> 太一君,諱臘,天秩萬二千石。（諾皐紀上）

這數目也不算小了,抵得過人間的宰相了。 他雖說從帝王的地位跌到官吏,還算享有華貴的生活呢。

他的地位的變遷,天文學說固有很大的力量,但民間流傳的故事也一樣於他有不利。 拾遺記云:

> 劉向於成帝之末校書天祿閣,專精覃思。 夜有老人著黃衣,植青藜杖,登閣而進。 見向暗中獨坐誦書,老父乃吹杖端煙燃,因以見向,說開闢已前。 向因受五行洪範之文。…… 至曙而去。 向請問姓名,云"我是太一之精,天帝聞卯金之子有博學者,下而觀焉。"
>
> （卷六）

看這一說,太一是受天帝的命令而降觀的,當然是天帝的屬僚。又廣異記中有二事。 其一云:

> 唐仇嘉福者,京兆富平人,家在簿臺村,應舉入洛。出京,遇一少年,狀若王者,裘馬僕從甚盛,…… 乃以後乘見載。 數日,至華岳廟,謂嘉福曰,"吾非常人,天帝使我案天下鬼神,今須入廟鞫問。……"…… 嘉福出堂後幕中,聞幕外有痛楚聲;抉幕,見已婦懸頭在庭樹上,審其必死,心色俱壞。 須臾,貴人召還,見嘉福色惡,問其故,具以實對。…… 貴人驚,…… 遂傳教召岳神。神至,問"何以取簿臺村仇嘉福婦致楚毒?"…… 判官自後代對曰,"此事天曹所召,今見書狀,送"。 貴人令持案來,左右封印之,至天帝所,當持出,已自白帝。顧謂岳神,"可卽放還!" 因謂嘉福,"……宜速還富平。" 因屈指料行程,云"四日方至,恐不及事,當以駿馬相借。 君後見思,可於淨室焚香,我當必至。"……

嘉福上馬,便至其家。家人倉卒悲泣,嘉福直入,去婦面衣候氣,頃之遂活。……

　　　後歲餘,嘉福又應舉之都,至華岳祠下,遇鄧州崔司法妻暴亡,哭聲哀甚,惻然憫之,躬往詣崔,令其輟哭,許為料理。崔甚忻悅。嘉福焚香淨室,心念貴人;有頃遂至。歡叙畢,問其故,"此是岳神所為,賊可留也。為君致二百千;先求錢,然後下手。"因書九符,云,"先燒三符;若不愈,更燒六符,當還矣。"言訖,飛去。嘉福以神言告崔,崔不敢違。始燒三符,日晚未愈。又燒其餘,須臾遂活。崔問其妻,"初入店時,忽見雲母車在階下,健卒數百人各持兵器,羅列左右,傳言'王使相迎';倉卒隨去。王見,喜。方欲結歡,忽有三人來云,'太乙神問何以奪生人妻?'神惶懼,持簿書云,'天配為己妻,非橫取之。'然不肯遣。須臾,有大神五六人持金杵至王庭,徒衆駭散;獨王立樹下,乞宥其命。神遂引還。"嘉福自爾方知是太乙神也。……(見太平廣記卷三〇一仇嘉福條)

太乙神能與生人結交,能為人救還妻子,且能為人索醫治費,覺得他是非常近人情的一個神。他的權力,在天帝之下而在岳神之上。其二云:

　　景雲中,河東南縣尉李某妻王氏有美色,著稱三輔。李朝趨府未歸,王裝梳始畢,焚香閑坐,忽見黃門數人御犢車,自雲中下,至堂所。王氏驚問所以,答曰,"華山府君使來奉迎。"辭不獲,……揮淚而行,死於堦側。俄而綵雲捧車,浮空冉冉,遂滅。李自府還,……

撫屍號慟,絕而復蘇者數四。 少頃,有人詣門,自言能活夫人。 李磬折拜謁,求見衛護。 其人坐牀上,覓朱書符。 朱未至,因書墨符飛之。 須臾,朱至,又飛一符。 笑謂李曰,"無苦,尋當活。" 有頃,王氏蘇。 李拜謝數十,竭力贈遺。 人大笑曰,"救災恤患,焉用物乎!"遂出門不見。 王氏既悟,云,"初至華山,見王,王甚悅。……晏樂畢,方申繾綣,適爾杯酌,忽見一人乘黑雲至,云'太一令喚王夫人!' 神猶從容,請俟畢會。 尋又一人乘赤雲,大怒曰,'太一問華山何以輒取生人婦! 不速送還,當有深譴!' 神大惶懼,便令送至家。"(見太平廣記卷三〇〇河東縣尉妻)

華山神老要搶奪別人的妻子,太一神卻老要跳出來打抱不平,因爲他的地位優越,所以總是他得到勝利。 他是把"救災恤患"做主義的。 道教中的太乙救苦天尊大約即由此來。

宋代的太一像是很瀟洒的。 李公麟曾畫太一圖,韓駒題詩云:

太乙眞人蓮葉舟,脫巾露髮寒颼颼。 輕風爲帆浪爲檝,臥看玉宇浮中流。 中流蕩漾翠綃舞,穩如龍驤萬斛擧。 不是峰頭十丈花,世間那得蓮如許。 龍眠畫手老入神,尺素幻出眞天人。 恍然坐我水仙府,蒼煙萬頃波鱗鱗。……(聲畫集卷二)

這樣,簡直把太一看做一個落拓不羈的名士,和莊嚴的天帝如何合得攏來! 但據許地山先生說,這恐怕是從佛教中鈔襲來的。 佛教的神有毘紐天(Vishnu),一名徧入天,是保衛世界的神。 他睡在龍身上,蓮花從他身上擁起,梵天據之而坐。 印度人本是崇拜蓮花的,常拿它作宇宙的象徵。太一也是保衞世界的神(見下太一在道敎中的地位章),所以就把毘紐天的形相給他借用了。

宋江休復鄰幾雜志中又有記事一則,云:

洛陽北有山泉,……有廟,即太一之祠,俗號爲"聖王。"

近因旱,中使請禱得雨,乃請封爲淸淵侯。

可憐得很,太一竟降爲侯爵了! 受他管轄的岳神尙且封王,現在他的地位連岳神也不及了! 他墮落到這樣,決不是稱"皇天上帝泰一"時所能想到的呵! 不過,他的運氣還沒有完,他還有一塲轟轟烈烈的事業在後頭咧。

二三　太一下行九宮和太一的分化

我們知道後漢時有一種占卜的方法叫"九宮,"和"卦候""風角"等同是很有靈驗的,張衡一班儒者都相信它。但"九宮"的起源什麼樣,卻因材料缺乏很難查考了。易緯乾鑿度有這樣一段話:

> 易一陰一陽合而爲十五之謂道。陽變七之九,陰變八之六,亦合之十五,則象變之數若一。陽動而進,變七之九,象其氣之息也。陰動而退,變八之六,象其氣之消也。故太一取其數以行九宮,四正四維皆合於十五。

鄭玄注"太一取其數以行九宮"道:

> 太一者,北辰之神名也。居其所曰太帝,行於八卦日辰之間曰天一,或曰太一。出入所遊息於紫宮之內外,其星因以爲名焉。故星經曰,"天一,太一主氣之神。"行,猶待也。四正四維以八卦神所居,故亦名之曰宮。天一下行,猶天子出巡狩,省方岳之事;每卒則復。太一下行八卦之宮,每四乃還於中央,中央者北辰之所居,故因謂之九宮。

據鄭玄的註解,九宮乃是太帝的紫宮和他的四正四維八個行宮。天上的太帝也和人間皇帝一樣,常常要巡狩的。在他出來的時候,稱天一,或稱太一。鄭玄又說明太一巡行的次第道:

> 太一下九宮,從坎宮始。坎,中男;始,亦言無適也。自此而從於坤宮;坤,母也。又自此而從震宮;震,長男也。又自此而從巽宮;巽,長女也。所行者半矣,還息於中

央之宮。既又自此而從乾宮;乾,父也。自此而從兌宮;兌,少女也。又自此而從於艮宮;艮,少男也。又自此從於離宮;離,中女也。行則周矣,上遊息於天一,太一之宮,而返於紫宮。

如今我們依着易說卦傳的方位,畫一個太一巡行九宮次第圖:

```
              南
    巽     離     坤
    四     九     二
東   震    中央    兌   西
    三     五     七
    艮     坎     乾
    八     一     六
              北
```

我們看,這不是朱夫子周易本義前面所畫的洛書嗎？這圖內數字的排列非常巧妙。縱,橫,斜徑,三數相加皆得十五。但它們究竟和陰陽消息有什麼關係？何以要說"四正四維皆合於十五"？看了鄭玄的詳細註解,還是不能明白,卻無法追究了。

東漢以後的術數有太一,遁甲,六壬三派,都和這太一行九宮法有關係。神其說者又去託始於黃帝,風后及九天玄女。隋書經籍志子部五行類二百七十二種書大半是屬於太一,遁甲,六壬的。但是述作一多,見解便很難一致。況且"太一行九宮"原是一種莫名其妙的理想,各家儘可按往舊造說,是永不會拆穿的。前章講到在六朝時太一和太帝的分家,那時的術數家對於下行九宮的太一便不能依照鄭玄的說法了。所以黃

太一下行九宮和太一的分化

帝九宮經(五行大義第二十引)說:

　　天一之行始於離宮,太一之行始於坎宮。天一主豐穰,太一主水旱兵飢,合十二神遊行九宮十二位,從少之多。

玄女式經(同上引)云:

　　六壬所使十二神者:神后主子,水神;大吉主丑,土神;功曹主寅,木神;大衝主卯,木神;天剛主辰,土神;太一主巳,火神;勝先主午,火神;小吉主未,土神;傳送主申,金神;從魁主酉,金神;河魁主戌,金神;徵明主亥,水神。

五行大義(同上)云:

　　九宮十二神者:天一在離宮,太一在坎宮,天符在中宮,攝提在坤宮,軒轅在震宮,招搖在巽宮,青龍在乾宮,咸池在兌宮,大陰在艮宮。……太一行於九宮,一歲一移,九年復位。……又別有青龍……太陰……害氣,合為十二神。

五行大義又載太一十六神,遁甲九神,八使之神等名字,使人一看就要眼花,恕不多抄了。至於太一巡行一次所費的時間,靈樞經說:

　　太一常以多至之日居叶蟄之宮四十六日。明日居天留四十六日。明日居倉門四十六日。明日居陰洛四十五日。明日居天宮四十六日。明日居玄委四十六日。明日居倉果四十六日。明日居新洛四十五日。明日復居叶蟄之宮,日多至矣。

費了一年的時間巡行了八宮,中央招搖宮未得休息。這樣一年一度的巡行,注重在四正四維的八宮,還和鄭玄乾鑿度注說法相近。 照後來的說法,九宮每一宮內都有一個神,坎宮的神移到坤宮的時候,坤宮的神同時移到震宮,如此九神同時移動。五行大義說"一歲一移,九年復位,"是一歲九神移動一次也。

這些民間的迷信醞釀到唐朝,勢力漸漸地濃厚。 到玄宗天寶三年(西元七四四),運動成熟了,遁甲九神竟一躍而爲國家的正式祀典。 唐書玄宗本紀說:

天寶三載冬十二月癸丑,祀九宮貴神於東郊,大赦。

舊唐書禮儀志云:

天寶三年,有術士蘇嘉慶上言,請於京東朝日壇東置九宮貴神壇。 其壇三成,成三尺,四階。 其上依位置九壇,壇尺五寸。 東南曰招搖,正東曰軒轅,東北曰太陰,正南曰天一,中央曰天符,正北曰太一,西南曰攝提,正西曰咸池,西北曰青龍。 五爲中,戴九履一,左三右七,二四爲上,六八爲下,符於遁甲。 四孟月祭。 尊爲九宮貴神,禮次昊天上帝,而在太清宮太廟上;用牲牢璧幣類於天地神祇。 玄宗親祀之。 如有司行事,即宰相爲之。(卷四)

據會昌元年撿校尙書左僕射王起等奏議,九宮貴神的位列星坐是依據黃帝九宮經和五行大義的,立表如下:

宮數	方隅	神	星	卦	行	色	附記
一	北	太一	天蓬	坎	水	白	白一
二	西南	攝提	天內	坤	土	黑	土一
三	東	軒轅	天衝	震	木	碧	木一
四	東南	招搖	天輔	巽	木	綠	木二
五	中	天符	天禽	離	土	黃	離一,土二
六	西北	青龍	天心	乾	金	白	金一,白二
七	西	咸池	天柱	兌	金	赤	金二
八	東北	太陰	天任	艮	土	白	土三,白三
九	南	天一	天英	離	火	紫	離二

看此表,可知他們用八卦來配九宮,離便複了一次;用五行來配九宮,木金各複了一次,土複了兩次。 至於顏色,他們打破五行說的"青,赤,黃,白,黑"五色而成"白,黑,碧,綠,黃,赤,紫"七色,白色複了兩次。

舊唐書肅宗本紀云:

> 乾元二年(西元七五九)正月,親祀九宮貴神。宿齋於壇所。

舊唐書禮儀志云:

> 乾元三年(恐是二年之誤)親祀之(指九宮貴神)。初,九宮貴神四時改位,呼為"飛位。"乾元之後不易位。(卷四)

又舊唐書禮儀志記天寶三年敕(在會昌元年中書門下奏內):

> 九宮貴神實司水旱,功佐上帝,德庇下人。冀嘉穀歲登,災害不作,每至四時初節,令中書門下往攝祭者。

玄宗於天寶三年,肅宗於乾元二年,皆曾親祀九宮貴神。 皇帝不能親到時也得親署御名,稱臣於貴神之前。九宮貴神在當時係次於昊天上帝而高於太廟,其祀典之隆重可知。 到了文宗時,因有儒臣反對,乃降爲中祀。舊唐書禮儀志說:

> 太和二年(西元八二八)八月,監察御史舒元輿奏:"七月十八日,祀九宮貴神。……伏見祝版九片。臣伏讀旣竟,竊見陛下親署御名,及稱臣於九宮之神。臣伏以天子之尊,除祭天地宗廟之外,無合稱臣者。王者父天母地,兄日姊月。……此九神於天地猶子男也;於日月猶侯伯也。陛下尊爲天子,豈可反臣於天之子男耶!……" 詔都省議,皆如元輿之議;乃降爲中祠,祝版稱皇帝,不署。(卷四)

又新唐書(卷一六〇)崔元式傳附載崔龜從云:

> 太和初遷太常博士,最明禮家沿革,……定……九宮皆列星,不容爲大祠。……… 詔可其議,九宮遂爲中祠。

這又是儒生戰勝方士的一件故事。

到唐武宗會昌元年(西元八四一),因累年以來,水旱愆候,增重九宮之祀。至二年,左僕射太常卿王起等獻議云:

> 今九宮貴神旣司水旱,降福禳災,人將賴之;追舉舊章,誠爲得禮。…… 伏請自今以後,卻用大祠之禮,誓官備物,無有降差;惟御署祝文,以社稷爲本(比),伏緣已稱臣於天帝,無二尊故也。(舊唐書禮儀志卷四)

於是太一們又得以水旱之災而恢復玄宗時的地位,所差的只天子不稱臣這一事而已。

不知何時,九宮貴神又降爲中祀。宋眞宗咸平四年(西元一〇〇一),駕部員外郎杜鎬上言:

> 按封禪書．"天神貴者太乙，太乙佐曰五帝．" 今禮以
> 五帝為大祠，太乙為中祠。況九宮所主風雨霜雹疾
> 疫之事，唐朝玄肅二宗並嘗親祀。…… 欲望復為大
> 祀。(文獻通考卷八〇)

真宗是一個篤信道教的人，祀神不厭其敬，就應允了。這也算一回小小的復古。

　　逐年飛位，是太一行九宮的本義。但自唐肅宗之後，已久不行。宋仁宗景祐二年(西元一〇三五)，學士章得象等上言：

> 司天監生于淵…… 請改祀九宮太一，依逐年飛移位
> 次之法。案邵良遇九宮法有飛棋立成圖，每歲一移，
> 推九州所主災福事。又唐術士蘇加慶始置九宮神
> 壇，…… 歲祭以四孟，隨歲改位行棋，謂之飛位。……
> 今于淵等所請合天寶初祭之禮，又合良遇飛棋之圖。
> …… 議者或謂不必飛宮，若日月星辰躔次周流而
> 祭有常所，此則定位之所當從也。若其推數於回復，
> 候神於恍惚，因方弭沴，隨氣考神，則飛位之文固可遵
> 用。請依唐禮，遇祭九宮之時，遣司天監一員詣祠所，
> 隨每年貴神飛棋之方旋定祭位。仍自天聖已巳入
> 曆，太一在一宮，歲進一位，飛棋巡行，周而復始。(宋史卷
> 一〇三，禮六)

仁宗照准了。我們翻開現在的黃曆，上邊的"貴神方"每年一改，這就是太一飛棋巡行的位次。

　　九宮貴神的祀典是唐代天寶三年以後根據術士之說所建立而宋代遵行的。但民間對於太一下行九宮一事，其說不一。遁甲九神得立為國家祀典，而其他各家說未見重視，亦有

146　　　三　　皇　　考

幸有不幸耳。唐開元間王希明奉敕編太一金鏡式經。他說：

> 自太公張良以下，至李淳風別起"太一新曆。"

在這部書中所載的却不是天寶間祠祀的九宮貴神，而是：

> 太一十神：五福，君棋，大遊，小遊，天一，地一，四神，臣棋，民棋，直符：皆天之尊神。行五宮，五行而周。

這十個太一的名字也煞是好玩。天一，地一本與太一並立為三一的，現在則稱為天一太一，地一太一，天一和地一只是太一的冠號了。君棋，臣棋，民棋，一看就知道是理性下的判別。大遊，小遊，大約是從太一飛移巡行上想出來的。

唐憲宗時，劍南西川節度使劉闢有跋扈之意。新唐書（卷一五八）劉闢傳說：

> 以術家言五福太一舍於蜀，乃造大樓以祈祥。

此所謂五福太一當係太一金鏡式經中"太一十神"的領袖。太一十神未得享受政府的祀典，却先受藩鎮的欵待了。到了宋代，十神太一交了幸運，他們地位的被人尊敬竟達到九宮貴神之上。遼史太祖本紀說：

> 九年（西元九二四），君基太一神見，詔圖其像。

這件事沒有詳細的記載，不知其究竟。但太一神上有了"君基"二字，足見其神名又有些更變。

宋史太宗本紀云：

> 太平興國六年（西元九八一）十月甲午，詔作蘇州太乙宮成。
>
> 太平興國八年（西元九八三）五月（按，應蒙東太一宮碑銘作三月，文見道藏洞神部記傳類）丁卯，詔作太一宮於都城南。十一月己未，太一宮（即東太一宮）成。

這太一宮不卽是九宮貴神壇,顯見太一神又另有一番活動。自此以後,關于太一宮的事情,史上記載不絕:

(眞宗)大中祥符二年(西元一〇〇九)二月己巳,幸上淸宮祈雨。戊申,遣使祠太一。(宋史眞宗本紀)

(仁宗)天聖二年(西元一〇二四)九月辛卯,祠太一宮。

天聖六年(西元一〇二八)三月壬戌,作西太一宮。九月癸卯,祠西太一宮。十二月癸亥,祠西太一宮。

天聖九年(西元一〇三一)九月癸亥,祠西太一宮。

慶曆七年(西元一〇四七)三月辛丑,祈雨於西太一宮。(以上俱仁宗本紀)

(神宗)熙寧四年(西元一〇七一)十一月乙亥,作中太一宮。

熙寧六年(西元一〇七三)十一月癸丑,中太一宮成,減天下囚罪一等,流以下釋之。乙卯,親祀太一宮。(以上俱神宗本紀)

神宗詔改定大祀:太一東以春,西以秋,中以夏,冬增大蜡爲四。(宋史卷九八,禮志一)

(哲宗)紹聖四年(西元一〇九七)九月癸酉,謁中太一宮,爲民祈福。(哲宗本紀)

自從太宗立了東太一宮,仁宗立了西太一宮,神宗又立了中太一宮,太一的祀典可謂絢爛已極。爲什麼到了北宋,他這樣興盛呢? 文獻通考(卷八〇)引宋高宗紹興十八年(西元一一四八)禮官奏云:

太平興國(太宗)初,司天楚芝蘭建言,"太一有十,曰五福,君基,大遊,小遊,天一,臣基,直符,民基,四神,地一,天之尊神也。五福所在無兵疫,人民豐樂。自雍熙元年入巽宮吳分蘇州,請建宮都城南蘇村,以應蘇臺之名。"乃建東太一宮。八年宮成,合千一百區。(按本紀太平興國六年之蘇州太乙宮當即此宮,而八年都城南之太一宮似亦即此宮,或六年始造,八年完成。) 凡十殿,四廊,圖三皇,五帝,九曜,七元,天地水三官,南斗,三台,二十八宿,天曹,四司,十精,泰一,五嶽,儲副,佐命,十二山神,八卦,六丁,五行,四瀆,本命等神,及四直靈官,三十六神將像五百二十四軀。

天聖(仁宗)六年,司曆者言泰一入蜀之坤宮,又建西宮於八角鎮,前後東西凡四殿,又建齋殿,塑像自內出,始鑄印給之。

熙寧(神宗)四年十月,司天言甲寅五福當入中都,又建中宮於集禧觀。

政和(徽宗)間,改龍德宮為北泰一宮。

今四立日皆望祀太一於惠照設位,宜擇地建宮。高宗就詔兩浙漕臣照辦了。

據徽宗時所頒政和五禮新儀(宋史禮志六引),有祀十神太一的制度:

立春日祀東太一宮;立夏,季夏土王日祀中太一宮;立秋日祀西太一宮;立冬日祀中太一宮。

宮之真室殿,五福太一在中,君基太一在東,太游太一在西,俱南向。延休殿四神太一,承釐殿臣基太一在東,西向北上。凝祐殿直符太一,臻福殿民基太一在西,東向北上。 膺慶殿小游太一在中,天一太一在東,地一太一在西;靈貺殿太歲在中,太陰在西:俱南向。 三皇,五方帝,日,月,五星,二十八宿,十日,十二辰,天地水三官,五行,九宮,八卦,五岳,四海,四瀆,十二山神等並為從祀。 東,西太一宮準此。

三皇,五方帝等居然列於從祀,足見這太一確有上帝的派頭,他幾乎回復了西漢時的地位。 再九宮亦是配祀,怎麼自己配起自己來了?

十神太一的地位並不平等,而以五福太一為最高。 當神宗熙寧四年,司天中官正周琮奏(見宋史禮志六)云:

太一經推算,七年甲寅歲,太一陽九百六之數,復元之初。 故經言太歲有陽九之災,太一有百六之厄,皆在入元之初。 終今陽九百六當癸丑甲寅歲,為災厄之會。 然五福太一移入中都,可以消異為祥。 竊詳五福太一自國朝雍熙元年甲申歲入東南巽宮時,修東太一宮;天聖七年己巳歲五福太一入西南坤位,修西太一宮。 請稽詳故事,崇建祠宇,迎之京師。

神宗依了他,詔建中太一宮於集禧觀。 但關于他們的冠服,曾有一度異議:

太常禮院言,"中泰一宮冠服依東西泰一,而東西泰一惟五福君基冠通天冠,大遊以下皆冠道冠。 按史記'天神貴者泰一,泰一佐者五帝,'又方士言十泰一皆天之尊神,請並用通天冠,絳紗袍。" 從之。(文獻通考卷八〇)

雖說待遇平等了,而五福終居最尊貴的地位,我們看徽宗時的太一宮仍是五福居中而南向的。 我們若問五福太一何以取得最高的地位,這只要看宋扈蒙的東太一宮碑銘(道藏洞神部記傳類)便可知曉。 文云:

……又聞諸陰陽家流云,太乙之神其類非一,則有君基臣基之號,大遊小遊之名,或則司水旱之權,或則主兵荒之沴;唯五福太乙上循五宮,下視九土,所至則民皆富壽,所臨則歲必豐稔。 詩謂百凶以之而不作,書云五福由之而必臻,蓋七曜之歲星,四時之春令也。 則知歷代英主,前朝舊章,尊而祀之,良有以也。……

原來這是一位專降福利的神靈!

那時既有九宮貴神,又有十神太一,不衝突嗎? 看哲宗元祐七年(西元一○九二)監察御史安鼎的奏書(宋史禮志六),則是不衝突的。 奏云:

按漢武帝始祠太一一位。 唐天寶初,兼祀八宮,謂之九宮貴神。 漢祀太一,日用一犢,凡七日而止。 唐祀類於天地。 今春秋祀九宮太一,用羊豕;其四立祭太一宮十神,皆無牲,以素饌加酒焉。

載詳星經,太一一星在紫宮門右,天一之南,號曰天之貴神。 其佐曰五帝。 飛行諸方,躡三能以上下,以天極星其一明者爲常居。 主使十六神,知風雨,水旱,兵革,饑饉,疫疾,災害之事。 唐書曰,"九宮貴神寶司水旱;太一掌十六神之法度以輔人極。" 國朝會要亦云,"天之尊神及十度,十六度並主風雨。" 由是觀之,十神太一,九宮太一與漢所祀太一共是一神。 今十神皆用素饌,而九宮並薦羊豕,似非禮意。

讀此可以知道,十神太一是吃素的而九宮貴神是吃葷的。安鼎很會懷疑,以爲這兩種神都出于漢的太一,不當吃不同的祭菜。哲宗便詔禮官詳定。禮官道:

> 十神,九宮太一各有所主,卽非一神。故自唐迄今,皆用牲牢。別無祠壇,用素食禮。(同上)

經這樣一說,似乎這兩種神又應當分開;至於祭菜,吃葷是沿襲唐制,吃素是宋家創制,也並不衝突。太一神就在這樣矛盾的制度之下生存着。

二四　太一在道教中的地位

太一由方士之力起家,賴漢武帝的好神仙,漸漸升到了上帝的地位;不幸,自從王莽們給他加冠之後,反把他的本來名字埋沒了。後來雖由隱復顯,由整而分,究竟沒有回復到原來的身分。然而失於彼者得於此,雖不見容於政治舞臺,郤還有宗教中的出路。

道教中的神名"太一"的,真是多不可計,而其中活動最力,最有大功德於人類的是太一救苦天尊。太一救苦護身妙經(在洞玄部,本文類)云:

> 天尊曰,"萬物吾生,萬靈吾化,遭苦遭厄,當須救之。……　此東方長樂世界有大慈仁者太一救苦天尊,化身如恒河沙數,物隨聲應,或住天宮,或降人間,或居地獄,或攝羣邪,或為仙童玉女,或為帝君聖人,或為天尊眞人,或為金剛神王。……

元始天尊是很負責的,對于他自己造出的萬物萬靈,看他們(它們)受災受難,覺得很抱歉,所以他想了個補救的辦法,派一個太一救苦天尊去作救護的工作,這位天尊有化身萬億的神通。

> 老君重奏曰,"此之神威有無量變化,如何得至我師御前?"天尊告老君曰,"汝可舉聲唱太一之名,使仙官齊詠,自然應現化身。"於是老君衆仙等遵其教旨,齊聲稱詠"太一救苦天尊"之名。忽見帝君班中有童子一人,步步蹈於蓮花,稽首至天尊前奏曰,"臣乃太一,為我師開化說法,臣集相聚形,聽宣妙音。中天快樂一時,地下動經萬劫,三界之中,羣生受苦。"高

> 聲叫喚，"苦哉！ 苦哉！" 旋繞天尊，禮拜俯伏，乞下天
> 關。

一個足踏蓮花的童子，便是這位天尊的化身；他以為天上快樂一時，地下已經過了多少災厄，衆生苦極了，怎忍不下天關。天尊應許他道：

> 汝行願慈悲，衆生受苦，依汝行願，分身救之。

於是：

> 童子喜笑，再拜而退。 衆仙觀見童子化一天尊，足踏蓮花，圓光照耀，手執柳枝淨水，九頭獅子，左右隨從，乘空而去。

這豈不是佛家救苦救難的觀世音菩薩：又是蓮花，又是柳枝，又是淨水？ 這又作一度的剿襲！ 不知道為什麼，觀音大士和太一救苦天尊救苦救難了這些年，人間的苦痛還是不曾消滅？

靈寶領教濟度金書(在洞玄部，威儀類)卷九十六第三有太一救苦天尊的全副稱呼，是：

> 東極天中長樂宮赤圓光內紫金容大聖，神通廣度沈淪九幽教主大慈仁者，尋聲赴感應念垂慈億億劫中度人無量大慈大悲大智大慧太一救苦天尊。

好難記！ 他的住處，他的功德全具備了。

太一救苦天尊也簡稱太一天尊，而太上洞玄靈寶業報因緣經(洞玄部，本文類)說他是太上道君的化身，因此，他在道教中的地位是數一數二的，太極祭鍊內法議略(洞玄部，方法類)云：

> 元始以一炁肇造化而生萬物之根，太一導萬物歛造化而還一炁之源。 元始天尊開其始，太一天尊歸其終，論名雖殊，論理則一。 以玉皇言之，太一天尊獨運慈

154　　三　　皇　　考

悲之化,玉皇雙任生殺之權。太一天尊之妙則在玉
皇之上,其權則在玉皇之下。

太一救苦天尊曾向元始稱臣,而此處云與元始有相等的妙處,元始以一氣生萬物,太一復使之返於本源;無元始則萬物莫由生,無太一則將下流而不返。玉皇掌大權能生能殺,太一則慈悲爲懷。似此,他與元始玉皇是鼎足而立的了。

其他的神名叫"太一"的,道藏中觸目皆是,地位似皆在太

這一幅照片攝於北平西郊藍靛廠廣仁宮(俗呼娘娘廟)的後殿。這座廟宇已很破敗,後殿沒有匾額,但階下有一塊斷碑,是明崇禎十年(西元一六三七)三聖善會立的,碑名爲"太乙天尊碑記。"殿上有三位神像,拿碑文來對照,知道東邊的是東嶽天齊,西邊的是北陰酆都,而中間的一位便是太乙救苦天尊。照這樣看來,這座殿應當名爲三聖殿。

一天尊下,且無甚事跡可言,今略舉如次:

1. 東方三元太一慶生眞君
2. 南方三元太一廣明眞君
3. 西方三元太一神虎眞君
4. 北方三元太一隱道眞君
5. 東北三元太一鬼策眞君
6. 東南三元太一本生眞君
7. 西南三元太一坤母眞君
8. 西北三元太一大老眞君
9. 上方三元太一天岮眞君
10. 下方三元太一地岣眞君

　　　(按,以上統稱十方三元太一眞君)

11. 上元九宮太一眞君
12. 中元九宮太一眞君
13. 下元九宮太一眞君

　　　(按,以上統稱三元九宮太一眞君。以上十三名見洞眞部本文類靈寶無量度人上品妙經卷六,太一神變五祖護國禳兵品)

14. 上清紫微碧宮太一大天帝(洞玄部威儀類籙寶領敎濟度金書卷二四七)
15. 太一月孛星君(仝上卷二五一)
16. 太一玉帝(仝上卷二九〇)
17. 太一玄生帝君(仝上卷二九三)
18. 北斗太一玄冥司(仝上卷三〇七)
19. 太一月孛眞君(仝上卷三一六;按,或卽太一月孛星君)

20. 太一十神眞君 (仝上卷三一八)

21. 紫微碧玉宮太一大天帝保制劫運天尊 (洞眞部威儀類太上靈寶朝天謝罪大懺卷三)

22. 六天洞淵大帝伏魔上上太一天尊 (仝上)

23. 太一福神 (太一救苦護身妙經)

24. 太一使者 (金鎖流珠引卷十六)

25. 太一八神使者

26. 下太一

27. 中太一

28. 上太一

29. 太一中臺大使

(以上見太上洞玄靈寶業報因緣經卷四頁十上下持齋品第七,太上道君遣三界十方善惡神靈按行人間條)

30. 九星帝君內嬪名諱皆冠"太一"二字。(見洞玄部譜籙類上清衆經諸眞聖秘卷一；惟同書卷五所錄各內嬪名諱皆冠"空常"二字。)

天上有神,人的身體中也有許多神,這些神誰來監視着?就是太一。雲笈七籤卷十八 (太玄部) 云:

經曰"璇璣者,北斗君也,天之侯王也,主治萬二千神。…… 人亦有之,在臍中；太一君,人之侯王也。……太一君有八使者,八卦神也。太一在中央主總閱諸神,案比定錄,不得逃亡。八使者以八節之日上對太一,故臍中名爲太淵都鄉之府也。……"

經曰,"臍者,人之命也,一名中極,一名太淵,一名崑崙,一名特樞,一名五城。五城中有五眞人,五城者五帝也。五城之外有八使者,八卦神也,幷太一爲九卿。八卦之外有十二樓者,十二太子,十二大夫也,幷三焦神合爲二十七大夫,四支神爲八十一元士。故五城眞人主四時上計,八神主八節日上計,十二大夫主十月以晦日上計。月月不得懈息,即免上計事。…………故太一常以晦朔八節日夜半時五城擊鼓,集召諸神,校定功德。………"

臍是人的生命所在,而居人身的中部,所以就做了太一的宮殿。他第一件任務,就是監視着這些神,不使其遁亡;第二件是督促他們於一定的時期上計,不使懈息。所謂"上計,"當然計的是本人的行爲功過;修道的人能得成仙與否大半在於他們的上計,當五城擊鼓,召開諸神會議的時候,就是你能成仙與否的關鍵。所以說"常當存念留之,即長生矣。" "存念留之,"就爲恐怕你忘了諸神在監視着你呢!

其它體內各個重要機關,也全有太一居住。上清衆經諸眞聖秘(洞玄部譜錄類)有:

第一眞法帝君,太一五神,一共混合變爲一大神,在心之內,號曰天精君,字飛生上英。

第二眞法帝君,太一合會,五神混化,內變爲一大神,號曰堅玉君,字凝羽珠。

第三眞法帝君,太一五神,號曰元生君,字黃梅子玄。

第四眞法帝君,太一五神在肝中,號曰靑明君,字明輪童子。

第五眞法帝君,太一五神在脾中,號曰黌光君,字太昌子。

第六真法帝君,太一五神在肺中,號曰上元素玉君,字梁南中童子。

第七真法帝君,太一五神混合化爲一大神,在人兩腎中,號曰玄陽君,字冥光先生。

第八真法帝君,太一五神混合變化爲一大神在膽中,號曰含景君,字北臺玄精。

第九真法帝君,太一五神混合變化爲一大神在泥丸紫房之中,號曰帝昌上皇君,字先靈元宗。

第二,第三,依本書卷五中央黃老君傳,則知一個(第二)在人骨節中,一個(第三)在人精血中;其餘心、肝、脾、肺、腎、泥丸(兩眉間)全有太一五神居住。 所謂五神者,是無英公子、白元尊神、太一、司命、桃康合延,因爲桃康合延居於兩腎,所以叫做五神。 無英公子是肝神,白元尊神是肺神,太一在膽(在膽的太一,據洞真部玉訣類元始无量度人上品經注卷三所說亦總衆神,諱務猶收,字歸會昌;又曰太一真,諱規英,字文化),司命在心。 這樣的五神又能合併爲一大神。 而如肺、肝、心等部旣然有此大神,又有不混合之一神存在,那麼,他們是怎樣一種關係呢? 這是難以解釋的。 這太一五神據說也和天神是一體,不過是天神的"分釋降炁,下入人身之中"而已,仍然是"時復上遊上清。"

我們知道,先秦諸子們曾經把"太一"用作一種哲學上的名詞,特別是道家喚陰陽未分時的"道"曰"太一。" 道教雖非來自道家,也是託始於老子的,自然,這種"太一,道也"的說法也得收籠來,用以解釋道教中的"道。" 雲笈七籤卷十八(太支部)有云:

經曰,"上上太一者,道之父也,天地之先也。 乃在九

> 天之上,太清之中,八冥之外,細微之內。吾不知其名
> 也,元氣是耳。 其神,人頭鳥身,狀如雄雞鳳凰五色,珠
> 衣玄黃。……"

老子曰,"道生一,"這卻說上上太一是"道"的父親,雖然是元氣,而代表這元氣的神是人頭鳥身,有文彩的軀體好像一隻公雞或一隻鳳凰。 看他還有一個兒子呢:

> 經曰,"無極太上元君者,道君也,一身九頭,或化為九
> 人,……上上太一之子也。非其子也,元氣自然耳。……"

道由元氣所生,道君也由元氣所生,所以說無極太上元君是他的兒子。 但也不可絕對的說是他的兒子,不過他們的關係相當於父子而已。

玄,元,始三氣也叫作眞一,玄一,太一,靈寶无量度人上品妙經卷二十六第四(洞真部本文類)云:

> ……道出而爲神,神化而爲氣。 氣者,未有天地陰陽
> 之先,眞元萬化之祖,道之妙感也。 其氣非色非形,非
> 有非無,不隸陰陽,不屬五行,能生能化,能成能實,爲道
> 之神。…… 內凝玉精,造立混沌,下逮萬類,此氣爲始。
> …… 本名曰一氣,故有眞一,玄一,太一,亦曰玄,元,始
> 三氣;自建植玉京及於泉戶,鬼神人物莫不由之。

爲什麼叫作眞一,玄一,太一呢? 太上昇玄三一融神變化妙經卷下第二(洞真部本文類)云:

> ……萬法之中,唯一是貴。…… 所言玄一,眞一,太一
> 三一。 玄者是空,空虛玄遠,統上无極,統下无基,中觀
> 无邊,故名玄一。 玄者遠也,體性充實,合藏一切,不礙
> 萬物,故名之爲虛。…… 玄者是一,一者是道,性者是

净。真一者是實,理者是正,故名正一。太者是大,能生萬物,包統一切,故名太一。……

道藏中的思想本不統一,論"道"論"氣"亦各有其說法而不相謀,所以我們也只好望文生義地爲它作解釋,而不必強使相同。這裏說未有天地之時,先有"一氣,"因"一氣"之說,故可以叫作真一,玄一,太一,又叫做玄,元,始三氣。上至天上的京城(玉京),下至人物鬼神,莫不由此"一氣"所造成。因爲它空虛玄遠,無極無垠,充滿宇宙之間,所以叫做玄一。但空虛無物,何由而生萬物,那麼必有其實者在,又必有其理在,所以叫做真一(亦作正一;但下文"九一"之中有真一又有正一)。因其能生萬物,包統一切,太者大也,故又可以叫做太一。三氣實一氣,一氣中包有此三德耳。

道教中的"太一"實在太神秘了,不特我們難於洞曉其中的奧義,就是道士們也弄不清楚,所以在太極祭鍊內法議略(洞玄部,方法類)內,有論"太一"的一段話,以解衆人之惑。文云:

或問太一天尊之義,余曰:禮記禮運曰,"禮本於太一,變而爲陰陽,轉而爲四時,"家語曰,"太一者,元氣也,"是推造化之源也。史記天官書曰,"中宮天極星,其一明者,太一常居也,"以其北極中一星不動,故乃爲衆星之主也。莊子曰,"主之以太一,"亦至理也。內觀經云,"太一帝君在頭曰泥丸,"總衆神也。黃庭經云,"太一流珠安崑崙,"乃造化朝元之義也。度人經云,"太一司命,"生神章云,"太一執符,""太一誦之,以具身神,""太一戒觀,"天童經云,"太一執我,"皆神之稱也,非天尊也。如劉向"太一之精,"是亦神也。楚辭"東皇太一,"亦福神也。淮南子云,"太微者,太一之庭;紫宮者,太一之居,"皆星主也。 數有太一數,謂數始於一,而一原於太一,故曰太一數。 其神則五福十神太一星君,即漢所祠太一也。 雷有太一雷,乃月孛也,水之餘炁,水屬一神,其名曰太一。

這位作者把古書中的太一整理了一下,說禮運中的太一和家語中太一是造化的本源;史記天官書中的太一是衆星之主;莊子中的太一是理之至;內觀經中的太一總身中衆神;黃庭經中的太一乃造化返於其本原之謂;度人經,生神章,天童經中的太一皆是神名,而非天尊;劉向說的"太一之精"也是天神;楚辭東皇太一是福神;淮南子中的太一是星主。 又數原於太一,故有太一數。 漢所祠的太一乃五福十神之流。 總其所論,仍不外:1.造化之本源,2.星辰,3.天神,4.人身中之神;此等說法和我們所知的無甚差別。 其下又論太一天尊之義云:

諸經諸法諸書"太一"二字極多,不暇盡議,惟太一天尊"太一"兩字尤爲微妙。 "太"者至也,"一"者不二也。 苟悟至不二之理,能守其至不二之天,則精神魂魄悉聚而不散離。 種種邊非空非色,寂然不動,渾然至眞,還我本然天眞之一,此一者非一之一也,乃我本然之天也。 以一其衆魂不一之妄心,隨心現化,而曰"太一天尊。" 人之生也,耳馳於聲,目馳於色,念念之間以萬事分其天眞之一,故衆生死而爲長夜之魂悟萬化還其天眞之一,故太一天尊能救幽魂之苦。…… 或曰:道生一,太一天尊毋乃幾於數乎? 曰:總萬於一,不一於一,而還我之天於太極未兆朕之前,無形無名,非同非異,故曰太一;至於是,道亦泯矣,況於數乎! 應化之

> 真,不得已而有"天尊"之名。……… 唯人人物物皆具是一,若人一念還一,則十方衆生悉度,故曰爾時救苦天尊徧滿十方界。 然則太一天尊非實居東方也,東方乃天地之生炁,托言東方爲現化之境,以溥生生之恩焉。 太一天尊即道也。

他說太一天尊的"太一"兩字微妙得很,這兩字應當解做"至不二。""至不二"又是什麼呢? 就是人的天真之一。 人如能瞭解這"至不二"的道理而保住這天真之一,則精神魂魄將凝聚而不散離。 但人類自出生以來,目迷於色,耳迷於聲,種種妄想妄念使得他漸漸地失去了天真之一。 若要再一其不一之妄心能隨心而現化,只有仰仗太一天尊的法力,這就是他所以名"太一"天尊之故也。 總萬於一,一仍有數;太一乃還於太極未兆之先,無形無名,非空非色,無所謂道,更不有數,此又在一之先,故乃名之曰太一。 所以又加"天尊"二字者,乃緣於不得已,實則太一天尊也就是道的異名呵!

玉清无極總真文昌大洞仙經注(洞真部玉訣類)卷五,"太一召天魔"注,也有道士們對於"太一"的解釋,云:

> 上卷略釋之"太一"乃水精元氣之所化。 天地之先,一數生水以成象;人生之前,一炁之精感化而成形。 非水无以立天地,非精炁无以立人身。 老子曰,"天得一以清,地得一以寧,神得一以靈,萬物得一以生。" 所以太一爲萬神之宗主,故能執符以召制六天大魔。 大洞經中凡言太一者有十:如上卷"太一務命根,""太一居紫房;"中卷"太一召天魔,""携提太一真;"下卷"太一上元炁,""太一儔丘蘭,""太一揚威明,""上携女

太一,""羽節命太一,""太一景中王"等是。太一之神於五神中併而爲一,是故五臟皆有太一,亦猶天地之間无處无水也。在大道中謂之"太一天尊;"諸天謂之"太一帝君;"九天之中謂之"碧玉宮太一大天帝,"專主水事;斗中謂之"太一五福;"諸地謂之"太一尊神;"雌一女眞謂之"太一元君,"在人謂之"太一之神;"隨處莫不皆有。太一居人腦中,人有罪福,小則太一簡閱奏帝,大則三尸奏事,重則三官鼓筆,所以太一乃人神之領袖也。得一則事畢。孔子曰,"吾道一以貫之。"人得一而生,旣已生矣,復能守一,則此道大明。及至成全,一亦何在,識者宜盡心焉。僧問"萬法歸一,一歸何處?"丹經云,"旣至成時一也无,"蓋欲人無所執著。欲求魚兔,須藉筌蹄;魚兔旣獲,筌蹄可捨。又云,"過河須用筏,到岸不須船,"釋"應无所住而生其心。"

他說"太一"是天地之先,水精元炁所化,人身之所以成形則又爲精炁感化而成。他的意思是說因水精元炁而化太一,因太一而人類萬物得以生,所以他又引老子"天得一以淸……"等話。太一旣爲人類萬物所由生,故爲萬神之宗主。代表至上的"道"的叫作"太一天尊,"其餘在諸天,九天,諸地,人身中亦莫不有太一,而各具名稱。佛家說無處無佛,道家也說無處無太一。末了,他說,人旣得"一"而生,又能守"一,"則能有所成;等到有所成了,也就無所謂"一"了。這也是免去執著的意思;用它作我們渡河的一條船,達彼岸後就不必再管船了。

太一的作用,大之則無物不賅,小之則無微不入;你作一事,動一念,反正逃不了他。他是怎樣的普遍而又深入呵!

二五　太一的死亡

　　周禮中的昊天上帝,甘公星經中的天皇大帝和漢代所祀的太一,其發生的時代和背景雖有不同,而其他位則相等,在後人看起來是沒有多少分別的,因之而有"三位一體"的說法發生。　鄭玄注周禮大宗伯"以禋祀祀昊天上帝"云:

　　　　昊天上帝,冬至圜丘所祀天皇大帝。

他又注爾雅釋天"北極謂之北辰"云:

　　　　天皇,北辰耀魄寶,又云昊天上帝,又名大一常居。　以
　　　　其尊大,故有數名。(周禮大宗伯正義引)

他說"又名大一常居,"是他不明瞭這句話的意義。　在史記天官書裏的"太一常居,"不過是說某一個星是太一所常住的地方而已;昊天上帝又如何成了他的常居? 所以他這個"太一常居,"實在就是武帝及其以後所祀的太一。

　　因爲這位天神本沒有一定的名稱,所以以後祭祀他的時候也就隨意命名,例如三國魏叫做"皇皇帝天,"西晉叫做"昊天上帝,"梁叫做"天皇大帝。"　不想到了唐代,他卻由一而化爲兩了。唐書禮樂志一云:

　　　　設昊天上帝神座於壇上,……耀魄寶於北陛之西。

這分明不承認鄭玄的"天皇北辰耀魄寶,又云昊天上帝"之說。所以禮樂志三又云:

　　　　至高宗時,禮官以謂太史圜丘祭昊天上帝在壇上,而耀
　　　　魄寶在壇第一等,則昊天上帝非耀魄寶可知。……　由
　　　　是盡黜玄說。

自從唐代立了這制度,宋代就跟着辦,他們的最高之神仍是昊

天上帝而別祀天皇大帝。真宗景德三年(西元一〇〇六),鹵簿使王欽若言:

> 漢以五帝爲天神之佐,今在第一龕。玉皇大帝在第二龕,與六甲,岳,瀆之類接席。……卑主尊臣,甚未便也。……(宋史卷九九,禮志二)

這可見那時對于天皇大帝太不尊重,且把五帝直看作上帝。到徽宗政和三年(西元一一一三),議禮局上五禮新儀:

> 皇帝祀昊天上帝,太史設神位版。昊天上帝位于壇上,東方南向,席以蒲越。天皇大帝,五帝,大明,夜明,北極九位于第一龕。(同上)

天皇大帝雖升到第一龕,究竟比昊天上帝低了一等,"三位一體"的說法是不能維持了。本來是一個神,而硬被人們分開,把那一半降了一級,這樣的運命也夠不濟了吧?豈意還有不濟的命運在後頭。元史祭祀志一云:

> 唐宋以來,壇上既設昊天上帝第一等,復有天皇大帝,其五天帝與太一天一等皆不經見。本朝大德九年(西元一三〇五),中書圓議,止依周禮祀昊天上帝。

這根本就不理天皇大帝了,豈不是那一半的運命越發不濟了嗎?而此時的太一郤也同其運命,只有十神太一中最貴的五福太一得到祭祀。在宋代的煊赫,不想竟成爲臨死時的廻光返照了。元史祭祀志又云:

> 五福太一有壇時,以道流主之。

這是把原有的國家重要祀典隨便交給道士們了。此外,我們所見元代有關太一之事,共如下列:

> 至元十八年(西元一二八一)十一月乙亥,"召法

師劉道眞問祀太一法。"(元史世祖紀)

大德元年(一二九七)正月辛卯,"建五福太一神壇。"(成宗紀)

至治三年(一三二三)十一月癸丑,"祭遁甲五福神。"(泰定帝紀)

泰定二年(一三二五)二月戊申,"命道士祭五福太一神。"(同上)

至順元年(一三三〇)九月乙未,"以立冬祀五福十神太一眞君。"(文宗紀)

至順二年(一三三一)正月甲辰,"敕每歲四祭五福太一星。"(同上)

祀儀如何,我們不得詳知,但絕不會是隆重的大典。把它和漢代宋代相較,他眞有沒落之感了!

明太祖統一後,命李善長,宋濂,劉基等議禮,結果:

釐正祀典,凡天皇,太一,六天,五帝之類,皆爲革除。而諸神封號悉從本稱,一洗矯誣陋習。(明史禮志)

五帝是鄭玄所說的"太微五帝,"六天是五帝加上天皇大帝燿魄寶,他們全認爲不經而革除了。他們的天神仍是昊天上帝,自以爲制度嚴正,可以超越漢唐。自從太一歸道教私有之後,明代的道教並不興盛,世宗雖因喜歡長生術和道士們往還,太一的聲威終沒有建立起來。

到了清代,郊祀的制度共分三等,哪一等裏也沒有天皇大帝和太一。今錄清史稿禮志文,如下:

清初定制,凡祭三等。圜丘,方澤,祈穀,太廟,社稷爲大祀。……大祀十有三:正月上辛祈穀,孟夏常雩,冬至圜丘,省祭昊天上帝;夏至方澤祭皇地祇;四孟享太廟;歲暮祫祭;春秋二仲,上戊祭社稷,上丁祭先師。

中祀十有二:春分朝日;秋分夕月;孟春歲除前一日祭太歲,月將;春仲祭先農,季祭先蠶;春秋仲月祭歷代帝王,關聖,文昌。

羣祀五十有三:季夏祭火神;秋仲祭都城隍,季祭礮神;春冬仲月祭先醫;春秋仲月祭黑龍白龍二潭曁各龍神,玉泉山,昆明湖,河神廟,惠濟祠曁賢良,昭忠,雙忠,獎忠,褒忠,顯忠,表忠,旌勇,睿忠親王,定南武壯王,二恪僖,宏毅,文襄,勤襄諸公等祠。其北極佑聖眞君,東嶽都城隍,萬壽節祭之。亦有因時特舉者,視學釋奠先師,獻功釋奠太學,御經筵祇告傳心殿。其嶽鎮,海瀆,帝王陵廟,先師闕里,元聖周公廟,巡幸所莅,或親祭或否;遇大慶典,遣官致祭而已。(卷一)

天皇大帝旣沒有,太一二字也絕未提到,轟轟烈烈的太一於是乎"壽終正寢"了!

二六　河圖與洛書

　　讀者們看了關于太一的幾章，或者覺得這完全是道士們的荒謬，與我輩儒者不生什麼關係，可以不管。可是"言不可若是其幾也，"我輩儒者的經書本不在一個目的下寫成，它們的來源雜得很，何況後儒的註釋各挾着時代的沈澱，道教既盛極一時，儒者的經解中又怎能掃盡了荒謬的氛圍氣。現在就從"太一下九宮"的根據地河圖洛書上出發，看一看經說的變遷和道教的關係。

　　尚書顧命篇裏寫康王即位時的陳設，云：

　　　　越玉五重，陳寶，赤刀，大訓，弘璧，琬琰，在西序。大玉，夷玉，天球，河圖，在東序。

這是他們的寶物，或是他們的古畫。其中以玉爲最多，球，璧，琬，琰都是玉。"河圖"不知是什麼東西，也許是黃河的圖，也許是在河中找出來的一塊玉石，上面有些圖畫的紋理的。

　　這"河圖，"後來便爲傳說所湊集。論語記孔子嘆道：

　　　　鳳鳥不至，河不出圖，吾已矣夫！（子罕）

可見河圖是一種祥瑞。在呂氏春秋應同篇裏又見到一種祥瑞，叫作"丹書。"文云：

　　　　凡帝王者之將興也，天必先見祥乎下民。……及文王之時，天先見火，赤烏銜丹書集於周社。

這河圖和丹書本來是兩種不相干的東西，一種大約由河而出，一種則是赤烏所銜；但在淮南子裏竟把它們併在一起，說道：

　　　　古者至德之世，賈便其肆，農樂其業，大夫安其職，而處士修其道；當此之時，……洛出丹書，河出綠圖。（俶眞訓）

河圖與洛書

他說"丹書"由洛所出,而河所出的叫作"綠圖,"這眞是天然的巧對。 稍後,司馬遷作史記孔子世家,所引孔子的話也就變作:

> 河不出圖,雒不出書,吾已矣夫!

河圖與洛書從此聯合而不可分了。 但說到這裏,這圖和書僅僅是些祥瑞而已,究竟它們有什麼功用,或是哪位聖人曾經利用了它們,還全沒有知道。 及易繫辭傳出,乃說:

> 河出圖,洛出書,聖人則之。

這位聖人是誰? 他們說就是伏羲,他畫卦時是取象於河圖洛書的。 從此以後,河圖洛書的地位愈加提高了。 伏羲畫卦是何等樣的大事業,是一切的哲學和人倫的基本,原來他根據的是這兩件好東西,然則它們是怎樣的神聖呵! 禮緯含文嘉云:

> 伏羲德治上下,天應以鳥獸文章,地應以河圖洛書。

（周易正義叙論引）

也說河圖洛書都是伏羲時出現的。 河圖洛書全歸給伏羲,有這一經一緯主持,似乎沒有問題了;然而不然,漢書五行志說:

> 劉歆以爲虙戲氏繼天而王,受河圖,則而畫之,八卦是也。 禹治洪水,賜洛書,法而陳之,洪範是也。

他把河圖送給伏羲,而把洛書改給了禹。 爲什麼他要這樣改變呢? 因爲尙書洪範記箕子的話:

> 我聞在昔,鯀陻洪水,汩陳其五行,帝乃震怒,不畀洪範九疇,彝倫攸斁。 鯀則殛死,禹乃嗣興,天乃錫禹洪範九疇,彝倫攸叙。

旣然天錫九疇,應當有一件實物作佐證,恰巧有這"洛書"新發現,所以就判定是禹的了。 這洛書所記載的是什麼? 據他們說,也許是洪範全篇文字,也許是洪範開頭的"初一曰五行……"

一段綱領。

　　經過了劉歆的編排,而後河圖屬易,爲八卦;洛書屬書,爲洪範:這件事就確定了。

　　但是,我們看緯書,關于河圖洛書的種類極多。 就我們所知道的河圖緯有河圖括地象,河圖始開圖等三十七種,洛書緯有洛書甄曜度,洛書靈準聽等九種,又有老子孔子的河洛讖各一種:幾占了全數讖緯的四分之一。 所以然之故,因爲河出圖,洛出書,本是一段神話,毫無實物,只要你會海濶天空地瞎講,不論什麼全可以算作河圖洛書的範圍裏的東西。 就是在七經正緯中也常有提到河洛出圖書的故事。 略記二則,以見大凡:

　　　　舜以太尉受號,即位爲天子。 五年二月,東巡狩。至于中月,與三公諸侯臨觀河洛。 有黃龍五采,負圖出,置舜前,蹬入水而前去。 圖以黃玉爲匣,如櫃,長三尺,廣八寸,厚一寸,四合而有戶,白玉檢,黃金繩,芝爲泥,封兩端,章曰"天黃帝符璽"五字,廣袤各三寸,深四分,鳥文。 舜與大司空禹臨侯望博等三十人集發。 圖玄色而綈狀,可舒卷,長三十二尺,廣九寸;中有七十二帝地形之制,天文位度之差。(春秋緯運斗樞,御覽卷八一引)

　　　　天乙在亳,夏桀迷惑,諸鄰國軸負歸德。 東觀乎洛,降三分沈璧,退立,榮光不起,黃魚雙躍出,躋于壇,黑鳥以雄隨,魚亦止,化爲黑玉,赤勒,曰,"玄精天乙受神符。" 伐桀,克。(尙書中候洛予命,御覽卷八三引)

這是緯書作者的新發明,河圖洛書是帝王受命的必要條件。凡是一個新天子,或將作天子的,一定要"臨觀河洛。" 他們不到泰山去封禪了（想來泰山離東西漢的國都太遠，不若河洛近便之故）。他們收受圖書的手續如下：

1，臨觀河洛，沈璧行禮。

2，榮光起，某德之色的雲浮至。

3，某德之色的龍（或鳳凰，或魚，或雀）負圖出（或化圖，或銜書），龍沒而圖在。

4，圖是用某德之色的玉做匣子的，封泥上面蓋的印章是"天某帝符璽"五字（某帝之某即某德之色）。

5，把匣子打開，其中有卷着的圖，寫着天地的秘密（或是天帝的除授書，或是天文地理的記載）。

6，應當禪讓的，於是行禪讓禮；應當征伐的，於是興師征伐。

這可稱為最有具體表現性的"受命，"而圖書實為受命的證物。

至於受命以外的事，也可以跟河圖洛書發生關係。例如續漢書祭祀志引的張純泰山刻石文：

維建武三十有二年二月，皇帝東巡狩，至于岱宗。……

皇帝唯慎河圖雒書正文，是月辛卯柴，登封泰山，甲午，禪于梁陰，以承靈瑞，以為兆民。……（卷上）

然則光武帝到泰山封禪，是依着河圖洛書的正文的。卽此可知在東漢人的觀念中，河圖洛書是有文字的，而且字數也不少。

我們看了以上的考證，知道最初是以河圖洛書為一種祥瑞，稍後乃定為八卦和洪範之所本，及緯書與起，又以為帝王受命時所接受的天書。從後漢到唐末七八百年中對於河圖似乎沒有新鮮的見解，也沒有討論到上列三種說法的異同。獨對於洛書的解釋則又有新的發展。洪範"天乃錫禹洪範九疇，彝倫攸敘，"僞孔安國傳云：

> 天與禹洛出書，神龜負文而出，列於背，有數至于九。
> 禹遂因而第之，以成九類，常道所以次敘。

據漢書五行志所載，劉歆以爲"初一曰五行"以下六十五字皆雒書本文。 此說若確，則禹接受洛書後，不必有"因而第之"的事了。 惟其洛書爲龜背上的文字，字數不會狠多。 隋儒之治古文尙書者，或以爲原來沒有"初一曰"等十八字，只有三十七字；或以爲只有二十字，如下圖所示：

五紀	五福六極	五事
八政	皇極	稽疑
庶徵	五行	三德

禹旣受了洛書，依照九宮數的次第，排比"九疇"的先後，箕子乃演爲洪範之文。 這種說法可算是前面三種說法的調和派。 孔穎達尙書正義雖然沒有把這一點來詳細疏解，然而從六朝到淸代，僞孔傳究竟博得多數人的信仰。 九疇何以要在龜背上這樣排列呢？ 隋蕭吉五行大義說：

> "初一曰五行，"位在北方，陽氣之始，萬物將萌。"次二曰敬用五事，"位在西南方，謙虛就德，朝謁嘉慶。"次三曰農用八政，"位在東方，耕種百穀，麻枲蠶桑。"次四曰協用五紀，"位在東南方，日月星辰，雲雨並興。"次

五曰建用皇極，"位在中宮，百官立表，政化公卿。"次六曰乂用三德，"位在西北，抑伏強暴，斷制獄訟。"次七曰明用稽疑，"位在西方，決定吉凶，分別所疑。"次八曰念用庶徵，"位在東北，肅敬德方，狂僭亂行。"次九曰嚮用五福，威用六極，"位在南方，萬物盈實，陰氣宣布，時成歲德，陰陽和調，五行不忒。故黃帝九宮經云，"戴九履一，左三右七，二四為肩，六八為足，五居中宮總御得失。"（卷一，論九宮數）

蕭吉以為九疇常道和它們在龜背上的方位有密切的關係，可以補偽孔傳說法的不足。大戴禮盛德篇講明堂制度，記"九室"的次第為"二九四三五七六一八。"這九個數字究應怎樣讀法？表示什麼意義？實在是數學的謎。但是北周的盧辯知道是"法龜文也，"也是拿九宮數的行列次第來解釋明堂九室的。由此可見洛書"龜文"和術數家的九宮數在六朝時候早已混為一談了。

到了宋代，河圖洛書的說法又有更新的發展，且其五光十色有過於任何時代。以下讓我們看看他們的說法究竟如何。

東都事略儒學傳（九六）云：

　　陳摶讀易，以數學授穆修，以象學授种放；放授許堅；堅授范諤昌。

陳摶是五代末華山中的一個道士，他不僅鍊丹燒汞，作黃白之術，卻又能讀易，是很難得的了。他傳的"象"和"數"是些什麼呢？朱震的漢上易傳云：

　　國朝龍興，異人間出。漢上陳摶以先天圖傳种放；放傳穆修；修傳李之才；之才傳邵雍。放以河圖洛書傳

　　　　李溉;溉傳許堅;堅傳范諤昌;諤昌傳劉牧。修以太極
　　　　圖傳周敦頤;敦頤傳程頤程顥;是時張載講學於二程
　　　　邵雍之間。 故雍著皇極經世之書,牧陳天地五十有
　　　　五之數,敦頤作通書,程頤述易傳,載造太和三兩等篇,
　　　　或明其象,或論其數,或傳其辭,或兼而明之。(舊首進書表)

這兩說雖不盡同,然而足見宋代的理學如何與象數有關係。陳摶的勢力太大了,他的學說分成三派:邵雍們傳他的先天圖,劉牧們傳他的河圖洛書,周敦頤們傳他的太極圖。所謂"象"和"數,"就是這些圖和書。

　　其實說陳摶傳下河圖洛書的話本來不甚可靠,因爲宋史隱逸傳說他是:

　　　　好讀易,手不釋卷,常自號扶搖子,著指玄篇八十一章,
　　　　言導養及還丹之事。

本沒有提到他傳圖書的話。也許因他"好讀易,"所以纔有這種附會;又因有了這種附會,纔有一種僞書,叫做龍圖,託了他的名字而出現。 此書,朱熹已明斥其僞(見語類卷六七)。 但書雖不是他作的,時代却也在北宋之初,所以它的關於圖書之說仍不失爲有價値的史料。 書現在是失傳了,幸而序文尙保存,可以看得一個大概。 序云:

　　　　且夫龍馬始負圖出於羲皇之代,在太古之先也。 今
　　　　存已合之位或疑之,況更陳其未合之數耶!……　龍
　　　　圖本合,則聖人不得見其象,所以天意先未合而形其
　　　　象,聖人觀象而明其用。 是龍圖者,天散而示之,伏羲
　　　　合而用之,仲尼默而形之。 始龍圖之未合也,惟五十五
　　　　數,上二十五,天數也,中貫三五九,外包之十五,盡天三

天五天九幷十五之用；後形一六無位，又顯二十四之
爲用也。茲所謂"天垂象"矣。下三十，地數也，亦分五
位，皆明五之用也。十分而爲六，形坤之象焉，六分而
成四象，地六不配在上則一不用，形二十四；在下則六
不用，亦形二十四。後旣合也，天一居上爲道之宗，地
六居下爲氣之本，天三幹地二地四爲之用。三若在
陽則避孤陰，在陰則避寡陽。大矣哉，龍圖之變，歧分
萬塗，今略述其梗槩焉。(見宋文鑑卷八五)

因爲圖是龍馬所負而出，所以叫做"龍圖。" 這還是些未合的位數，是伏羲畫卦所本。按着宋末雷思齊的易圖通變所說，龍圖中共有二十餘圖，第一爲"龍馬圖，"其餘的全是用易傳天地五十有五之數雜以納甲，貫穿易理而造出的。然而雷氏的書中並沒有載着此項圖象，元張理的易象圖說載有起首的幾個，今錄之如下：

(1) 龍圖天地未合之數：

張氏對它解釋道：

　　上位天數也，天數中於五，分爲五位，五五二十有五，積一、三、五、七、九，亦得二十五焉。五位縱橫見三，縱橫見五；三位縱橫見九，縱橫見十五。序言"中貫三、五、九，外包之十五"者此也。下位地數也,地數中於六,亦分為五位,五六凡三十,積二、四、六、八、十,亦得三十焉。 序言"十分而為六,形地之象"者此也。(內篇 上)

因為易繫辭傳有"天一、地二、天三、地四、天五、地六、天七、地八、天九、地十"的話,所以單數一、三、五、七、九為天;雙數二、四、六、八、十為地。因此,"五"為天的中數,而"六"為地的中數。一、三、五、七、九加起來共為二十五;二、四、六、八、十加起來共為三十:這就是所謂"天地之數五十有五"也。 因天數中於五,故分為五位,五五亦二十五;按着全數五位來說,則縱橫可以見三(如∘∘∘),可以見五(如 ∘⋮∘);單以其中的三位來說,則可以見九(如∘∘∘ ∘∘∘ ∘∘∘),可以見十五(如 ∘⋮∘ ∘⋮∘ ∘⋮∘)。地以六做中數,所以五位各作六形,而五六亦得三十。 這個是"天地未合之數,"下邊的就是"已合之位"了。

(2)天地已合之位:

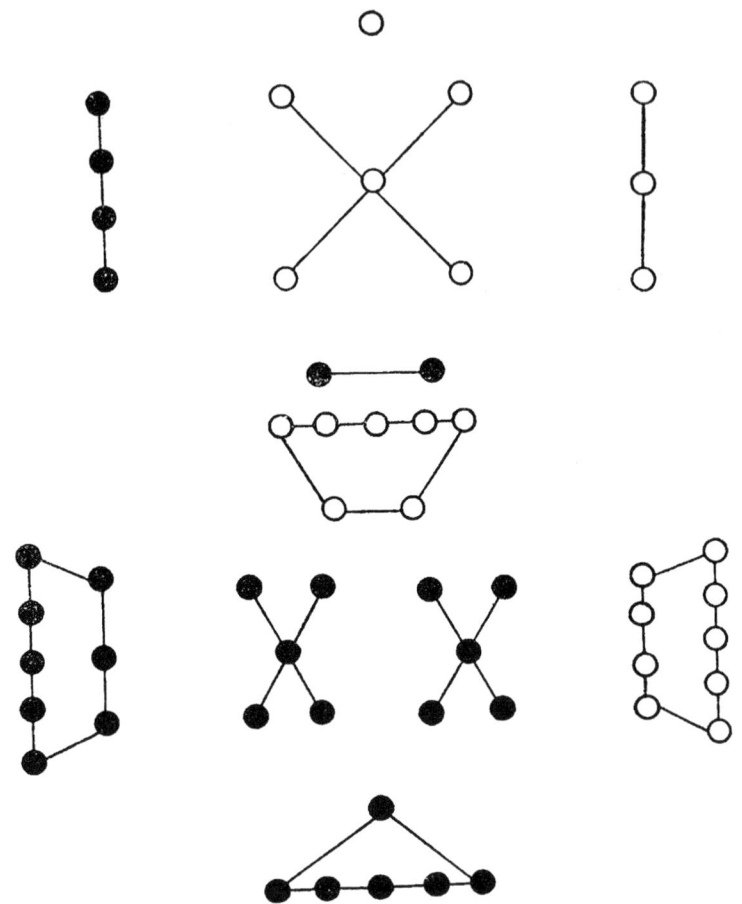

上邊的是象,下邊的是形;上邊的中五象爲五行,中圈爲土,居中以運四方,左上爲火,右上爲金,左下爲木,右下爲水;右三圈象三才,左四點象四時。 鄭玄注易"大衍之數"說:

  天地之數五十有五,……天一生水于北,地二生水于
  南,天三生木于東,地四生金于西,天五生土于中。 陽
  無耦,陰無配,未得相成。 地六成水于北與天一幷,天

七成火于南與地二幷,地八成木于東與天三幷,天九成金于西與地四幷,地十成土于中與天五幷也。(禮記月令疏引)

所以下位的六,七,八,九,皆為成數,而成數在下又象地。 一,二,三,四,象天在上;六,七,八,九,象地在下。 上下天地相交,則成為第三圖"天地生成"之數。

(3) 龍圖天地生成之數:

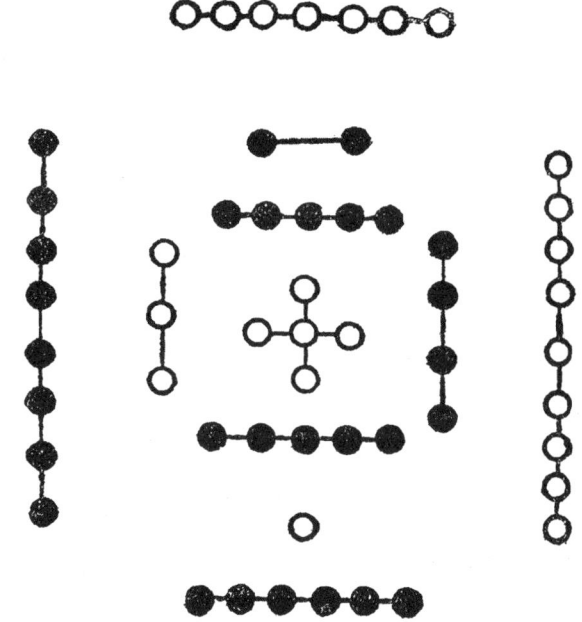

第二圖上邊一,二,三,四動往右移;下邊的六,七,八,九不動而"正位;"就成了這樣一與六合在北位,二與七合在南位,三與八合在東位,四與九合在西位,五與十居中而為天地運行的樞紐。

(4)洛書天地交午之數:

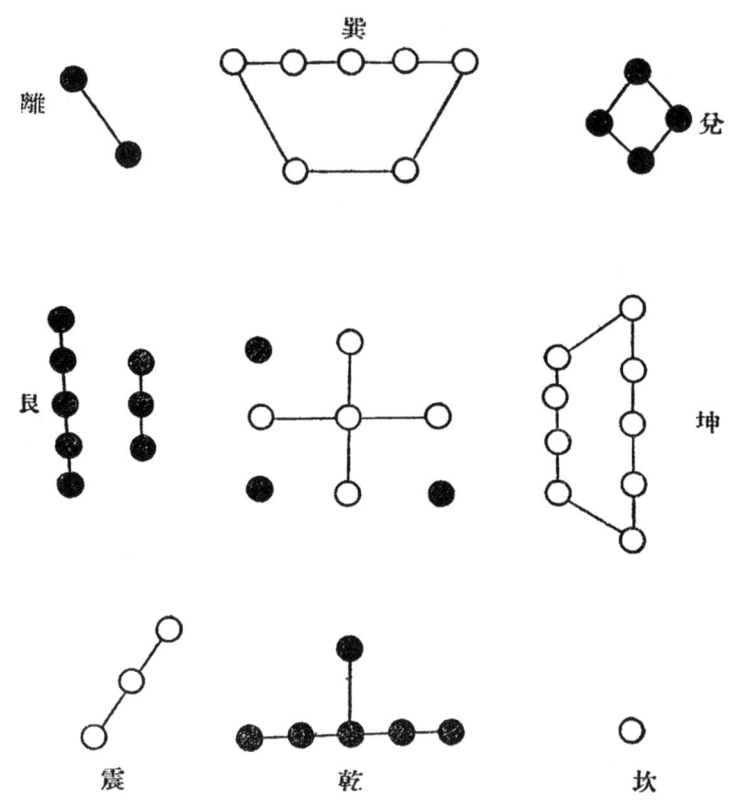

一,二,三,四為生數,為四正,故坎,離,震,兌為四正;六,七,八,九為成數,為四維,故乾,巽,艮,坤為四維。 蓍策分掛,揲歸四象,皆本於此。

河圖與洛書　　　　　　　181

(5)洛書縱橫十五之象：

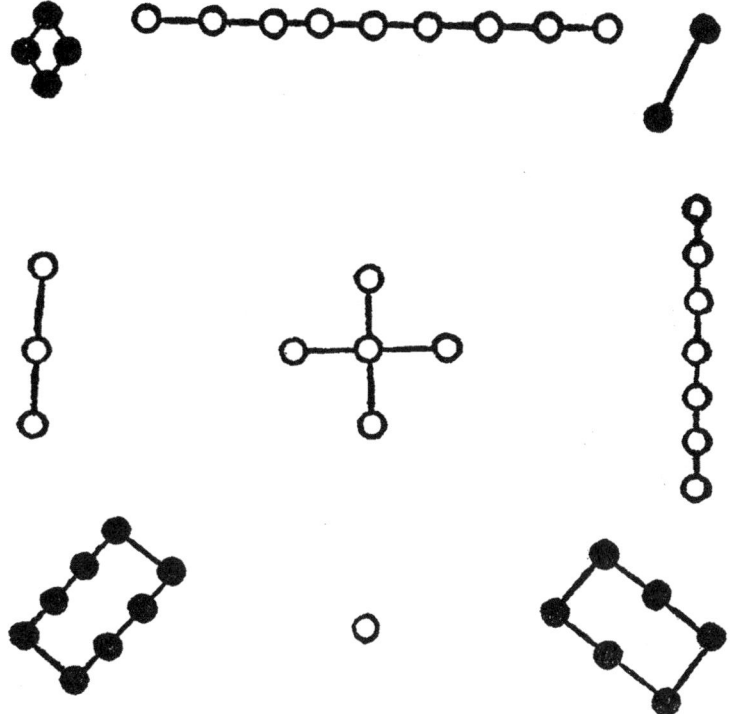

這個圖縱數橫數全是十五,所以叫作"縱橫十五之象,"也就是太一巡行九宮次第圖。 在圖書之說初起的時候,二者本無關係;以後乃說爲同是畫卦所本;及劉歆分贈給伏羲,大禹,以成其八卦,洪範,乃成定說;如今,又似乎全送給伏羲了,圖書二物相關相成,分不開了,因之而有"易可通範,範可通易"的說法。

圖書究竟沒有一種實物作憑證,所以它們的解說很可隨意左右,而造成正相反的兩種說法。 劉牧是宋仁宗時候的人,據晁公武的讀書志說他有劉氏易解十五卷,如今僅有易數鈎隱圖三卷及遺論九事一卷。 他的河圖洛書,恰和張理書中的龍圖說法相反:他的河圖正是龍圖的"洛書縱橫十五之象,"而

他的"洛書五行生數"和"洛書五行成數"相合，正是張氏書中的
"龍圖天地生成之數。" 他又明白地說河圖洛書全是出於伏
羲之世的，伏羲兼則之以畫八卦；但"五行"的象數尚未顯明，所
以禹又法之以陳九疇。 他說他的學說也是陳摶傳下來的，那
麼，為什麼有兩歧呢？ 到底是誰的對呢？"堯舜不復生，將誰使
定儒墨之誠乎？" 這是沒法定的了；不過因為朱熹和蔡元定的
說法下同張理的龍圖，又經朱熹置於周易之首，而朱熹注解的
書後來成了官家審定的教科書，他的說法成為定論，不容懷疑，
所以他們這一派戰勝，劉牧是失敗了。

　　朱熹雖然是蔡元定的老師，而河圖洛書的說法實由蔡氏
而定，周易啓蒙的注裏引他的話道：

> 古今傳記自孔安國，劉向父子，班固，皆以為河圖授羲，
> 洛書賜禹。 關子明，邵康節皆以十為河圖，九為洛書，
> 蓋大傳既陳天地五十有五之數，洪範又明言"天乃錫
> 禹洪範九疇，"而九宮之數戴九履一，左三右七，二四
> 為肩，六八為足，正龜背之象也。 惟劉牧意見以九為
> 河圖，十為洛書，託言出於希夷，既與諸儒舊說不合，又
> 引大傳以為二者皆出於伏羲之世。 其易置圖書，並
> 無明驗，但謂伏羲兼取圖書，則易範之數誠相表裏，為
> 可疑耳。 其實天地之理一而已矣，雖時有古今先後
> 之不同，而其理則不容有二也，故伏羲但據河圖以作
> 易，則不必預見洛書而已逆與之合矣；大禹但據洛書
> 以作範，則亦不必追考河圖而已暗與之符矣。 其所
> 以然者何哉？ 誠以此理之外無復他理故也。

關於圖書的贈與說亦不同，蔡氏主張分贈伏羲大禹，仍是劉歆

的說法。 他以爲圖書的理儘自可通,但伏羲的畫卦正不必預知洛書,而大禹作範亦可不必暗符河圖也。 他定的河圖洛書如下:

河　圖

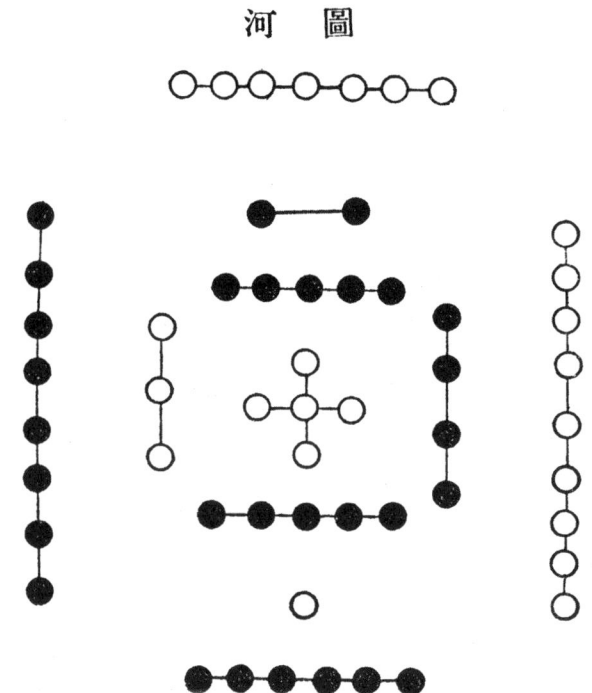

洛書

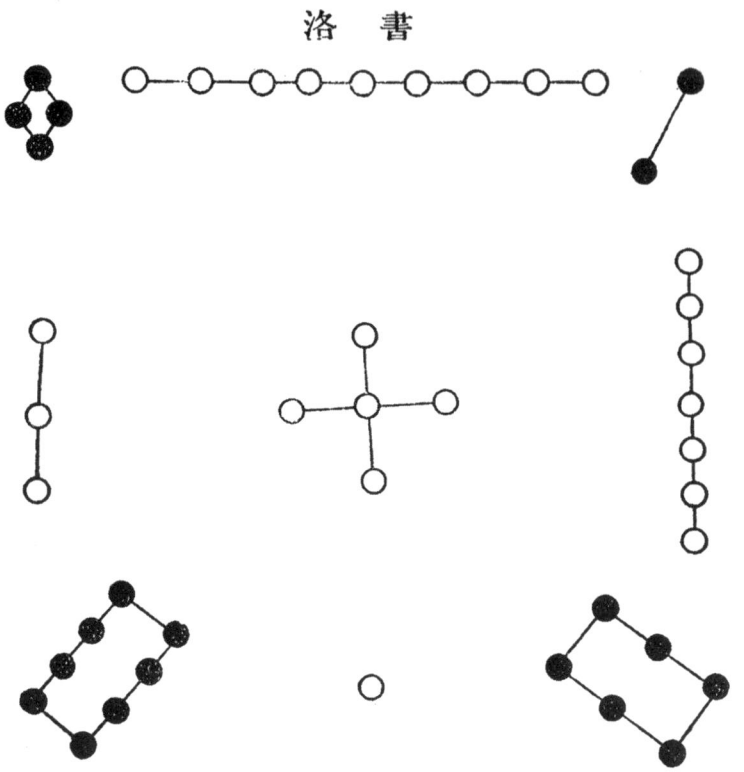

他的河圖正是張理書中的"龍圖天地生成之數，"洛書是"洛書縱橫十五之象。" 他們的說法儘管和劉牧相反，但圖書的樣子沒有什麼差異，只不過名題的顛倒而已。 以後又有一種大不相同的說法見於元吳澂的易纂言，說：

> "河圖"者，羲皇時河出龍馬背之旋毛，後一六，前二七，左三八，右四九，中五十，以象旋毛如星點而謂之"圖。"羲皇則其陽奇陰耦之數以畫卦生蓍。 "洛書"者，禹治水時，洛出神龜背之坼文，前九後一，左三右七，中五，前之右二，前之左四，後之右六，後之左八，以其坼文如字畫而謂之"書。" 禹則自其一至九之數以叙洪範

九疇。(卷五"河出圖洛出書"注)他說"河圖"是河中馬的旋毛,"洛書"是洛龜背的坼文,這樣似乎合理化了,免掉龍龜背負的麻煩。 他的圖書如次:(此二圖見古今圖書集成經籍典第五十一卷河圖洛書部彙考。按通志堂本易纂言未載,今據集成註文錄入。)

古 河 圖

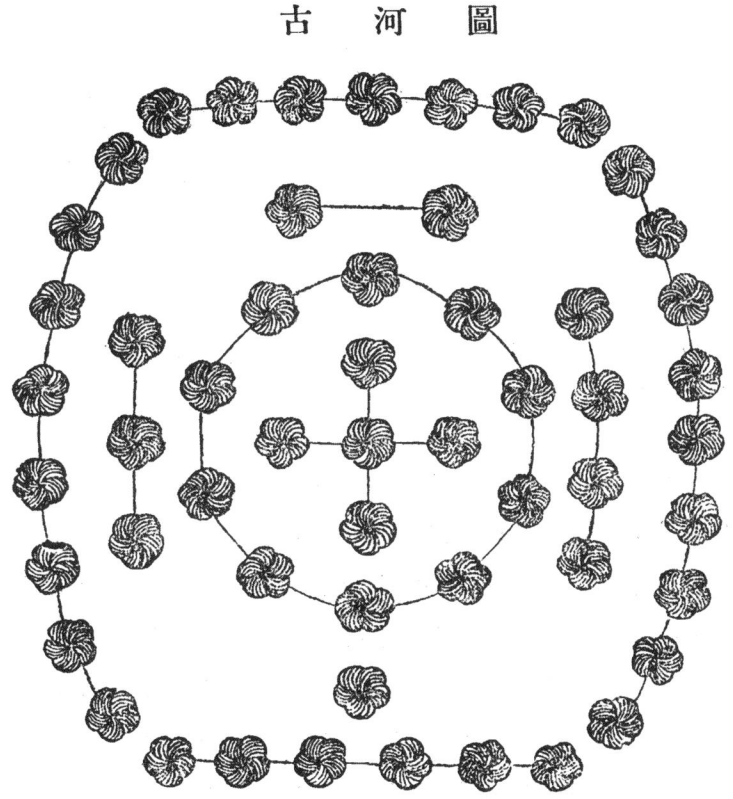

古　洛　書

明初趙謙又想出一種新的河圖,其六書本義云:

  天地自然之圖,慮戲氏龍馬負圖出於滎河,八卦所由
  以畫也。易曰,"河出圖,聖人則之,"書曰,"河圖在東序"
  是也。　此圖世傳蔡元定得於蜀之隱者,祕而不傳,雖
  朱子亦莫之見;今得之陳伯敷氏。　嘗熟玩之,有太極
  含陰陽,陰陽函八卦之妙。(見胡渭易圖明辨卷三引)

他說傳自蔡元定,而蔡氏的圖,我們是見過的,和他的大不相同。可見他是沒有什麼根據的。　今轉錄其圖如下:(本圖亦見易圖明辨卷三)

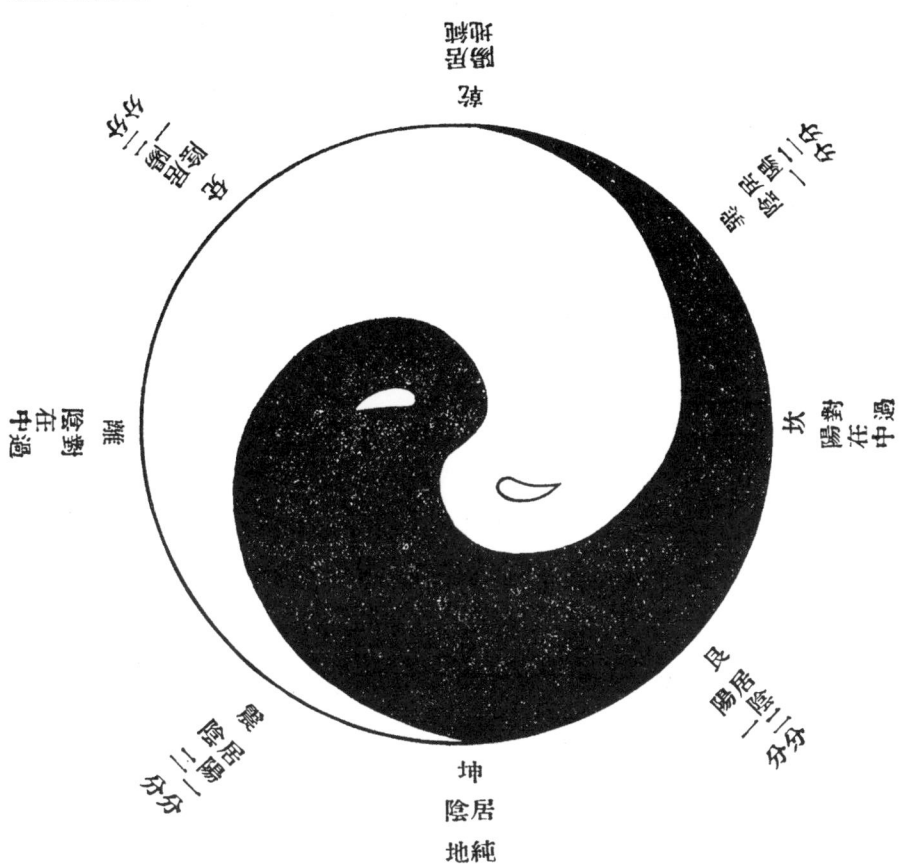

又易圖明辨（卷三）引宋濂曰："新安羅端良願作陰陽相合之象，就其中八分之以爲八卦，謂之河圖。用井文界分九宮，謂之洛書。……" 又引趙仲全道學正宗之古太極圖，謂即羅端良之河圖。 所引趙仲全圖，即如趙撝謙圖而八分者也。 此外的新圖書尚多，以其無甚勢力，今不具引了。 道教裏固然把太一們一變再變，變個不了，號稱有典有則的儒者也是把河圖洛書刻刻變化。 爲什麼會得這樣？ 因爲本來大家是捕風捉影。

二七　河圖洛書的倒墜

自從宋初造起新的圖書，五光十色，愈來愈奇，至明始停止製造，而反對和推翻的聲浪郤愈來愈高了。其實在北宋時新的說法初起，歐陽修就已經痛詆它了，他說：

"河出圖，洛出書，""聖人幽贊神明而生蓍，""兩儀生四象，"若此者非聖人之言。（易或問）

河圖之出也，八卦之文已具乎？則伏羲受之而已，復何所爲也。八卦之文不具，必須人力爲之，則不足爲河圖也。其曰觀天地，觀鳥獸，取於身，取於物，然後始作八卦，蓋"始作"者前未有之言也。考其文義，其創意造始，其勞如此，而後八卦得以成文，則所謂河圖者何與於其間哉！若曰已受河圖，又須有爲而立卦，則觀於天地鳥獸，取於人物者皆備言之矣，而獨遺其本始所受於天者，不曰取法於河圖，此豈近於人情乎？（易童子問）

他說河圖如已具八卦之文，則何勞乎伏羲之畫？如無八卦之文，仍須人畫，則又何貴這河圖？若云河圖雖出，仍須輔以人功而成卦，則何以起始不曰"取法於河圖"？他問的雖這樣理直氣壯，但當時並沒有人信他，他的門人蘇軾就反對他的話，道：

河圖，洛書，其詳不可得而聞矣。然著於易，見於論語，不可誣也。而今學者或疑焉。山川之出圖書，有時而然也。……河圖，洛書，豈足怪哉！（蘇氏易傳卷七）

同時的人雖不信他的話，以後他的同調竟漸漸地多起來了。歸有光，人家說他是明代的歐陽文忠公，他們眞的有些相像，他

也是不信圖書的人,聽他說:

諸經遭秦火之厄,易獨以卜筮存,漢儒傳授甚明,雖於大義無所發越,而保殘守缺,惟恐散失,不應此圖交疊環布遠出姬孔之前,乃棄而不論,而獨流落於方士之家,此豈可據以爲信乎!(易圖論上)

自漢以來,說易者今雖不多見,然王弼韓康伯之書尚在,其解前所稱諸章無有以圖爲說者。蓋以圖說易自邵子始。吾怪夫儒者不敢以文王之易爲伏羲之易,而乃以伏羲之易爲邵子之易也,不可以不論。(易圖論下)

大傳曰,"包羲氏之王天下也,仰則觀象於天,俯則觀法於地,"夫天地之間何往非圖而何物非書也哉!揭圖而示之曰,孰爲上下,孰爲左右,孰爲乾,兌,離,震,孰爲巽,坎,艮,坤,天之告人也何其瀆!因其上下以爲上下,因其左右以爲左右,因其乾,兌,離,震以爲乾,兌,離,震,因其巽,坎,艮,坤以爲巽,坎,艮,坤,聖人之效天也何其拘!(易圖論後)

你說易有圖,爲什麼漢儒不傳? 爲什麼王韓注易也不提到? 圖是那樣的詳細,聖人只是照鈔,又何其拘守? 他問的也頭頭是道,足爲歐陽公的知己。他又辨洛書道:

洪範之書,起於禹而箕子傳之。……漢儒說經多用緯候之書,遂以爲天實有以畀禹。故以洛書爲九疇者,孔安國之說。以"初一"至"六極"六十五字爲洛書者,二劉之說。以"戴九履一"爲洛書者,關朗之說。關朗之說,儒者用之。箕子所言錫禹洪範九疇,何嘗言其出於洛書？禹所第不過言天人之大法有此九章，從一而數之至於九，特其條目之數，"五行"何取於一，而"福極"何取於九也！……　夫易之道甚明，而儒者以河圖亂之；洪範之義甚明，而儒者以洛書亂之。其始起於緯書，而晚出於養生之家，非聖人語常而不語怪之旨也。（洪範傳）

到了清代，對於圖書的批評和不信任的人越發多了；自此以後，河圖，洛書乃失去了它的權威，而僅僅成爲學術史上的一個名詞。黃宗羲是清初的大儒，他著有一種易學象數論，是專辨圖書的，他說：

歐陽子言河圖洛書怪妄之尤甚者；自朱子列之本義，家傳戶誦，今有見歐陽子之言者，且以歐陽子爲怪妄矣。……　後之人徒見圖書之說載在聖經，雖明知其穿鑿傅會，終不敢犯古今之不韙而齟其非。……（圖書一）

他的反對圖書，只是反對後人的穿鑿附會的說法；而對於圖書的本身，則並不否認其存在。他說：

"天垂象，見吉凶，聖人象之"者，"仰觀於天"也。"河出圖，洛出書，聖人則之"者，"俯察於地"也。謂之"圖"者，山川險易，南北高深，如後世之"圖經"是也。謂之"書"者，風土剛柔，戶口扼塞，如夏之禹貢，周之職方是也。謂之"河洛"者，河洛爲天下之中，凡四方所上圖書皆以河洛繫其名也。顧命西序之"大訓"猶今之祖訓，東序之"河圖"猶今之黃册，故與寶玉雜陳。不然，其所陳者爲龍馬之蛻與，仰伏羲畫卦之稿本與？無是理也。

> 孔子之時,世莫宗周,列國各自有其人民土地,而河洛之圖書不至,無以知其盈虛消息之數,故嘆河不出圖。……若圖書為畫卦敘疇之原,則卦畫疇敘之後,河復出圖,將焉用之? 而孔子嘆之者,豈再欲為畫卦之事耶?

他以為河圖,洛書就是現今地圖一類的東西,因為河洛居天下的中心,所以各國進呈他們的圖書於中央政府,就叫作"河圖,洛書。" 孔子的時候,各國多不奉周為共主,以致圖籍不來,而各國的土地人民也就莫由知其消長了。 所以他嘆道,"河不出圖,……吾已矣夫!" "河不出圖"者,非"河"不出圖也,各國不上圖也。 如果圖是畫卦所本,難道孔子還打算再畫個八卦不成? 因為他把圖書說成了"圖經"一類的東西,所以他於宋元以來的河圖洛書當然一概不能承認,而說它們是方士們的扭合。

宗羲的弟宗炎著有易學辨惑一書,也是專辨圖書的。 他的敘言說:

> 河圖洛書之說,因漢世習為讖緯,遂謂龍馬神龜貢獻符瑞,其事略與兩漢之言禎祥者相似。 後儒因緣附會,日增月益,至陳圖南鑿鑿定為一六,二七,三八,四九,五十之數,下,上,左,右,中之位為河圖,九宮奇正耦隅之狀為洛書,云是羲卦,禹範之根原。 兩相比較,俱似景響,未見有實理存乎其間。 歐陽永叔斥為怪妄,是誠仲尼之徒也。……

由此可見他的態度的一斑。 於宋人的圖書作逐項的駁辯,黃氏弟兄之外,尚有毛奇齡,胡渭等。

毛奇齡的河圖洛書原舛編字數雖不多,而敘述圖書源流舛錯甚詳盡。 他說其初只有河圖,如尚書顧命及論語所說;淮南子乃以"綠圖,""丹書"並舉,孔安國劉歆又以河圖歸伏羲,洛書歸大禹。 自緯書出後,說涉怪誕,然而終東漢之末也沒有所謂圖書出來。 宋初陳摶驟出其河圖洛書,而上無傳人,無出處,惟游其門者傳之。 於是有劉牧的圖書,有邵雍蔡元定的圖書。陳摶的圖到底是根據什麼呢? 毛氏說他是本於鄭玄注易的"大衍之數。" 而"大衍"的註解並非河圖,河圖是另有註解的。鄭玄只作註解並沒有圖,陳摶乃演其註以爲圖,根底曲直全可明白了。 至於洛書,毛氏謂爲九宮配卦數所成,乃易緯家所謂"太一下九宮"法。 稍後張惠言的易圖條辨也有和毛氏相似的意見。

　　胡渭的易圖明辨及洪範正論是辨斥圖書最力的兩種書。不過,他也不是完全否認圖書的,而承認它們只是伏羲觀察中的一事,他說:

> 渭按,易之爲書,八卦焉而已。 卦各具三畫,上畫爲天,下畫爲地,中畫爲人:三才之道也。 羲皇仰觀而得天道,俯觀而得地道,中觀於兩間之萬物而得人道。……河圖洛書乃仰觀俯察中之一事,後世專以圖書爲作易之由,非也。 (易圖明辨卷一)

他對於宋人的圖書和學說當然不能贊成,所以下面他先辨"天地之數"不得爲河圖,又辨"五行生成之數"不是河圖,又辨"太極""兩儀""四象"等不是圖書所有。 他道:

> 河圖亡已久,雖老聃萇宏之徒亦未經目覩,故夫子適周,無從訪問,贊易有其名而無其義。 所謂"疑者丘蓋不言"也。 若夫天地之數,夫子未嘗指爲河圖,故自漢

> 魏以迄隋唐,言河圖者,或以爲九宮,或以爲九篇,未有
> 指五十五數爲河圖者。……　　陳摶生於五季,去古彌
> 遠,何從得其本眞而繪圖以授人乎?　(易圖明辨卷一)

他雖然否認宋人的圖書,但對易繫辭"河出圖,洛出書"的話仍然不敢堅決的否認,而說它們也是畫卦所本的材料之一;二黃毛氏也同有此種論調(宗炎之說與兄相似,亦主張圖書爲地理書——見易學辨惑):這是他們的不澈底處。 至于河圖洛書的領受人問題,他們也不敢加以討論,因爲易書全是聖經,得罪哪個也不好,所以雖明知其中很有衝突,也只得置之不理。 胡渭一方面說河圖洛書是伏羲觀察中的一事,一方面又說:

> 或問洪範九疇果即是洛書,箕子何以不著其名?　曰:
> 禹受洛書作洪範九疇,當時五尺童子無不知之。 言
> "天錫禹,"則其爲洛書明矣。 故不復著也。(洪範正論
> 卷一)

這樣地兩不開罪的辦法,實非學者應有的態度。 不過我們應當原諒他,在他那個時代,如果對於易經書經的來源發生了疑問,豈不犯了"離經叛道"的大罪? 清代自然也有爲河圖洛書辨護的,例如江永的河洛精蘊,就是很費心力而著成的一部書;然而可惜他的精力是白用了。 如今我們不特否認易書是聖經,並連伏羲大禹是否有其人也問起來,那末,他們畫卦作範的事情自然更屬悠謬難稽;何況怎樣的圖,怎樣的書,這些說法出得更後呢。 所以這個問題在今日,已達到"以不了了之"的地步,再不能引起人們的注意和討論了。

二八　三墳與古三墳書

左氏昭十二年傳記楚靈王狩于州來，派蕩侯們圍了徐來恐嚇吳國，自己停在乾谿作後援。靈王靠着自己的武力，驕傲得很，瞎吹了一陣；右尹子革只管將順他。那時有人私下責問子革，"你爲什麼不加匡正呢？" 他答道，"你等着吧！" 一忽兒，王出來，恰巧左史倚相趨過，王指了他向子革說：

　　是良史也，子善視之！是能讀三墳，五典，八索，九丘。

子革道，"他不算什麼！我曾問他祈招之詩，他答不出呢！"（祈招一詩是祭公謀父爲了周穆王欲肆其心，要使天下都有自己的車轍馬跡而作的。）靈王問他，"你背得出嗎？" 子革就背了出來，其中語句暗暗譏誚着這位野心的靈王，害得他聽了良心發現，好幾天沒有吃飯睡覺。

在這一段故事裏，出來了"三墳"之名，與五典等並列。杜預注謂"皆古書名，"說得很浮泛，究竟是些什麼古書呢？在他以前的賈逵，曾注謂：

　　三墳，三王之書；五典，五帝之典。（左傳疏引）

許是三王的時代太落後了，所以他的說法沒有得到後人的信任（文選閒居賦註引賈說作"三皇"，未知與疏引孰是）。馬融注謂：

　　三墳，三氣，陰陽始生天地人之氣也。五典，五行也。
　　（左傳疏引）

馬說最不通，"三氣""五行，"無論怎麼好的史，將怎樣去讀它？什麼事全是後來者居上，可巧周禮春官中有云：

　　外史……掌三皇五帝之書。

鄭玄注便謂"楚靈王所謂三墳五典。" 這樣的注解最是完滿的了,拿三墳五典來印合"三皇五帝之書,"豈不是"天衣無縫"?

出在魏晉之間的僞孔安國尚書序根據鄭註,確定地說:

> 伏羲,神農,黃帝之書,謂之三墳,言大道也。少昊,顓頊,高辛,唐,虞之書,謂之五典,言常道也。至于夏,商,周之書,雖設教不倫,雅誥奧義,其歸一揆。故歷代寶之,以爲大訓。

孔穎達爲它作了一大篇解釋,已見第十六章所引。三墳爲三皇的書,這個問題就這樣地解決了。有了這一經一傳的互相印證,這項事情似乎再沒有什麼疑問。但我們要知道左傳和周禮是一鼻孔出氣的。康有爲先生的新學僞經考曾說:

> ……莽傳所謂"發得周禮以明因監,"故與莽所更法立制略同,蓋劉歆所僞撰也。歆欲附成莽業而爲此書。其僞羣經,乃以證周官者。(漢書藝文志辨僞)

錢玄同先生說康氏的話是"一語破的之論"(重印新學僞經考序)。周禮既是劉歆僞造,他更於它經設證,於是"掌三皇五帝之書"一句的證據就偷偷地埋伏在左傳裏。左傳楚靈王次于乾谿以及向子革誇口的一段話,史記楚世家裏全有,單單靈王誇獎倚相及子革微詞託諷的話則一字沒提。在周本紀裏也沒有祭公謀父諫勸穆王的祈招之詩。說是司馬遷的刪削罷,在子革是"曲終奏雅,"爲什麼偏偏把雅的刪掉? 而且"三墳,五典,八索,九丘"既是古書,是何等重要的古史材料,他又如何忍心刪削? 這無疑地是劉歆重編左傳時挿下的埋伏,而老實的鄭玄竟落入了他的圈套。

以前我國的讀書人有一個通病,他們總以爲古時是黃金時代,每天夢想過"羲皇之世,"一天到晚只想替古人錦上添花。

三皇是古時的聖王,他們的書叫做三墳,旣有此名豈可以任它有名而無實,於是古三墳書就出現了。

古三墳書分爲山墳,氣墳,形墳三部分。 山墳是天皇伏羲氏的連山易;氣墳是人皇神農氏的歸藏易;形墳是地皇軒轅氏的乾坤易(按,依據鄭樵通志應作坤乾)。 我們在前邊(第十六章)知道,尙書大傳曾把燧人拍合天皇,伏羲拍合人皇,神農拍合地皇,現在在這部書裏是根本換過了。 我們又知道(同上),僞孔安國尙書序,皇甫謐帝王世紀,孫氏注世本,是定伏羲,神農,黃帝爲三皇的,如今古三墳書也完全相同。 這是僞孔們的冥合於邃古呢?還是因爲僞孔的書太通行了,逼得三墳也不能不照樣辦呢?這個問題似乎已無待討論。

連山,歸藏之名是有來歷的。 周禮春官:

太卜……掌三易之法:一曰連山,二曰歸藏,三曰周易。

周易的"周"字,雖有人說是"易道周普,無所不備"(鄭玄易贊,周易正義序引),但不及說爲"代名也"(陸德明經典釋文,朱熹易本義等)的普遍。 孔穎達周易正義序更鄭重地說:

周易稱周,取岐陽地名,毛詩云"周原膴膴"是也。 文王作易之時,正在羑里,周德未興,猶是殷世也,故題周別於殷。 以此文王所演,故謂之周易,其猶周書周禮題周以別餘代。 故易緯云"因代以題周"是也。 (第三論三代易名)

周易旣一定是周的東西,不能再送給任何人了,所以軒轅氏的易只得改稱爲乾坤(周易中的二卦)。 倘使依據鄭樵的本子,"乾坤"是"坤乾"之誤,那也是有證據的。 這證據出在禮記禮運上:

子曰,"我欲觀夏道,是故之杞;而不足徵也,吾得夏時焉。我欲觀殷道,是故之宋;而不足徵也,吾得坤乾焉。"可見夏時是夏的遺書而坤乾是殷的遺書。鄭玄註:"得殷陰陽之書也,其書存者有歸藏。"照他所說,坤乾即是歸藏,這大約因鄭玄先讀了周禮,記得這個名詞,所以要化異為同。周易上既明著了周字;而坤乾上卻無殷字,比較不受朝代的拘束,所以古三墳書中便取來作為神農的易名了。

再說到連山,歸藏,問題又來了。鄭玄註周禮"三易,"引杜子春說云,"連山,虙犧;歸藏,黃帝。"在這部三墳中,連山雖仍屬伏犧,但歸藏卻不是黃帝而是神農的,對不對呢?又,孔穎達周易正義序云:

案世譜等羣書,神農一曰連山氏,亦曰列山氏。黃帝一曰歸藏氏。

照此說來,連山又不屬伏犧而是神農的了。這話也不是沒有證據。左昭二十九年傳和國語魯語上都提起"烈山氏,"說他有子曰柱,為稷神;禮記祭法之文和魯語大體相同,但此名作"厲山氏。"鄭玄註祭法云,"厲山氏,炎帝也,起于厲山。"韋昭註魯語云,"烈山氏,炎帝之號也,起于烈山。""烈"和"厲"是一聲之轉,自然是一人。現在世譜等書又說神農一曰連山氏,亦曰列山氏,"連,列"也即"烈,厲"的聲轉。因為炎帝號連山氏,而連山是易的一種,所以皇甫謐帝王世紀就說:

庖犧氏作八卦,神農重之為六十四卦,黃帝堯舜引而伸之,分為二易。至夏人因炎帝曰連山,殷人因黃帝曰歸藏;文王廣六十四卦,著九六之爻,謂之周易。(太平御覽卷六〇九引)

他已直捷把連山易派在炎帝名下了。現在這部三墳裏仍將連山歸給伏羲,又對不對呢? 至于鄭玄易贊所謂"夏曰連山,殷曰歸藏"(周易正義序引),這是學者們一致的信仰。 旣經是炎黃,又說是夏殷,未免有衝突之嫌,所以皇甫謐有"夏人因炎帝曰連山,殷人因黃帝曰歸藏"的一說,見得炎黃創其端而夏殷承其緖,本來是一件東西。

古三墳書說伏犧易爲連山,神農易爲歸藏,黃帝易爲乾坤(或坤乾),從上面的話看來,簡直是沒有一個沒有問題。 這種官司是打不淸的,姑且不管它罷! 我們且看一看三墳中的易是什麼樣子。

我們知道,周易中有八個卦,重疊起來就化爲六十四。 爲了簡便易記,更替每卦定一個象,作爲表徵。 例如乾的象爲天,坎的象爲水,那坎下乾上的訟卦,象傳便說它 "天與水違行,訟,君子以作事謀始。" 倒過來呢,乾下坎上是需卦,象傳說,"雲(也是水)上於天,需,君子以飮食宴樂。" 如今這三皇之易也是這般:

山墳(連山)八卦:—— 君,臣,民,物,陰,陽,兵,象。
氣墳(歸藏)八卦:—— 歸,藏,生,動,長,育,止,殺。
形墳(乾坤或坤乾)八卦:—— 天,地,日,月,山,川,雲,氣。

把這些卦重疊起來,每墳也都有六十四卦。 例如臣下君上就是相卦;君下臣上就是侯卦。 又如歸下藏上是交卦;藏下歸上是定位卦。 這部書裏也有傳,不知道是哪一位聖賢做的。 例如"君,臣,——相,"傳曰,"相位至貴,君之臣也。" 又如"君,民——官,"傳曰,"君臨百官,以爲民也。" 又如"地,天——降氣,"傳曰,"聖人以推中氣正歲年。" 這些句法眞覺得與周易同聲相應。 可惜它的時代太早了,那時還不曾給文王演爲三百八十四爻,

三墳與古三墳書

所以書裏雖已立了"爻卦大象"的題目，卻只有卦而沒有爻。

古三墳書是易經和書經的混合物。這三種墳是易體，還有四篇文字是書體。

山墳中雜有一篇河圖代姓紀，記載開闢以來的事情，它的光怪陸離的地方不亞於緯書和道藏，如云：

> 有巢氏生太古之先，覺識於天地蟲魚鳥獸，俾人居巢穴，積鳥獸之肉，聚草木之實；天下九頭，咸歸有巢，始君也。……燧人氏，有巢子也，生而神靈，教人炮食，鑽木取火，天下生靈尊事之，始有日中之市，交易其物，有傳教之臺，有結繩之政。……伏羲氏，燧人子也，因風而生，故姓風。

有巢氏燧人氏雖不在三皇之內，然而竟是天皇伏羲氏的祖和父。這種關係，應感謝它記了下來，在別處我們是絕未見過的。

天皇伏羲氏策辭也是山墳中的一篇，是策命他的臣下的言語，在起首他說當他的父親燧皇時代，天還沒有降下河圖，生民結繩而無不信。自從他卽位以來，人類生聚也多了，而"羣羣蟲聚，欲想吞害，"偏幸老天特別的親善起來，河龍馬負圖而出，於是他畫了八卦，以後自上而下，纔得安居。他的官吏有共工，皇桓，朱襄氏，昊英氏，栗陸氏，赫胥氏等；當他分配職務時，他這樣地說，他的臣子就這樣地答：

> 皇曰，"咨予上相共工：我惟老極無爲；子惟扶我正道，咨告於民，俾知甲曆歲時自茲始，無或不記，子勿怠！"共工曰，"工居君臣之位，無有勞，君其念哉！"
>
> 皇曰，"下相皇桓：我惟老極無爲；子惟扶我正道，撫愛下民，同力咨告於民，俾知甲曆日月歲時自茲始，

無或不記,子其勿怠!" 桓曰,"居君臣之位,無有勞,君其念哉!"

原來昊英氏始進甲曆,在這以前,人們只知道草木的一生一殺,所以多少年就叫多少易草木。雖然有了甲曆記歲,而人民是頑固的,不愛接受,於是上下兩個宰相的職責就是推行這個新定的曆法。其他有栗陸主養草木,開導泉源,大庭主室屋,昆連主刀斧等等。

氣墳中有人皇神農氏政典,形墳中有地皇軒轅氏政典,是他們的政治原理,今引數段,以見大凡:

政典曰,"惟天生民,惟君奉天,惟食喪祭衣服教化一歸於正。"

政典曰,"君正一道,二三凶;臣正一德,有常吉。時正惟四,亂時不植。氣正惟和,氣亂作癘。官正惟百,民正惟四,色正惟五,惟質惟良。病正四百四,藥正三百六十五;過數乃亂,而昏而毒。道正常,過政反僻。刑正平,過政反侈。禮正度,過政反僭。樂正和,過政反流。治正簡,過政反亂。喪正哀,過政反遊。干戈正亂,過正反危。市肆正貨,過政反邪。譏禁正非,過政失用。"(以上人皇神農氏政典)

政典曰,"國無邪教,市無淫貨,地無荒土,邑無游民,山不童,澤不涸:其正道至矣。正道至,則官有常職,民有常業,父子不背恩,夫婦不背情,兄弟不去義,禽獸不失長,草木不失生。"

政典曰,"方圓角直曲斜凹凸必有形,遠近高下長短疾緩必有制,寒暑燥濕風雨逆順必有時,金木水

火土石羽毛必有濟,布帛桑麻筋角齒革必有用,百工器制必有制。……" （以上地皇軒轅氏政典）

許多人說這些策辭太淺陋了。但如有人要替它辨護,也何嘗不可說三皇在草昧之世,思想朴質,人事簡單,文化甚低,還不得不淺陋呢!

這書的末尾有一篇後序,沒有記下作者的姓名。文云:

> 傳曰:河圖隱於周初,三墳亡於幽厲,洛書火於亡秦,治世之道不可復見。余自天復中隱於青城之西,因風雨石裂,中有石匣,得古文三篇,皮斷簡脫,皆篆字,乃上古三皇之書也。

從這篇短文裏,可知三墳是和河圖洛書有同等地位的,而不幸這三部書在八百年中竟同遭了淪亡的厄運。如今河圖洛書由宋人找出來了,三墳又早在唐昭宗天復中（西元九〇一——三）給狂風猛雨在四川的青城山石縫裏打出來了。在周秦是"天喪斯文,"而在唐宋是"天開文運,"相形之下,誰敢道今不如古!按青城是仙經中的"第五洞天"（見元和郡縣志卷三一蜀州）,歷代方士如張道陵,范長生,孫思邈,杜光庭都棲隱其間,那麼初發現這古文字的三墳的人也許是個道士吧!

把這部書表章於世的,是宋代的毛漸。他在序文裏詳述他發現的經過及其對于這書的見解:

> 春秋左氏傳云,"楚左史倚相能讀三墳,五典,八索,九丘。"……漢書藝文志錄古書為詳,而三墳之書巳不載,豈此書當漢而亡歟?
>
> 元豐七年（西元一〇八四）,予奉使京西,巡按屬邑,歷唐州之泌陽;道無郵亭,因寓食于民舍。有題于戶,

"三墳書某人借去。"亟呼主人而問之曰,"古之三墳也,某家實有此書。"因命取而閱之:三墳各有傳,墳乃古文而傳乃隸書。觀其言簡而理暢,疑非後世之所能爲也。就借而歸錄;間出以示好事,往往指爲僞書。然考墳之所以有三,蓋以"山,氣,形"爲別。……與先儒之說"三墳"特異。皆以義類相從,曲盡天地之理。復有姓紀,皇策,政典之篇,文辭質略,信乎上古之遺書也。胤征引"政典曰,'先時者殺無赦;不及時者殺無赦',"孔氏以謂爲政之典籍;頗與書合。豈後人之能僞耶!世人徒以此書漢時已亡,非後世之宜有。且尚書當漢初重購而莫得,武帝時方出於屋壁間,詎可遂爲僞哉!……

毛漸既是一位大官,他對於此書又這樣地篤信,經不起他的鼓吹,這部上古遺書就風行於世了。

又過了五十餘年,鄭樵作史記後的第二部通史——通志,開始把三墳中的材料收入歷史。他在三皇紀的序文中說:

三皇者,天皇,地皇,人皇是也,其說不一,無所取證;當取伏羲爲天皇,神農爲人皇,黃帝爲地皇之說爲正。(自註,"其說出三皇太古書,"按卽三墳。)伏羲作連山;神農作歸藏;黃帝作坤乾。易之始自伏羲;三易之本自三皇。夏人因連山而作連山;商人因歸藏而作歸藏;周人因坤乾而作周易。

經他這樣一說,古三墳書就眞成了易的基礎了。伏羲爲天皇,神農爲人皇,黃帝爲地皇,也居然成了歷史的事實了。下面伏羲的紀文:

> 命子襄爲飛龍氏,造六書。……　命子英爲潛龍氏,造甲歷。……　乃升傳教之臺而以甲歷示民。　命栗陸爲水龍氏,"繁滋草木,疏導泉源,毋怠於時!"　命混沌爲降龍氏,"驅除民害,民安則安,民危則危,毋怠於民命!"　命大庭氏主屋廬,爲民居處。　命陰康氏主水土,爲民田里。　於是共工爲上相,柏皇爲下相,朱襄昊英常居左右,……栗陸居北,赫胥居南,昆連居西,葛天居東,陰康居下,分九州之牧而天下化。

這便是把山墳中的代姓紀和皇策辭合起來寫的(原文一部分見下引胡應麟文內)。後人作史,如其根據了通志這段文字,即無異採用了三墳之文了。

毛漸表章三墳,受到許多人的指摘。鄭樵也是如此。所以他在通志藝文略中替它辨護道:

> 三皇太古書,亦謂之三墳。……　其書漢魏不傳,至元豐中始出於唐州比陽之民家;世疑僞書。然其文古,其辭質而野,其錯綜有經緯,恐非後人之能爲也。如緯書猶見取於前世,況此乎!　且歸藏至晉始出,連山至唐始出,然則三墳始出於近代亦不爲異事也。(經類,古易)

他們眞有勇氣來維持這一部書。尤其奇怪的,是頗有批評精神的鄭樵,他在別的地方最敢疑古惑經,而這一部新鮮的古書居然能吸住了他的信仰。

然而古三墳書究竟出世得太遲了,它不但不能像周禮和古文尚書這樣取得經典的地位,而且也不能像逸周書和穆天子傳一樣取得史籍的地位。自宋至今,信它的人遠比不屑掛齒的人爲少。至於辨駁它的，據我們所見，有以下幾家：

葉夢得是南北宋之間的人，行輩稍後于毛漸。他說：

> 古三墳書爲古文，奇險不可識，了不可知其爲何語，其妄可知也。（文獻通考卷一七七引）

可見這書一出世，就給人不留餘地的否認了。稍後于葉氏的有晁公武，他在郡齋讀書志中說：

> 三墳書七卷（顧剛案，云七卷者，蓋以山，氣，形三墳爲三卷，代姓紀爲一卷，伏犧皇策爲一卷，神農軒轅兩政典爲二卷）：右皇朝張商英天覺得之於比陽民家。……按七略不載三墳，隋志亦無之。世皆以爲天覺僞撰，蓋以比李筌陰符經云。（卷四，經解類）

南宋後期的陳振孫，他在直齋書錄解題中說：

> 古三墳書一卷：元豐中毛漸正仲奉使京西，得之唐州民舍。其辭詭誕不經，蓋僞書也。………蓋自孔子定書，斷自唐虞以下；前乎唐虞，無徵不信，不復采取，於時固以影響不存去之。二千年而其書忽出，何可信也！況皇謂之墳，帝謂之典，皆古史也，不當如毛所錄淇僞明甚。人之好奇，有如此其僻者！（卷二，書類）

到元，馬端臨又發表他的反對的議論在文獻通考裏：

> 按夫子所定之書，其亡於秦火而漢世所不復見者，蓋杳不知其爲何語矣。況三墳已見削于夫子而謂其書忽出於元豐間，其爲謬妄可知。夾漈好奇而尊信之，過矣！又況詳孔安國書序所言，則墳，典，書也，蓋百篇之類也；八索，易也，蓋彖，象，文言之類也。今所謂三墳者，曰山墳，氣墳，形墳，而以爲連山，歸藏坤乾之所由

作,而又各有所謂大象六十四卦,則亦是易書,而與百篇之義不類矣,豈得與五典並稱乎！

這四家的批評,葉夢得只是一種直覺,並未說出它僞的理由;晁公武把漢書隋志不載爲抗議,也未能使對方屈伏,因爲佚書的復現本是可能的事,不過這書佚失的時期特別長久則頗爲可疑而已。 陳馬兩家說三墳爲孔子所删,不應尚存于世,這理由也不硬,不見逸周書的流傳嗎？ 但他們還舉出一個理由,說三墳旣爲三皇的書,就該與紀載五帝的五典一樣,應當全是記事的體裁,而不應夾入易類之文,這是站得住的駁詰。 試看周禮,三易是太卜掌的,三皇五帝之書是外史掌的,旣確認三皇之書是三墳,那麼三墳即非三易。 這一點實爲作者的疏忽,也許他只讀了周易尚書而不曾讀過周禮。 至于晁氏說是張商英所得,陳氏說是毛漸所得,這個歧異也是一個枝節的問題。 大概在這書的初刻本上曾有張氏的序文,因此致誤吧？

對於這書作最厲害的攻擊的,要推明代的胡應麟。 他在四部正譌(少室山房筆叢的一種)中有極暢盡透澈的議論:

三墳之僞,前人辯之審矣。鄭漁仲以爲"三皇太古書"而尊信爲實然,甚矣鄭之疏略也！ 余讀之,蓋諸贗書中至淺陋者。 世以隋購三墳,劉炫僞造連山等百餘篇上之,即此書(顧剛案,此說見明王世貞四部稿),然炫在隋號大儒,其學博,其業精,其造連山雖僞妄,必有過人者。今三墳之首,所稱"太始,太極,太易,太初,太素"皆勦合乾坤鑿度之文而稍增飾之,而乾坤鑿度則又全錄沖虛天瑞之語者也。 至其所列連山,歸藏,乾坤等象,布置錯綜,僅同兒戲。 其引物連類,取義稱名,合於羲農之世者十無三四。亡論六代以前，即真出於炫，豈淺陋至是極哉！且伏羲爲"天皇，"似矣；神農而曰"人皇，"軒轅而曰"地皇，"是故爲異說而罔顧其理之弗根也。"先時者殺，不及時者殺，"夏后所引是矣，而以出軒轅，是妄意其時而弗知其命之弗順也。又其所言"三十二易草木"等語，皆庸人孺子所縮朒而不肯言者。是書蓋即序者毛漸所爲。余故劇論爲光伯（劉炫字）解紛。若三皇之說，世自漁仲外無信者；葉夢得馬端臨已極譏鄭之好怪，吾何暇爲辯哉！

天皇氏策辭云，"……皇曰，'子居我水龍之位，主養草木，開道泉源，無或失時；子其弗怠！'陸曰，'竭力於民，君其念哉！'皇曰，'大庭：主我屋室，視民之未居者喩之；借力同構其居，無或寒凍！'庭曰，'順民之辭！'皇曰，'陰康：子居水上，俾民居處，無或漂流；勤於道，達於下！'康曰，'順君之辭！'皇曰，'渾沌：子居我降龍之位，惟主於民！'皇曰，'昆連：子主我刀斧，無俾野獸犧虎之類傷殘生民，無俾同類大力之徒驅逐微弱；子其伏之！'連曰，'專主兵事，君無念哉！'皇曰，'四方之君：咸順我辭，則世無害；惟愛於民，則位不危！'皇曰，'子無懷安，惟安於民：民安子安，民危子危；子其念哉！'"案三墳此章全剿堯典，而辭意淺陋，殆類村學究語。詎曰庖犧之代預規虞世之文哉！

王長公讀三墳書云，"伏羲畫連山而有'民，兵，——器，''陰，兵，——妖，''陽，兵，——讎，''兵，陽——陣，'至策辭而曰'主我屋室，''主我刀斧；'神農歸藏而曰'殺，藏——

墓:'此皆不知其時而妄爲說者也。" 余執此更推之,
連山猶或可解,至歸藏,乾坤強半笑資。因備錄後,後
之論三墳者觀此足矣。

歸藏卦爻曰"歸,勳,——乘舟"神農之世未有舟
楫也。曰"勳,歸,——乘軒,"神農之世未有軒蓋也。
曰"藏,止,——重門,"神農之世未有屋室也。曰"殺,勳,
——干戈,"神農之世未有戈矛也。曰"殺,長,——戰,"
曰"殺,止,——亂,"而不知征伐兵爭實肇於黃帝。曰
"生,勳,——勳陽"(傳云"聖人以行慶錫"),曰"止,殺,——寬
宥,"而不知賞慶赦宥實始於唐虞。他若所謂"歸,殺,
——降,""生,藏,——害,"皆刺謬之妄談;所謂"長,歸,
——從師,""長,藏,——從夫,"皆經典之剩語。曰"地
氣,"曰"水氣,"曰"火氣,"曰"風氣,"則釋門之四大;而曰
"殺,生,——無忍,"曰"勳,止,——戒,"又釋子委談也。
曰"金氣,"曰"木氣,"曰"水氣,"曰"火氣,"則術士之五行;
而曰"生,殺,——相赳,"曰"金氣殺,"又術家淺數也。凡
歸藏中爻象類若此。至乾坤"天,地,——圓丘"等象,
尤爲捧腹資。鄭漁仲以該洽自信,胡漫然弗攷哉!

乾坤卦象曰"雲,天,——成陰,"曰"雲,地,——高林,"
曰"山,地,——險徑,"曰"氣,地,——下溼,"曰"山,日,——
沈西,"曰"天,日,——昭明,"曰"川,日,——流光,"曰"日,月,
——代明,"曰"川,月,——東浮,"曰"日,山,——危峰,"曰
"月,山,——曲池,"曰"山,雲,——疊峰,"曰"山,氣,——籠
烟,"曰"川,氣,——浮光,"曰"雲,氣,——流霞,"曰"月,天,
——夜明,"曰"川,山,——島,"曰"雲,山,——岫,"曰"氣,

山，——畠，"曰"日,川，——湖,"曰"雲,川，——溪,"曰"氣,川，——泉,"曰"山,澗，——川,"曰"日,川——湖。" 右所云地皇氏卦象,大類今世村學塾師教小兒蒙求,總龜,又似初習聲偶者詩學大成中字面。 夫"高林,""險徑,""危峰,""曲池,""島,""岫,""烟,""霞,""川,""畠,""溪,""澗,"皆漢唐六代詞人語;亡論三皇,即六籍四詩固不盡見。 而"昭明,""代明,""流光,""成陰,""下涇,""沈西,""東浮"諸語,或勦諸經典,或取諸閭閻,蓋亡一字類三代以上者。 故余嘗謂僞書之陋無陋于三墳也!

"皇曰,'岐伯天師:……先時者殺,不及時者殺,'"此二語與胤征合。 夫胤征誓師出衆,言固應爾;岐伯燮理陰陽而首戒以殺,何也? 蓋僞者以黃帝首伐蚩尤,故剽胤征二語以實之,又於序中特援爲證,而不知適以愈彰其僞。 "心勞日拙,"誠然哉!（卷上）

看了他這許多話,我們不必對於這部書再作批評了。 我們可以知道,古三墳書的作者對於三皇的知識和想像是怎樣的空洞淺薄。 語云,"畫鬼魅易,畫犬馬難,"因爲犬馬個個人看得見,有一點不像就給人指出來了;而鬼魅是無憑的,可以隨你的意興畫去,可以不受種種形像的拘束。 但我們讀了這部古三墳書,纔知道鬼魅也不是容易畫的,如果你沒有羅兩峯的才情,且不要大膽發表你的鬼趣圖!

二九　近代對於三皇的祭祀和信仰

在五帝以前旣有三皇御世,而三皇名目依照僞孔尙書傳序是伏羲,神農,黃帝,於是在唐代祭祀前代帝王的祀典裏就有了他們三人的位分了。唐會要云:

> (天寶)六載(西元七四七)正月十一日勅:三皇,五帝創物垂範,永言龜鏡,宜有欽崇。三皇:伏羲(以勾芒配),神農(以祝融配),軒轅(以風后,力牧配)。五帝:少昊(以蓐收配),顓頊(以玄冥配),高辛(以稷契配),唐堯(以羲仲,和叔配),虞舜(以夔,龍配)。其擇日及置廟地,量事營立;其樂器請用宮懸;祭請用少牢。仍以春秋二時致享共,置令丞,令太常寺檢校。(卷二十二)

可知他們全依僞孔的話辦事的。五代擾攘,祀典多廢,到宋代這三皇專廟的祭祀似已廢弛,如今所見到的史料裏便沒有這種痕迹了。 到了元代,在異民族統治之下,三皇也變了性質:祀三皇的典禮由醫師主辦,而配享的又是十大名醫,三皇似乎只是醫藥之祖了。 元史祭祀志記元成宗時事道:

> 元貞元年(西元一二九五),初命郡縣通祀三皇如宣聖釋奠禮。太皞伏羲氏以勾芒氏之神配。炎帝神農氏以祝融氏之神配。軒轅黃帝氏以風后氏,力牧氏之神配。黃帝臣俞跗以下十人姓名載於醫書者從祀兩廡。有司歲春秋二季行事,而以醫師主之。

這是元代的創制而非鈔襲,但他們爲什麼要把開天立極的聖人限爲醫流之祖呢? 元人虞集對此曾有詳細的說明。他道:

> 國家之制,自國都至於郡邑,無有遠邇,守令有司

之所在,皆得建廟通祀三皇,而醫者主之,蓋爲生民立命之至意也。⋯⋯　世祖皇帝⋯⋯禮樂刑政,治具畢舉,⋯⋯於是山川之靈,神明之祠,凡可以衛吾民之生者莫不秩祀。⋯⋯　獨念夫血氣動乎形骸之內,寒暑感乎時序之異,不能無傷沴者焉,則致意於醫者之學。又慮夫師匠不立,古學旣絕,遐陬遠邑混于一方一曲相傳之私而不足通其極也,推而上之,原其所自出,必至於三聖人然後止。是此三聖人之所以惠利生人者不必以醫之一技,而求夫爲醫之道,不上達於三聖人則不足以盡其神聖之能事。(道園學古錄卷三六,澧州路慈利州重建三皇廟記)

　　三皇廟者,祠伏羲,神農,黃帝之神,自國都至於郡縣皆立諸醫者之學,我國家之制也。⋯⋯　上古聖神繼天立極,斯民生生之道萬古賴焉。祀典之重,禮亦宜之,而不特專爲醫者之宗。夫求盡民之生養而思捄其害之者,莫要於醫也。醫之爲學,舍此將安所宗哉!(同上,撫州路樂安縣新建三皇廟記)

　　傳曰,"天地之大德曰生,"蓋言乎天地之心生物而已矣。篤生聖神,代天工以前民用,開物成務,世以益備。⋯⋯　猶懼夫六氣之沴害於外,七情之感傷於內,或不得以全其生也,是以有醫藥砭焫之事焉。凡所以因其事而制其變,思盡其道以遂生物之心而已矣。⋯⋯　我世祖皇帝混一宇內,⋯⋯而萬國生聚之衆,其癢痾疾痛不得不以爲憂,是以郡縣無間內外,皆設廟學,置師弟子員而教以其藝,使推本其先聖先師而祀之。作伏羲、神農、黃帝之像,南面參坐;而以昔者神明之醫與凡爲其學而著名者,以次列坐配享從祀,略如近代儒學之制。……天地之爲德,聖神之爲能,我聖祖之爲制作,思有以遂其心焉。凡爲吾人者,何可不盡其心以求生生之理乎!蓋嘗聞之,善養心者莫若理義,……是以上古之世無奇衺之疾,不待鑽灼其肌膚,苦毒其腸胃,而泰然委順,登上壽而不衰,此三皇之所以爲盛也。(同上,崇仁縣重建醫學三皇廟記)

郡縣之祀,境內山川鬼神之在祀典者,有詔令則脩祀焉,有故則禱焉。其定制通祀,惟社稷與夫子。我國朝始建三皇之廟以祀伏羲、神農、黃帝,自國都至於郡縣,通祀爲三矣。祭於春秋之季月,有司守令行事,醫諸生執禮致拜,告享倣於儒學,而器服牲幣亦視以爲法,我聖朝之制也。……周令……爲政年餘,歲豐民安,粗有餘力,乃徹故祠而新之。……作開天之殿以奉三聖人,刻貞木以象之,容服之飾如京廟所定。殿有開天之門,外有欞星之門;殿前有三獻官之次;門左爲惠民藥局,右則守廟者處焉。……噫,聖人之爲斯民慮者周矣!……若夫推本於三皇者,蓋欲斯民涵泳於至和之中,休休焉以安,雍雍焉以居,以樂於無爲而永於天年也。(同上,袁州路分宜縣新建三皇廟記)

從這四篇文字看來,可知設立三皇廟以供奉醫家的祖師是元世祖統一中原後(西元一二八〇——九四)的創舉,而普及於成宗時的。他們不受中國的重道輕藝的傳統文化的束縛,爲了注意民生日用,覺得醫術很該重視,所以模仿了儒學來辦醫學,模仿了孔子廟來造三皇廟。因為出於帝王的命令,所以設立得很普遍,和各縣舊有的社稷壇與孔廟鼎足而三。假使辦得好,未始不可孕育中國科學的萌芽,可惜元代的壽命旣很短促,而當時的醫界又沒有傑出的人才,會得利用這優厚的時勢來發展他們共同的事業。這眞是辜負了元世祖們的美意!至於醫師何以應奉三皇爲祖,虞集也沒有舉出堅確的理由來。他說,"三聖人之所以惠利生人者不必以醫之一技;而求夫爲醫之道,不上達於三聖人則不足以盡其神聖之能事。"他又說,"祀典之重,禮亦宜之,而不特爲醫者之宗。"又說,"推本於三皇者,蓋欲斯民涵泳於至和之中,休休焉以安,雍雍焉以居。"這些話都是說三皇的規模大得很,醫師雖該祖三皇,但三皇卻不是醫師之祖,這和木匠的祭魯班,織工的祭嫘祖,性質大大不同。所以然者,因爲虞集本身是個儒者,伏羲神農等原是儒家門中的聖人,他不忍給醫流搶奪了去。他決不能像沒有受過舊文化薰陶的元世祖們一樣,聽得神農氏有嘗藥及作本草的傳說,黃帝有作內經的傳說,而神農黃帝是三皇之二,爽快把伏羲硬拉入醫界,派定三皇是醫流的祖師。文化不同,思想自異,這是不足怪的。

在虞集的文集裏,還有一篇吉安路三皇廟田記,我們可以從這裏見到當時三皇廟的經濟情形。文云:

> 醫者之學,國朝之制,始遍天下。其初廟祭祀教養率依倣儒學,然而歲以春秋之季修祀事,有司取具而已,或至醮諸醫者,而師弟子之廩稍無所從出。夫國家制爲通祀,有司之重事也,……顧無以資其爲學之具,差其全否之食,是故良有司凜然懼無以稱聖朝之意;

而爲醫官而知所重輕者,恒懼不能稱其職焉。吉安之爲郡,士厚而物殷。……仍改至元之二年（西元一三三六）其守張侯浩介其郡人醫愈郎澄陽行省醫學提舉謝縉孫,以其修理醫學之事來告而請書之,云,"……張侯之來,有民鄧明遠請以其所得賞田之半歸諸醫學以備用。……計歲租之入得米一百五十石有奇,……自是祭祀有備,師徒有舌食矣。……"（卷三十六）

從這一篇文字裏,可知後來醫學的所以塌臺實由於經濟基礎的沒有穩固。元世祖和成宗發出命令,叫天下都立三皇廟,立固立了,但祭祀時的費用不得不臨時向醫師們拼湊。醫學裏的師生,他們的吃飯問題也無法解決。遠比不上根柢深厚的儒學,祭祀教養都有學田供給。吉安是一個殷富的地方,尚且籌畫不出辦法來。直到元的末帝元順帝時,始有一個鄧明遠捐了若干畝田,年入租米一百五十石;數目雖不多,而大家已經覺得是曠舉,要請這位虞大老特爲此事撰記文了。即此可見一種新制度的建立原非容易的事,如果根基不曾打好,那麼,它的"其興也勃"也只有反映出"其亡也忽"的結局的悲哀而已。

把三皇限爲醫流的祖師,在元代也不是沒有人反對。元典章中記載元成宗時的一件事:

大德三年（西元一二九九）,……太常寺關送博士斤照擬得唐會要所載三皇創物垂範,候言藻鑑,宜有欽崇,於是伏羲,神農,黃帝俱有廟貌之設,春秋二時致祭,仍以勾芒,祝融,風后,力牧各附配享之位。稽諸典禮定規,雖百世不易也。況所謂創物垂範,是即開天立極,立法作則之義。今乃援引夫子廟堂十哲爲例,擬十代名醫,從而配食。果若如此,是以三皇大聖限爲醫流專門之祖,揆之以禮,似涉太輕;兼十代名醫,考之於史,亦無見焉。合無止令醫者於本科所有書內照勘定擬?……（卷三〇,祭禮,配享三皇體例）

這位博士覺得以三皇之大聖而限爲醫流之祖,似乎太褻瀆了他們,十大名醫僅有傳說而無信史,也不值得尊崇,所以打算令醫者另覓他們的眞正的祖師。但這次的擬議並沒有發生效力,因爲在元武宗至大年間祭三皇仍有十大名醫配享,且定爲通例。元典章云:

至大二年(西元一三〇九)正月,行省准中書省咨湖廣行省咨爲祭享三皇事理,……咨請定奪回示。准此,送據禮部呈參詳:三皇開天立極,澤流萬世,有國家者所常崇祀。自唐天寶以來,伏羲以勾芒配,神農以祝融配,黃帝以風后力牧配。……其配享坐次,宜東西相向,以勾芒,祝融居左,風后,力牧居右。若其相貌冠服,年代邈遠,無從考證,不可妄定,當依古制以木爲主,書曰勾芒氏之神,祝融氏之神,風后氏之神,力牧氏之神。所謂十大名醫,比依文宣大儒從祀之例,列置兩廡。如此尊卑先後之序,似爲不紊。……合依禮部所擬,定爲通例。……（卷三〇,祭禮,三皇配享）

他們的祭禮就這樣確定了。

明太祖得了天下,起初沿用元朝辦法;後來他覺得不對,就改了;但到了他的子孫手裏又改回來了。明史禮志四云:

三皇:明初仍元制,以三月三日,九月九日通祀三皇。

洪武元年(西元一三六八),令以太牢祀。 二年,命以勾芒,祝融,風后,力牧左右配。 俞跗,桐君,僦貸季,少師,雷公,鬼臾區,伯高,岐伯,少俞,高陽十大名醫從祀,儀同釋奠。 四年(一三七一),帝以天下郡邑通祀三皇為瀆。禮臣議:"唐元宗嘗立三皇五帝廟於京師,元成宗時乃立三皇廟於府州縣,春秋通祀,而以醫藥主之,甚非禮也。" 帝曰,"三皇繼天立極,開萬世教化之原,汨於藥師,可乎!" 命天下郡縣毋得褻祀。 正德十一年(一五一六),立伏羲氏廟於秦州,秦州古成紀地,從巡按御史馮時雄奏也。 嘉靖間(一五二二),建三皇廟於太醫院北,名景惠殿,中奉三皇及四配。 其從祀,東廡則僦貸季,岐伯,伯高,鬼臾區,俞跗,少師,桐君,雷公,馬師皇,伊尹,扁鵲,淳于意,張機十三人。 西廡則華陀,王叔和,皇甫謐,葛洪,巢元方,孫思邈,韋慈藏,王冰,錢乙,朱肱,李杲,劉完素,張元素,朱彥修十四人。 歲仲春秋上甲日,禮部堂上官行禮,太醫院堂上官二員分獻,用少牢。 後建聖濟殿於內,祀先醫,以太醫官主之。 二十一年(一五四二),帝以規制湫隘,命拓其廟。

在洪武四年以前祀三皇是和元代相同的;從四年起乃不許以三皇降儕於藥師,禁止天下郡縣通祀他們。 明太祖實錄記四年三月丁未事有較詳的記載,道:

上諭中書省臣曰,"天下都邑咸有三皇廟,前代帝王大臣皆不親祀,徒委之醫藥之流;且如郡縣通祀,豈不褻瀆? 至於堯,舜,禹,皆聖人,有功於天下後世,又不立廟,朕不知何說也。 宜令禮部會諸儒詳考以聞。"

於是禮部同翰林院太常寺官"考前代聖帝賢王,自唐以來皆祭於陵寢。唐玄宗嘗立三皇五帝廟于京師,至元成宗時乃立三皇廟于府州縣,春秋通祀而以醫藥主之,甚非禮也。" 上曰,"三皇繼天立極,以開萬世教化之源,而汩於醫師,其可乎! 自今命天下郡縣毋得褻祀,止命有司祭於陵寢。"

這是把三皇和其他先代帝王同等待遇,不另立廟,只祭於陵寢,可算是一件合理的舉動。但世宗嘉靖年間又建三皇廟於太醫院了(景惠殿之建,據明會典為二十一年,而聖濟殿建於十五年,志記事次序與此異,又東廡配祀據會典亦為十四人,較志多少俞一人,似皆以會典為是),而且從祀的有二十八位名醫,比元代又多了。此後,終明一代也沒有變更過。

清因明制,沒有多改,不過配享的位次稍微移動了些。大清會典(卷十九)詳細記載道:

景惠殿在太醫院署內之左。正內一龕,太昊伏羲氏正中,炎帝神農氏居左,黃帝軒轅氏居右,均南嚮。籩豆籩三。 東配位二龕,首勾芒,次風后,均西嚮。 西配位二龕,首祝融,次力牧,均東嚮。籩豆籩東西各一。東廡三龕,首僦貸季,天師岐伯,伯高,少師,太乙雷公;次伊尹,倉公,淳于意,華陀,皇甫謐,巢元方;次藥王韋慈藏,錢乙,劉元素(按,元當作完),李杲,均西嚮。籩豆籩三。西廡三龕,首鬼臾區,俞跗,少俞,桐君,馬師皇;次神應王扁鵲,張機,王叔和,抱朴子葛洪,真人孫思邈;次啓元子王冰,朱肱,張元素,朱彥修,均東嚮。籩豆籩三。

和明代不同的,只是華陀,皇甫謐,巢元方,韋慈藏,錢乙,劉完素,李果,鬼臾區,俞跗,少俞,桐君,馬師皇,扁鵲,張機等十四人東西廡從祀的位次變換了。(他們都是順著時代的次序,不過明代是先東廡而後西廡,清代則是東西廡相對次的。)

我們在上文看到元成宗元貞年間令天下郡縣通祀三皇,而以醫師主之;我們知道在民間是最容易崇拜偶像的,況且以三皇的大聖而兼任先醫,有了一班病民作擁護者,他們的香火是絕不會冷落的了。如今隨手取一些地方志看,幾乎每府縣裏都有三皇廟而全是祀作先醫的。畢些例,如山東的濟南府志(王鎬等撰),"先醫廟在南關黑虎泉東,舊稱三皇廟;"江蘇的江寧府志(光緒八年刊),"帝王廟在欽天山之陽,……國初廢,別祀伏羲,神農,黃帝於其地,以爲三皇祠,以其爲醫師之祖也。"

(此圖攝於山西大同城內,別處的三皇殿也是這樣。)

又有僅祀神農為藥皇的，如浙江鄞縣志(張恕等修)有趙存洵撰重修藥皇廟記，云：

> 炎帝神農氏本草經三卷，始著於梁七錄而漢志無之。或疑為晚出之書，然散見百家傳記者。……夫以帝之功德及民，"斲木為耜，揉木為耒，"易有之矣。"以火紀官，故為火師而火名，"傳有之矣。……所以利濟萬世者，不惟醫藥一端。

這明明說的是神農一人而不及伏羲，黃帝。本來三皇之中，依據傳說看來，神農是最有先醫的資格的，全把三皇當作藥皇自易引起人們的懷疑。

章學誠對於藥皇廟祀三皇之故曾有考證，道：

> 丙辰(嘉慶元年，西元一七九六)四月二十三日，遊于北城三皇廟，乃藥肆公建，所謂藥皇廟也。殿有孫端人編修所製碑文，其發端意謂神農本草當祀，而羲黃於義無取。下云，"有功於民，皆得通祀，"解釋藥王並祀三皇之義，殊屬勉強。古聖孰非有功於民，必以羲，農，黃帝為醫藥祖耶？按神農有本草，而黃帝有素問，靈樞，安得謂黃帝於義無取。禮記，"醫不三世，不服其藥，"孔疏引別說云，"黃帝鍼灸，神農本草，素女脈訣，不習此三世之書，不得服其藥。"杭大宗謂鄭康成以伏羲，神農，黃帝為三世；不知其何所本。孔氏正義蓋不取針灸，本草之說。杭引鄭說果有出處，則尤足為三皇醫祖之證矣。然今禮注，鄭氏並無羲，農，黃帝為三世之說，杭氏不知何所見也，俟考。(章學誠丙辰劄記，嘉業堂刊本。按，是年先生在紹興原籍。)

孫端人以爲羲黃祀爲醫祖,於義無取,遂強爲解釋,謂有功於民的可得通祀。章學誠說神農有本草,而黃帝有素問,靈樞,則祀黃帝也頗有據。伏羲雖似無說,然而禮記"醫不三世"之文如依杭世駿所引鄭玄說,則伏羲正爲三世之首,自亦當祀。

杭世駿的文章在他的道古堂文集裏(卷二十三),題爲醫三世說。文云:

> 記曰,"醫不三世,不服其藥。"鄭康成以伏羲,神農,黃帝爲"三世。"孔安國序尚書,以"伏羲,神農,黃帝之書謂之三墳。"杜子春注周禮,"連山,宓戲;歸藏,黃帝。"王碌以三墳爲言道,子春以連山歸藏爲言易,而未有及於醫者。神農嘗百藥,著本草經,而管,呂,晁錯所引神農之教亦無有及於醫者。唯王氏注內經,於陰陽應象大論引神農曰,"病勢已成,可得半愈。"高保衡林億等校正內經,於至眞要大論引神農曰,"藥有君臣佐使以相宣攝合和,宜用一君二臣三佐五使,又可一君二臣九佐使也。"農之言惟此而已。伏羲無一言傳於世。內經中言"上古"疑指伏羲,言"中古"疑指神農,則伏羲爲一世,神農爲二世也。著至教論,雷公曰,"上通神農,著至教,擬於二皇。"二皇爲羲農,此在黃帝之世祖述羲農之明證也。
>
> 間嘗論之,凡爲醫者其術必有所授而其言必有可徵。何謂術有所授?在自得師。六節藏象論,帝問何謂氣,岐伯曰,"此上帝所秘,先師傳之。"移精變氣論,"上古使僦貸季理色脈而通神明,"注引八素經序云,"天師對黃帝曰,'我於僦貸季理色脈已三世矣。'"

刺法論,"岐伯曰,'臣聞夫子言,'"注,"夫子者,祖師僦貸季。" 夫曰"三世,"則在伏羲之世爲私淑諸人。 曰"聞,"則相傳有此語而誦而聞之,非親受業也。 靈樞經,黃帝言"余聞先師有所心藏,弗著于方。" 岐伯言"先師之所口傳。" 曰"心藏,"曰"口傳,"似曾受業而藏之,而傳之矣。 不知此"先師"別是一人而得僦貸季之傳者耶? 若是僦貸季,則爲祖師,岐伯不得受業也,而言"必則古昔,稱先王"如是。 何謂言有所徵? 靈樞,"帝問岐伯,'夫子之問學熟乎? 將審察於物而心生之乎?' 岐伯曰,'必有明法以起度數,法式檢押,乃後可傳,'是岐伯學之熟也。 二皇所遺經論至多,黃帝之世具在。 有曰"上經",其言曰,"夫道者上知天文,下知地理,中知人事,可以長久,"氣交變大論引之。 有曰"下經,"其言曰,"胃不和則臥不安,"評熱論引之。 又曰,"筋痿者,生於肝使內也;肉痿者,得之濕地也;骨痿者,生於大熱也,"痿論引之。 又有"經論中,"陰陽類論引之,注以爲"上古經之中也。" 瘧論,"岐伯曰,'經言"無刺熇熇之熱,無刺渾渾之脈,無刺漉漉之汗,"'" 又"經言曰,'方其盛時必毀;因其衰也,事必大昌,'"此又泛言"經,"不知其在上在下在中也。 又有占候靈文,名太始天元冊文,伏羲之時已鐫諸玉版,神農之世鬼臾區十世祖始誦而行之,其言曰,"太虛寥廓,肇基化元;萬物資始,五運終天,……"鬼臾區述之,見天元紀大論。…… 九鍼九篇,岐伯廣之爲八十一篇,見於離合眞邪論篇。 又有刺法,王砅注,"今經亡;"評熱論云,"在刺法中。"⋯⋯　又有脈法,五運行大論引脈法曰,"天地之變,無以脈診"(經脈別論注亦引三世脈法)。又有脈要,其言曰,"春不沈,夏不弦,秋不數,冬不濇,是謂四塞,"至眞要大論引之。⋯⋯　軒岐之世,二皇之經論具在;帝雖生而神靈,岐伯雖審察於物而心生,未嘗師心自用也。⋯⋯故能扳二皇而三之,躋一世於仁壽。⋯⋯
(卷二十三)

這篇文章證明黃帝以前已有許多的醫術和醫書,而從雷公的"擬于二皇"之言看來,可證伏羲神農俱爲醫學宗祖。可惜這篇文章出在清朝,倘由元人做出,豈不爲世祖成宗添了許多立廟的理由;虞集們作三皇廟記,也不必儘說些空洞之談了。清朝的樸學,那得不使人佩服! 不過,我們生在現在時代,觀念又和他不同了;我們首先要問黃帝內經的著作時代。如果黃帝內經確是黃帝時作的,那麼此中所引的醫書醫說當然可以推到伏羲神農的時代。若不幸而竟是晚出的,那麼杭氏的力量至多不過證明了在這書以前曾有過那些醫書醫說而已,同伏羲神農還是發生不了什麼關係。現在試查一查昔人的批評。宋陳振孫直齋書錄解題說:

黃帝與岐伯問答。三墳之書無傳尚矣,此固出於後世依託。(卷十三)

言下已不信爲眞書。清姚際恒在古今僞書考中更決絕地說:

漢志有黃帝內經十八卷。隋志始有黃帝素問九卷。唐王砅爲之注。砅以漢志有內經十八卷,以素問九卷,靈樞經九卷,當內經十八卷;實附會也。故後人於素問係以內經者非是。或後人得內經而衍其說爲

> 素問,亦未可知。…… 其書後世宗之,以爲醫家之祖。
> 然其言實多穿鑿;至以爲黃帝與岐伯對問,益屬荒誕。
> 無論隋志之素問,即漢志所載黃帝內外經並依託也。
> …… 或謂此書有"失侯失王"之語,秦滅六國,漢諸
> 侯王國除,始有失侯王者。 予案,其中言"黔首,"又藏
> 氣發時曰"夜半,"曰"平旦,"曰"日出,"曰"日中,"曰"日
> 昳,"曰"下晡,"不言十二支(古不以地支名時),當是秦人
> 作。 又有言"歲甲子"(古不以甲子紀年),言"寅時,"則又
> 漢後人所作。 故其中所言有古近之分,未可一概論
> 也。

照他所說,今本黃帝內經並非漢志之舊,其疑因時代直延到唐。書中文字,早的可以到秦,遲則在漢後。 這個見解是對的。 我們看,本病論篇(在素問遺篇內)有:

> 心爲君主之官,神明出焉。 神失守位,卽神游上丹田,
> 在帝太一帝君泥九君下。

這豈不是唐朝人的話! 至于素問後面的靈樞經,宋晁公武郡齋讀書志云:

> 靈樞經九卷: 右王砅謂此書即漢志黃帝內經十八
> 卷之九也。 或謂好事者於皇甫謐所集內經倉公論
> 中鈔出之,名爲古書也。 未知孰是。 (卷十五)

就是杭世駿,雖曾用它來證明"醫三世"之說,但也不肯信它是真古書。 他在靈樞經跋中說:

> 隋經籍志,"……黃帝九靈十二卷。"…… 王砅以九
> 靈名靈樞。靈樞之名,不知其何所本。…… 余觀其
> 文義淺短,與素問岐伯之言不類,又似竊取素問之言

而鋪張之,其為王砅所偽託可知。 自砅改靈樞後,後
人莫有傳其書者。唐寶應至宋紹興,錦官史崧乃云
家藏舊本靈樞九卷,……是此書至宋中世而始出,未
經高保衡林億等校定也,孰能辨其真偽哉! 其中"十
二經水"一篇,無論黃帝時無此名;而天下之水何止十
二! 祇以"十二經脈"而以十二水配,任意錯舉,水之
大小不詳計也。 堯時作禹貢,九州之水始有名,湖水
不見於禹貢;唐時荊湘文物最盛,洞庭一湖屢詠歌於
詩篇,徵引於雜說,砅特據身所見而妄臆度之耳。 挂
漏不待辨而自明矣。(卷二十六)

這話也是不錯的。 靈樞經如其出得早,就不會有九宮八風篇
(第七十七)的太一行九宮了!(原文見本篇第二十三章引)。

這書的著作時代既已約略知道,我們可以再問:其中牽涉
及伏羲的最堅強的證據是"擬于二皇"一語,這二皇究竟是誰?
關於這一問題,我們已在前面(第六章)討論過,淮南子裏也有
二皇這個名詞。 我們曾說,從楚辭看來,像是東皇和西皇;但高
誘因文中有"別為陰陽"之語,故以為陰陽之神。 姚際恒批評內
經,以為其中一部分的材料是秦漢的。 它同楚辭和淮南子的
時代既相近,當然有使用同樣的名詞的可能。 在那時,伏羲神
農尚沒有跟"皇"字聯合起來,就是到了高誘的時代還沒有打
統賬,怎能一見這"二皇"字就知道是羲農呢? 杭氏用了偽孔
以後的眼光來看秦漢間的書籍,那有對的道理!

杭氏又說,"內經中言'上古'疑指伏羲,言'中古'疑指神農,則
伏羲為一世,神農為二世也。" 這句話更說不響了。 淮南子
裏的"二皇,"從羅泌路史以來久說為天皇地皇(見第二十章),而

天皇地皇常有和伏羲神農併家的趨勢(見第十六及二十八章)，杭氏的解釋還算有根據。至於當黃帝的時代，依照傳說，距離羲農之世尚不遠，而他就要把伏羲定爲上古，神農定爲中古，叫他們一個人代表一個長時期，這似乎在道理上總說不過去。不見伏羲之前還有有巢燧人等氏嗎？伏羲已爲上古，他們將稱做什麼古呢？而且把內經中此類的話搜集起來，也不見得恰和羲農相配。例如：

> 帝曰，"上古聖人作湯液醪醴，爲而不用，何也？"岐伯曰，"自古聖人之作湯液醪醴者以爲備耳。夫上古作湯液，故爲而弗服也。中古之世，道德稍衰，邪氣時至，服之萬全。"（湯液醪醴論篇第十四）

這哪有羲農的時代界綫存在在裏邊！所以，他想用了黃帝內經的材料來建設三皇都爲醫祖的歷史，這是不可能的。何況他還謬舉了鄭玄的話來解釋曲禮中"醫不三世"之文呢！

三皇都爲醫流的祖師，這是元代皇帝杜撰的事實，我們不必從古書裏替他們圓謊。至於"醫不三世"這句話，是不是可以用孔疏的別說或杭說去解釋它，我們覺得文義甚明，也不必"道在邇而求諸遠，事在易而求諸難。"

三皇從最高無上的統治階級跌成了自由職業者，也算淪落得盡致了。從今以後，不知他們還要變些什麼樣子；也許同太一一樣，就此沒人理會了吧？我們寫完這章論文，眞不勝升沈之感了！

附錄一　太一攷

錢寶琮

讀漢人的作品,常常遇到"太一"兩字,眞不容易了解。有時解作"天地未分,混沌之元氣,"[1]和易繫辭傳中的"太極"差不多。有時當一個固有名詞用;或是玉皇大帝的古名;或是北極附近的星名;或是太古的皇帝,又是仙人;或是一種星占術的書名。牠的意義實在太多,很容易引起誤解。至於"太一"兩個字的形體有時寫作"大一,""太乙,""泰一"或"泰壹,"牠們的意義仍舊是相通的。東漢人對於西漢人所寫"太一"的解釋,已經不能十分清楚。高誘淮南子注有幾處錯認太極元氣爲天神,是一個顯明的實例。後世讀古書的人大都不求甚解,尤其莫明其妙。再有一般醫卜星相術數家本來不通"太一"的古義,卻喜歡穿鑿附會到人們所不懂的舊名詞上去,說的天花亂墜。人們受了他們的蒙蔽,對於古書上"太一"的解釋又添了一層障礙。我因爲要研究"九宮"的來源,想解釋易乾鑿度"太一行九宮"的意義,收集了許多關於"太一"的史料。最近和顧頡剛先生談起,承他的好意,把他自己費了不少寶貴的光陰鈔錄的太一史料借給我看,並且要我寫一篇太一考在燕京學報發表。我不是一個國學專家,那裏能夠擔任這番考證的工作! 現在爲好奇心所驅使,勉強湊成一篇,很希望顧先生和讀者多多指敎。

"太一出兩儀;兩儀出陰陽"

"太一"這個名詞,最初的意義是很抽象的。"太"字照一般

---

1. 禮記禮運"是故夫禮必本於大一"疏。

字典上的解釋,有"極大"或"最初"的意義,和"泰"字"大"字常常互相通用。曾國藩解釋淮南子泰族訓的"泰"字最爲透澈,他說:[2]

> 族,聚也,羣道衆妙之所聚萃也。泰族者,聚而又聚者也。始而又始曰太始;一之又一曰泰一;伯之前有伯曰泰伯;極之上有極曰太極;以及泰山,泰廟,泰壇,泰折,[3] 皆尊之之辭。

照他說來,"太一"無非是"一之又一"的意思。那末,什麼叫做"一"呢?"一"字照普通說,並沒有高深的意義。最初用"一"字帶有哲學意味的,要算老子道德經。上篇說:

> 聖人抱一爲天下式。

下篇說:

> 昔之得一者:天得一以清,地得一以寧,神得一以靈,谷得一以盈,萬物得一以生,侯王得一以爲天下貞,其致之一也。

歷來註釋的人都說"一"就是道,"得一"就是得道。道德經上篇說:

> 道之爲物,惟恍惟惚。惚兮恍兮,其中有象;恍兮惚兮,其中有物;窈兮冥兮,其中有精;其精甚眞,其中有信。

上面許多"一"字大概就代表道的象,道的物,道的精,道的信。莊子天下篇論關尹老聃的學派,有"主之以太一"一句話,可以證明道德經內的"一"即是後來的"太一。"老子以後的哲學家受到道德經的影響很大,也就常常拿"一"來代表萬物的根本,百事的起源。淮南子各篇推崇這無形的"一"以爲"道"的經紀

---

2. 求闕齋讀書記卷五。

3. 泰壇,泰折,見禮記祭法。

條貫,立論尤其顯豁。下面略舉幾個最爲顯明的例子:

> 所謂無形者,一之謂也。所謂一者,無匹合於天下者也。卓然獨立,塊然獨處,上通九天,下貫九野,圓不中規,方不中矩,大渾而爲一。……是故一之理施四海,一之解際天地,其全也純兮若樸,其散也混兮若濁。……萬物之總皆閱一孔,百事之根皆出一門。(原道)

> 道始于一。一而不生,故分而爲陰陽,陰陽和而萬物生。(天文)

> 夫天地運而相通,萬物總而爲一。能知一則無一之不知也,不能知一則無一之能知也。(精神)

> 一也者,萬物之本也,無敵之道也。(詮言)

> 所謂道者,體圓而法方,背陰而負陽,左柔而右剛,履幽而戴明,變化無常;得一之原,以應無方,是謂神明。(兵略)

戰國以後各家哲學,大多數喜歡討論道術的,總免不了帶些陰陽家的色彩。分開來叫做"陰陽"的,合攏來就叫做"一。"不過爲避免誤解起見,用"太一"這個新名詞來代替那個莫明其妙的"一。" 呂氏春秋大樂篇說:

> 太一出兩儀;兩儀出陰陽。

> 萬物所出,造於太一,化於陰陽。

> 道也者,至精也,不可爲形,不可爲名,彊爲之[名],謂之太一。

淮南子本經訓說:

> 帝者體太一,王者法陰陽,霸者則四時,君者用六律。
> 太一者,[4]牢籠天地,彈壓山川,含吐陰陽,伸曳四時,紀綱

---

4. 各本作"秉太一者,"茲依王念孫校。

八極,經緯六合,覆露照導,普氾無私,蠉飛蠕動莫不仰德而生。……　是故體太一者,明於天地之情,通於道德之倫,聰明耀於日月,精神通於萬物,動靜調於陰陽,喜怒和於四時,德澤施於方外,名聲傳於後世。……

主術訓說:

天氣爲魂,地氣爲魄,反之玄房,各守其地;守而勿失,上通太一。太一之精通合于天。[5] 天道玄默,無容無則,大不可極深不可測。

詮言訓說:

洞同天地,渾沌爲樸,未造而成物,謂之太一。

要略說:

原道者,盧牟六合,混沌萬物,象太一之容。

在上面幾個例子裏,"太一"兩字都應作陰陽的合體解釋,是毫無疑義的了。但在淮南子別篇裏,卻有作天神或星名解釋的。高誘的注解不能分別清楚,實在使人失望。他註呂氏春秋大樂篇說"太一,道也;"註淮南子本經訓說"太一,天之刑神也;"註詮言訓說"太一,元神總萬物者;"註要略說"太一之容,北極之氣合爲一體也。" "刑神,"在精神訓註寫作"形神。"[6] "元神,"恐怕是"天神"的錯誤。但是無論什麼說法,上邊所引的幾個"太一" 總不能和任何天神或北極之氣發生關係罷!

呂不韋淮南王一派人討論陰陽太一的時候,儒家研究六經的也想借光這種風氣,來做一番推陳出新的工作。荀子禮論篇說:

---

5. 各本作"通於天道,"茲依王念孫校。
6. 精神訓高誘注,"太一,天之形神也。"

> 貴本之謂文,親用之謂禮,兩者合而爲文以歸大一。

又說:

> 故至備情文俱盡,其次情文代勝,其下復情以歸大一也。天地以合,日月以明,四時以序,星辰以行,江河以流,萬物以昌,好惡以節,喜怒以當,以爲下則順,以爲上則明,萬物變而不亂,貳之則喪也。禮豈不至矣哉!

禮記的禮運篇裏,陰陽家的氣味尤其濃厚;裏邊有這麼一段話:

> 是故夫禮必本於大一,分而爲天地,轉而爲陰陽,變而爲四時,列而爲鬼神,其降曰命,其官於天也。

荀子和禮記所取"大一"的意義,似乎和呂不韋淮南王的"太一"是相同的,所差的不過"太"字少了一點。史記禮書節錄荀子的禮論便改寫"大一"作"太一"了。

易經在六經中是本來有陰陽觀念的。傳易經的學者採用太一的法寶來說明陰陽未分以前的本原,似乎最爲自然。但是要維持儒家的尊嚴,他們不得不改頭換面地把"太極"來代替"太一。"繫辭傳上說:

> 是故易有太極,是生兩儀;兩儀生四象;四象生八卦;八卦定吉凶;吉凶生大業。

易乾鑿度說的更清楚,

> 孔子曰:易始於太極。太極分而爲二,故生天地。天地有春秋冬夏之節,故生四時。四時各有陰陽剛柔之分,故生八卦。八卦成列,天地之道立,雷風水火山澤之象定矣。

從易經上下和彖傳象傳裏,我們尋不出太極觀念的來源。要說牠不是從別家書裏偷來的,恐怕很難罷!繫辭傳和乾鑿度都是託於孔子的偽書。牠們的著作時代還不能十分確定,大概不會比禮運篇早。倘使禮運篇的著作在繫辭傳或乾鑿度之後,我想我們一定要讀到"是故夫禮必本於太極"了。

董仲舒春秋繁露五行相生第二十九,說:

> 天地之氣合而爲一;分爲陰陽,判爲四時,列爲五行。

他的"合而爲一"的"一"字,也應當作太一的解釋。春秋緯說題辭講天地兩個字的形義,也有牽涉到太一的地方:

> 天之爲言鎭也,居高理下,爲人鎭也,羣陽精也。合爲太乙,分爲殊名,故立字"一""大"爲"天。"
>
> 山陵之大非地不制,含功以牧生,故其立字,"土""力"加"乙"者爲"地。"(註:力,勤也。乙,卽太一也。)

"天神貴者太一"

楚辭九歌的第一首,題目叫"東皇太一。"文選五臣註說,"太一,星名,天之尊神。祠在楚東,以配東帝,故云東皇。"這種望文生義的注解,未必是對的。因爲西漢初年還沒有"太一,星名"的解釋。在西漢時,太一是一位最尊貴的天神,高居在天上北極的紫宮裏,總管宇宙間一切事物,和現在的玉皇大帝一樣。太一的下面有五帝——青帝,赤帝,黃帝,白帝,黑帝——做他的輔佐。倘使"東皇"的解釋是執掌東方的天神,他的地位就不能十分高超,和"太一"的徽號有些衝突了。用西漢人的故事去解釋戰國時代的作品,是萬萬講不通的。據歌辭看來,東皇太一是一位天神,是毫無疑義的。但是他的地位權威種種卻無從推測。秦以後的書籍裏雖然常見"太一"的名詞,但是從來沒有和"東皇"兩個字聯在一起的。至於九歌九首所奉神鬼中間,東君雲中君係晉巫所祀,[7]河伯係河巫所祀,湘君湘夫人常然是楚巫所祀。 秦以前的祠祀,各地有各地的風俗,九歌所奉的神似乎不限於一國。 東皇太一的祠祀究竟是那一國的風俗,也很難查考了。

楚辭宋玉高唐賦有"進純犧,禱琁室,醮諸神,禮太一"的陳說。 劉良注,"諸神,百神也。 太一,天神也。 天神尊敬禮也。" 宋玉的賦,據劉大白說[8]沒有一篇不是後人假託的。 高唐賦中的"太一"的確是西漢中葉以後人心目中的太一,牠的偽作時代大概不能在武帝以前呢。

淮南子天文訓說:

紫宮者,太一之居也。

史記天官書說:

中宮,天極星,其一明者太一常居也;旁三星,三公,或曰子屬。 後句四星,末大星正妃,餘三星後宮之屬也。

環之匡衛十二星,藩臣;皆曰紫宮。

春秋元命苞說:

天生大(?)列為中宮天極星。 其一明者,太一常居也。 傍兩星巨辰子位。 故為北辰以起節度,亦為紫微宮。 "紫"之言此也,"宮"之言中也,言天神運動,陰陽開閉皆在此中也。

上面所引三節中的紫宮,太一,決不是指陰陽合德的天道而言。 歷來大都以太一為天神,可說是對的。 "太一"這個名詞從陰陽未分的道演變到總理陰陽的天神,大概是西漢初期的事實。

---

7. 史記封禪書。

8. 劉大白宋玉賦辨偽,小說月報中國文學研究。

地球就一日夜間自轉一次,天上的恆星從地面上觀察也在一日夜間旋轉一次。天空中有一處不動,叫牠做天極;因為牠在我們北方,所以又叫牠北極。太一旣是一個總理陰陽的天神,他的地位自然應該最為優越。西漢初期的人就認定北極附近最明的一個星作為他常常居留的地方,並且連"旁三星,""後句四星"和"環之匡衞十二星"在內,統稱紫宮,或紫微宮。

我國先秦的學者,觀察自然界千變萬化的現象,想推究牠們的起原的,大概可以說分為二大派。一派拿陰陽相對待的觀念來解釋自然現象,一派拿五行相生尅的觀念來解釋自然現象。最初是各有主張,不相侵犯的。後來兩派學說漸漸融合起來,歸到一個系統裏去,到漢武帝的時候這種工作纔算完成。西漢初期,不但學術界有此項傾向,就在迷信方面,他們所崇拜的偶像也有起原於陰陽家說的和起原於五行家說的兩派,直到武帝的時候纔得混在一起。史記封禪書和漢書郊祀志的前半,記載這件事情的經過情形還算清楚,讀者可以自由參考。現在為便利起見,下面作一個很簡短的敍述。

在秦始皇統一以前,各地人民有各地的信仰。山東人所奉的是天主,地主,兵主,陰主,陽主,日主,月主,四時主,稱為八神將。山西人所奉天神中間有五帝。各地所奉天神的色彩不同,不相統屬的。秦國故都所在(今陝西鳳翔縣南)原有白帝青帝黃帝赤帝的祠宇,總稱上帝祠。漢高祖入關(204 B.C.),見秦上帝祠只祭四帝,不合"天有五帝"的傳說,乃添設黑帝祠,和原有的四帝祠合成五帝之數。他們的祠宇,後來稱做雍五畤。文帝十五年(184 B.C.)的四月裏,仿"古者天子,夏,親郊祀上帝於郊"的故事,親自到雍去郊見五畤。又聽信方士新垣平的話,添造渭陽五帝廟和長門五帝壇。渭陽五帝廟,文帝在十六年也曾去郊見過一次。後來新垣平因欺詐伏法,皇帝就不再親自郊見五帝了。武帝即位,尤其迷信鬼神。元光二年(153 B.C.),他親到雍郊見五帝;後來在元狩元年,二年,元鼎四年,五年,元封二年,四年,太始四年,都作了同樣的郊祀。

約在元光二三年的時候,武帝親信的方士中有一個亳人謬忌表奏祭祀太一的儀注。他說:

> 天神貴者太一;太一佐曰五帝。古者天子以春秋祭太一東南郊,用太牢七日,爲壇開八通之鬼道。

武帝聽了他,立太一壇於長安城東南郊。後來又有人說:

> 古者天子三年一用太牢祠三一:天一,地一,太一。

武帝又准如所請,命太宰到謬忌太一壇去致祭如儀。元狩五年,武帝在甘泉宮(今陝西淳化縣西北)養病,又在宮的南面雲陽地方建築更偉大的太一祠,叫作泰畤。太一壇的周圍有五帝壇;祭太一的時候,五帝當然在從祀之列。元鼎五年(131 B.C.)十一月初一,冬至的清早,武帝親到泰畤致祭,所用的儀注比郊見雍五畤更加隆重。武帝晚年,除了常常親自到雍去郊見五帝和到甘泉去祭泰畤以外,還要時常到汾陰去祭后土,到泰山去行封禪故事。每次封泰山之後,也總得祠祀太一五帝於汶上的明堂。

根據上面的史實,可見漢初尊爲上帝的五帝,到武帝晚年竟降爲太一之佐;陰陽家占了上風,五行家只得讓步了。到這個時期,太一是總理陰陽的天神,天一地一大概是分任陰陽的天神,是太一的左右手。當時合稱"三一,"或者和現在道士觀裏的"三清"差不多。單稱太一也可以概括三一,或者有"三位一體"的意思。

武帝以後的郊祀情形,記載在漢書郊祀志的後半。昭帝年幼,沒有親自郊祭過。宣帝神爵元年(61 B.C.),又親自去郊見甘泉泰畤和汾陰后土,並且規定了隔一年郊見泰畤一次的例。到成帝初即位的建始元年(32 B.C.),丞相匡衡,御史大夫張譚以爲祭天應該在國都南郊,祭地應該在北郊,甘泉泰畤在長安西,汾陰后土祠在長安東,方位與古禮不合,並且距離太遠,諸多不便,奏請遷甘泉泰畤和汾陰后土祠到長安的南北郊,罷去其他一切淫祠。天子准其所奏。次年,成帝親自到南郊祭太一。又次年,匡衡坐事免去官爵,羣臣多說不應該變更祭祀大典。冬十月,皇太后下詔復甘泉泰畤,汾陰后土祠,雍五畤和陳寶祠。皇帝又常到甘泉泰畤和雍五畤致祭。綏和二年,帝崩,皇太后又詔復長安南北郊如故。哀帝建平三年,皇上久病不起,又詔復甘泉泰畤和汾陰后土祠。平帝元始五年(5 A.D.),大司馬王莽當朝,召集羣臣六十七人會議,通過了成帝初年丞相匡衡的動議,再採取南北郊祭祀天地的制度。他們依據周官改訂祭祀儀注,尊稱郊天時所拜的偶像爲皇天上帝泰一。

從西漢初年起,國家祭祀大典的興廢大半在女巫和方士的手裏,儒士經生很少問訊。到成帝時方纔有匡衡依據禮記,平帝時有王莽依據周官,和舊制度奮鬥,費了三十餘年的功夫,儒者得到了最後的勝利。但是皇天上帝仍舊保留泰一的名稱,雍五畤雖然廢掉,還須有"五郊"的祀法,這個改革不能算十分澈底。儒者,在一方面很努力地打倒方士,在另一方面卻暗暗地方士化了。

東漢以後郊祀制度大致和平帝時王莽所改定的相同,不過天神的徽號稍微有些變遷罷了。魏景初元年以後稱皇皇帝天,梁天監元年以後稱天皇大帝;其他各朝直到近代都稱昊天上帝,或簡稱上帝。

太一星名

史記天官書說,"中宮:天極星,其一明者太一常居也。"漢書天文志寫作"太一之常居也。"西漢的天文家始終沒有承認太一是北極附近的一個星名,不過說天神太一常川駐紮在那裏而已。天官書和天文志又說,"太微,三光之廷;……其內五星,五帝坐。"南宮太微垣裏的五個星不叫牠們"五帝"而叫牠們"五帝坐,"也是這個意思。"天神貴者太一"的觀念,照上節講,到西漢時期纔得產生,秦以前決不會有"太一常居"的星名。那末,這個赤明的星在秦以前叫什麼呢?

現在赤經 14ʰ 50ᵐ 53ˢ,赤緯 74° 24' 54" 的地方有一個比較顯明的大星,中國人叫牠帝星,西洋人叫牠 β Ursa Minor。這個 β 星離開天的北極有十五度三十六分之多。但是因為地球繞日運動有歲差的關係,二千年以前的北極并不在現在北極的地方。在那個時期,β 星離開北極不過七八度,的確是一個北極附近最爲顯著的明星。牠的地位比較安靜。論語說:

爲政以德,譬如北辰,居其所而眾星共之。

昭公十七年公羊傳說:

大火爲大辰,伐爲大辰,北辰亦爲大辰。

北辰是那時北極附近的大辰,除 β Ursa Minor 外,沒有第二個星可以擔當這個名義。公羊傳所謂大辰,或爲大火(α Scorpio),或爲參伐(α Orion),都是一個大星而不是指一個星座(constellation)。β Ursa Minor 離開北極比較近,很容易觀察得到。把牠做一個觀象授時的對象,也有相當理由,所以可以和大火參伐同稱"大辰。" 日本人新城新藏[9]拿北斗七星來解釋論語的"北辰,"顯然和公羊傳"大辰"的原意不合,實在有些附會。

這個北辰在天空最高處,地位比較優越,有領袖衆星的資格。 西漢人叫這個北辰做"太一常居,"也無非是神地相宜的意思。 但是在改稱太一常居以前,這個β星似乎有過類乎帝王的徽號。 史記天官書說"旁三星三公,或曰子屬。 後句四星,末大星正妃,餘三星後宮之屬也。 環之匡衛十二星藩臣:皆曰紫宮,"宛然一個帝王宮廷的環境。 淮南子地形訓說"是爲太帝之居,"這個太帝之居恐怕就是指紫宮而說的。 史記天官書又說"斗爲帝車,"似是說"北斗是天帝的車子。"

西漢時代的讖緯家大都喜歡討論天象,春秋緯關於恆星的記載尤其多。 但是他們對於北辰星的稱謂,有叫牠"太一"的,有叫牠"天皇,""大帝"和"天皇大帝"的,很不一致。 例如:[10]

> 北者極也,極者藏也,言太一之星高居深藏,故名北極。
> (元命苞)
> 紫宮,天皇耀魄寶之所理也。(佐助期)
> 陽起於一,天帝爲北辰。(保乾圖)
> 紫微大帝室,太一之精也。(合誠圖)
> 天皇大帝,北極星也,含元秉陽,舒精吐光,居紫宮中,制馭四方,冠有五采文。(合誠圖)

---

9. 新城新藏東洋天文學史大綱,科學第十一卷第六期有陳嘯仙譯本。

10. 以下所引各條俱據古微書本。

中宮大帝,其精北極星,含元出氣,流精生物也。 一曰,
其北極星下一明者,爲太一之光,含元氣,以斗布常。(文
曜鉤)

西漢末年以後,郊祀所奉的天神不叫太一而叫皇天上帝,
星占術家對於β星的稱謂,想來也有相當的變動。晉書天文

紫宮北斗合圖

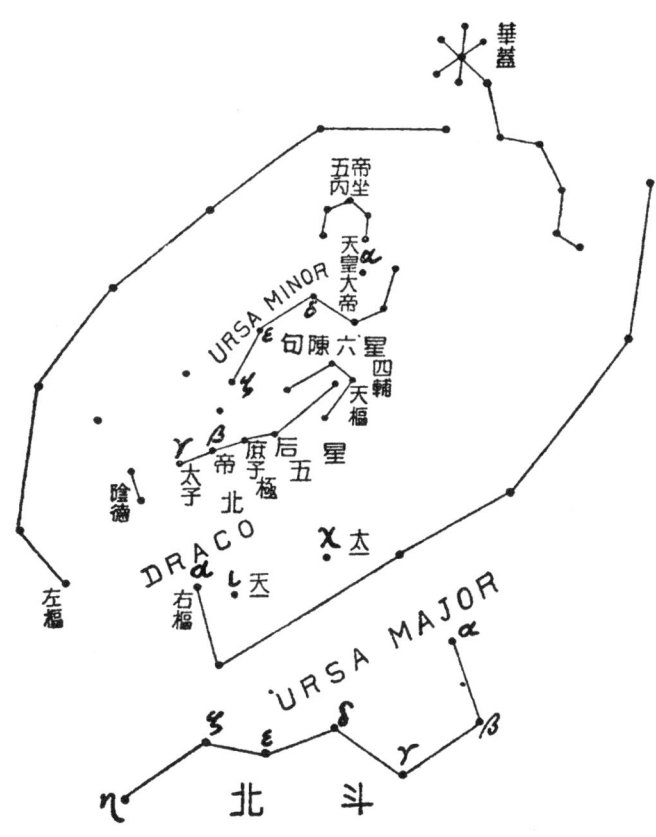

志依據石氏甘氏和巫咸三家星經的記載,有下邊幾句話:

> 北極北辰最尊者也。 其紐星,天之樞也。…… 第一星主月,太子也。 第二星主日,帝王也,亦太乙之坐,謂最赤明者也。 第三星主五星,庶子也。

唐以後的天文家就叫這座赤明的星爲帝星,不再叫牠"太一常居"或"太一"了。 總結起來,β星的名稱沿革在中國天文學史上大約如下圖:

北辰──太帝＜太一常居──太一
天皇,大帝,天皇大帝──帝星

這個帝星,在西漢初年,究竟因爲離開北極太近,牠的行動不十分顯明,用牠的方位來考查節候並不容易,所以那時人用北斗七星來代行牠的職務。 天官書說:

> 北斗七星:所謂"璇璣玉衡以齊七政。" 杓攜龍角;衡殷南斗,魁枕參首。 用昏建者杓,杓自華以西南;夜半建者衡,衡殷中州,河濟之間;平旦建者魁,魁海岱以東北也。 斗爲帝車,運於中央,臨制四鄉。 分陰陽,建四時,均五行,移節度,定諸紀:皆繫於斗。

我們查看現在的星圖,在北極五星和北斗七星之間,還有屬於 Draco 星座裏的幾個小星:一個叫天一(*i* Draco),一個叫太一(*x* Draco)。 這兩個星的來歷怎樣呢? 史記天官書說:

> 前列直斗口三星,隋北端兌,若見若不,曰陰德,或曰天一。

春秋元命苞說:

> 天一,上星爲大將。

樂協圖徵說:
　　　天宮,紫微宮也,北極,天一,太一。
鄭玄注易乾鑿度引星經說:
　　　天一,太一,主氣之神。
開元占經卷一百七石氏中官星座古今同異說:
　　　天一太一舊並在軫度,今俱在翼度。太乙一星在紫
　　　微宮門外右星之南;天乙一星同在其舍,與太乙相近。
晉書天文志說:
　　　天一星在紫宮門右星南,天帝之神也,主戰鬭知人吉
　　　凶者也。太一星在天一南,相近,亦天帝神也,主使十
　　　六神知風雨,水旱,兵革,飢饉,疾疫,災害所在之國也。
照史記天官書說,天一是陰德三星的別名,並不是一個小星。查看近世的星圖,又在太子星(γ Ursa Minor)附近,有兩個星叫做陰德。這個陰德和斗口相去比較遠,決不是天官書的陰德三星。石氏星經是東漢以後的星占術書,托於戰國時代魏星占家石申而作的。[11] 這本書早已亡掉,但是牠在六朝隋唐時期影響極大,李淳風撰晉書和隋書的天文志時把牠做一種重要的參考書。近世星圖上的天一,太一,大概就是石氏星經裏的天一,太一。高誘註淮南子精神訓"登太皇,馮太一"說,"太一,天之形神也。"他註本經訓"帝者體太一"又說,"太一,天之刑神也。"這兩處註解都以東漢人心目中的"太一"來解釋淮南子,和淮南王原意不合。但是說太一是天之刑神,却和晉書天文志說太一是一個掌管風雨,水旱,兵革,疾疫的天神很相近。精神訓註的"天之形神,""形"字當是"刑"字的誤文。

---

11. 對於石氏星經及甘氏星經的著作時代,余另有考証。

史記天官書的"後句四星,"大概是小熊星座的 ζ, δ, ε, α 四個星。 最後的一個 α 星最為光明,天官書叫牠正妃。 索隱引孝經援神契說"辰極橫,后妃四星。 從大妃光明,"稱後句四星為后妃四星,正妃為大妃,和天官書中的名稱稍有不同。 後來的許多星經和晉書隋書的天文志都說鉤陳六星而不說四星。 近世星圖上的句陳六星,是形似北斗的六個小星,最光明的 α 星卻不在其內。 這個 α 星從甘氏星經起,都叫牠天皇大帝。 開元占經卷一百九甘氏中官古今同異說,"天皇大帝,古今同,一星,句陳口中。" 又說,"五帝內座,古今同,五星,華蓋上。" 晉書天文志說,"句陳口中一星曰天皇大帝。 其神曰耀魄寶,主御羣靈,執萬神,""華蓋下五星曰五帝內坐,設敘順帝所居也。" 兩晉的時候,天的北極在天樞星附近,離開 α 星和 β 星距離約略相等。 句陳口中的 α 星,究竟比北極五星中的 β 星明亮得多,當時的人就開始恭請"主御羣靈,執萬神"的天皇大帝從 β 星喬遷到 α 星去,又把太微垣內的五帝座搬到華蓋之下,讓五帝和天皇大帝可以常常接近。 這一番天界遷都運動做得轟轟烈烈,和西漢末年的郊祀改革運動有些相像。 但是北極五星中的第二星還得保留帝王的尊號,從此紫微宮裏有兩個天帝而沒有正妃了!

　　太一和天一星名的討論,可以算中國天文學史裏不可缺少的史料。 此外還有似神非神,似星非星的天一或太一,在曆法史上也有相當的重要,現在也得陳說一個大概。

　　中國秦以前的天文家知道木星在天空中的行動是有週期性的。 這個週期,據他們說是十二年(實在是 11.86 年),平均計算每年移動十二分之一周天。 觀察木星在天空中的地位,可以推算年度,所以木星又叫做歲星。 春秋以後曆家用子丑寅卯等十二辰記一年中的十二月。 每月初一,日月交會的所在,在黃道上有十二點,分黃道周爲十二次,各次也就用子丑寅卯等十二辰做符號。 歲星在黃道附近每年移過一辰。 但是牠的方向和十二辰原本的順序相反。 在戰國末期,發見每逢寅年歲星在丑,卯年歲星在子,辰年歲星在亥,如此經過十二年,歲星周游一遍。 那時的人就想像一個歲星的反影,也在黃道附近周游,速率和歲星相同而方向相反。 用這個反影紀年,比直接用歲星紀年便利。 這個歲星反影,淮南子天文訓叫做"太陰"或叫"天一,"又叫"青龍,"黃帝內經叫做"太一,"爾雅叫做"太歲。" 廣雅說,"天一,太歲也。"

淮南子用歲星反影紀年例證很多,例如"太陰在寅,""太陰在卯"等等;用"天一"的也有兩節。 天文訓說:

> 天一元始正月建寅,日月俱入營室五度。 天一以始建,七十六歲,日月復以正月入營室五度,無餘分,名曰一紀。

> 淮南元年,太一在丙子。

顓頊曆法取用寅年寅月朔,日月俱入營室五度做"曆元。" 所謂"天一元始"或"天一以始建,"不過是"太歲在寅"的意思。 "太一在丙子"一句,據王引之說,"太"字是"天"字的錯誤。[12] 但是錢大昕說"淮南所稱'太一'即'太歲,'"[13] 他的姪子錢塘並且說上面兩個"天一"都應該改作"太一。"[14] 他們的理由實在不充分。

---

12. 王念孫讀書雜志。
13. 錢大昕跋淮南子,潛研堂文集卷二十七。
14. 錢塘淮南天文訓補注。

淮南子對於太陰或天一的見解,除了說明太陰和歲星的關係以外,還有許多近於迷信的地方。譬如天文訓說:

> 太陰所建,蟄蟲首穴而處,鵲巢鄉而爲戶。
> 天神之貴者莫貴於青龍,或曰天一,或曰太陰。太陰所居,不可背而可鄉。

氾論訓也說:

> 夫蟄蟲鵲巢皆嚮天一者,至和在焉爾。

淮南子的太陰或天一,在一方面是歲星的反影,一方面又是最貴的天神。牠的玄妙,實眞無理可喩!

黃帝內經卷十九六微旨大論說:

> 天符歲會何如? 岐伯曰:太一天符之會也。

這是說"天符歲會"就是"太一天符之會,""太一"就是太歲。內經卷二十一六元正紀大論也有"太一天符"的名詞。內經爲什麼要叫牠"太一,"和別種書都不合? 這卻沒法說明了。

太一和上古帝王

路史九頭紀第一泰皇氏引秦丞相王綰們的話,又申述其意曰:

> "古有天皇,有地皇,有泰皇;泰皇最貴。" 貴者非貴於二皇也,以其阜民物,備君臣,政治之足貴也。

泰皇在三皇中間最爲尊貴,和天神太一在三一中的地位差不多。 上古帝王據秦漢人的傳說,雖是各有各說,不能劃一,但是說先有三皇後有五帝卻是一致的。 這一層又和天神有三一和五帝的方案可以對照比例。 最早的三皇五帝說和三一五帝說,想來都和三統五行說有直接的關係。 牠們起來的先後却不易考查明白了。

漢武帝元鼎四年的六月裏,有汾陰的巫在魏脽后土營旁邊掊地,得到一個很大的鼎。經地方官稟明後,這個寶鼎就護送到甘泉,武帝親自到甘泉去迎牠。史記封禪書和漢書郊祀志都有這件事的記錄。當時長安的公卿大夫想尊崇這個寶鼎,都說:

> 聞昔泰帝興神鼎一,一者壹統天地,萬物所繫終也。
> 黃帝作寶鼎三,象天,地,人。禹收九牧之金,鑄九鼎。
> 皆嘗享鬺上帝鬼神,遭聖則興。

元鼎六年,武帝又和公卿大夫商議郊祀時應該用的音樂。有人說:

> 太帝(漢書郊祀志作泰帝)使素女歌五十弦瑟,悲,帝禁不止,故破其瑟為二十五弦。

武帝就造作二十五弦瑟,用為禱祠泰一后土時的一種樂器。淮南子俶真訓"耳聽白雪清角之聲,"高誘註說:

> 白雪,師曠所奏太一五弦之琴樂曲,[15]神物為下降者。

又覽冥訓"昔者師曠奏白雪之音,"高誘註說:

> 白雪,太乙五十弦琴瑟樂名也。

武帝時公卿大夫口中的泰帝或太帝,和高誘注的太一或太乙,當然是同一個上古帝王。從"一者壹統天地,萬物所繫終"這句話看來,和秦丞相王綰所談的泰皇還只是一個人。史記索隱引"孔文祥云:泰帝,泰昊也,"漢書顏師古注"泰帝,泰昊伏羲氏也,"又不知何所見而云然。

禮緯含文嘉講禮的起源,說:

---

15. "五"字之下疑脫去"十"字。

　　　　禮有三起：禮理起於太一，禮事起於遂皇，禮名起於黃帝。

太一在遂皇黃帝的前面，當然是一個上古的帝王，或者就是指泰皇而言的。"禮理起於太一，"和禮運篇的"禮必本於大一"所指的對象截然不同。但是不能說"太一"和"大一"兩個名詞沒有關係。

　　漢書王莽傳下，始建國六年，莽下書引紫閣圖文，說：

　　　　太一黃帝皆僊而上天，張樂崑崙虔山之上。後世聖主得瑞者，常張樂終南山之上。

這個太一是一個上古得道的帝王，想來就是"輿神鼎"的泰帝。從上邊幾條總合起來，泰皇，泰帝，太帝，太一，太乙，只是太古一個人王的尊稱，不過文字上面有些差別罷了。

　　漢人的傳說裏不但以太一為太古的一個帝王，並且以太乙或太一子為上古帝王所尊奉的一個有道的人物。春秋合誠圖說：

　　　　黃帝請問太乙長生之道。太乙曰："齋戒六丁，道乃可成。"

河圖括地象說：

　　　　八年，水厄解，歲乃大旱，民無食。禹大哀之。行曠野中，見物如豕人立，呼禹曰："爾禹來！歲大旱，西山土中食可以止民之飢也。"禹歸，以問於太乙曰，"是何應歟？"太乙曰，"腥腥也，人面豕身，知人名也。"禹乃大發民衆，以食於西山。

　　　　註云，"太乙，亦禹之師也。"

　　神農本草經係我國最古的藥物學書。據古代傳說，神農氏嘗百草,知道百草治病的功能,是我國醫藥學的始祖。 神農本草經中也說神農常常請教太一子,他的藥物知識似乎是從太一子得來的。 金山顧觀光校刻神農本草經,[16]附錄中有逸文三條是關於太一子故事的:

> 神農稽首再拜問於太一小子,為衆子之長,矜其飢寒勞苦,晝則弦矢逐狩,求食飲水,夜則巖穴飲處,居無處所。 小子矜之,道時風雨,殖種五穀,去溫燥隧,隨逐寒暑,不憂風雨飢寒疾苦。(抄本晝鈔百五十八)

> 神農稽首再拜問於太一小子曰,"鑿井出泉,五味煎煮,口別生熟,後乃食咀,男女異利,子識其父。 曾聞太古之時,人壽過百,無殂落之咎,獨何氣使然也?"太一小子曰,"天有九門,中道最良,日月行之,名曰國皇,字曰老人,出見南方,長生不死,衆耀同光。" 神農乃從其嘗藥以拯救人命。(路史炎帝紀注,御覽七十八)

> 太一子曰,"凡藥上者養命,中藥養性,下藥養病。" 神農乃作赭鞭狗鉏,從六陰陽與太一,外五岳四瀆土地所生草,石,骨,肉,心,皮,毛,羽,萬千類,皆鞭問之,得其所能主治,當其五味,百七十餘毒。(御覽九百八十四)

第一,第二兩條稱"太一小子,"第三條稱"太一子,"稱謂不一致,很有可疑。 "小子"兩字也不像一種尊稱。 據我的私見,以為"太一小子"的"小"字是衍文。 "子"字的篆文有時寫作𡥜,和𡥀字有些相像。 在鐘鼎文字和石經文字裏,𡥀字讀如"小子"二字。 鈔錄神農本草經的人錯認𡥀字作𡥜字,因而寫太一子為"太一小子,"也是很可能的事。

---

16. 金山顧氏武陵山人遺書本。

綜合起來，太一子是一個為上古帝王所尊奉的人，和容成子，務成子等好像是一流的人物。秦漢人不但層累地造成關於太一子的種種故事，並且依託他的名義，偽作了不少卷數的書。漢書藝文志數術略五行家有

  泰一陰陽二十三卷，

  泰一二十九卷。

漢書各篇中，凡"太一"字都寫作"泰一。" 這泰一二十九卷大概是依託太一子而作的。 二十九卷的大部分是講陰陽的；專講陰陽的部分另外錄成一書，就叫牠泰一陰陽。 兵書略陰陽家也採錄太壹兵法一篇，或者也是泰一二十九卷中的一部分。隋書經籍志兵家有黃帝太一兵曆一卷，太一兵書一十一卷(注：梁二十卷)，分量比太壹兵法加多了不少，想來是東漢以後人的偽作。

 漢書藝文志數術略天文家著錄

  泰壹雜子星二十八卷，

  泰壹雜子雲雨三十四卷。

雜占家著錄

  泰壹雜子候歲二十二卷。

方技略神儒家著錄

  泰壹雜子十五家方二十二卷，

  泰壹雜子黃冶三十一卷。

所謂"泰壹雜子，"自然是說泰壹子和其他諸子。 上邊所舉的五種，大概是漢人鈔集各家的類書。 或者因為所鈔的泰壹子放在各本的前面，所以叫做"泰壹雜子。" 天文家書又有黃帝雜子氣，淮南雜子星，雜占家書有子贛雜子候歲，神儒家書有宓戲

雜子道,上聖雜子道,黃帝雜子步引,黃帝雜子芝菌,黃帝雜子十九家方,神農雜子技道等等,可作旁證。 近人顧實撰漢書藝文志講疏,在"泰壹雜子星二十八卷"條下說,"泰壹,星名,即太一,見天文志。'雜子星'者,雜記諸星。" 其言甚謬。

胡適之說,"總括道士派的迷信,最重要的不過三種目的:第一是求長生不死,第二是求鍊金致富,第三是求知天道與人事的感應關係。"[17] 其中第三種又可區分做占星,望氣,候歲三類。[18] 西漢初期的五行家書,如泰一二十九卷之類,所注意的事情無非是這幾種迷信。 後來他們的材料漸漸豐富,著作漸漸增加,不得不分門輯錄,使各成專書。 數術略的"泰壹雜子"三種恰巧分占星,望氣,候歲三類,方技略的兩種恰巧分丹方,黃冶兩類,和西漢方士迷信的種類相符。 根據上面的理由,我們可以說泰壹二十九卷大概是西漢初期的偽書,泰壹雜子星等五種是西漢中期以後的類書。

太一九宮和天一六壬

史記日者傳說:

孝武時,聚會占家問之,"某日可取婦乎?" 五行家曰,"可。" 堪輿家曰,"不可。" 建除家曰,"不吉。" 叢辰家曰,"大凶。" 歷家曰,"小凶。" 天人家曰,"小吉。"[19] 太乙家

---

17. 北京大學中國哲學史講義第十三篇,第六章。
18. 史記天官書,"夫自漢之為天數者,星則唐都,氣則王朔,占歲則魏鮮。"
19. 錢大昕十駕齋養新錄卷十七言"天人家不見於漢藝文志,當是'天一'之譌。"

> 曰，"大吉。" 辯訟不決，以狀聞。 制曰，"避諸死忌，以五
> 行爲主。"

西漢時的合婚選日，乃有這麼許多家數！ 再看藝文志著錄的天文二十一家，五行三十一家，蓍龜十五家，雜占十八家，形法六家，差不多全部是占卜的書籍。 到東漢時，又添了幾種新鮮的玩藝兒。 張衡傳說：

> 律曆，卦候，九宮，風角：數有徵效。

隋書經籍志載天文九十七部，五行二百七十二部，也都是些占卜類書。 到現在，漢晉的占卜書大都失傳，牠們的內容很不容易推考。 這許多家占卜術中間，流傳到後世，內容比較豐富，應用比較廣大的，要算太一，遁甲，六壬三家，宋人叫做"三式。"[20] 三式都和"太一""九宮"有些關係，牠們的遠源似乎都起於漢朝。

易乾鑿度[21]卷下說：

> 故太一取其數以行九宮，四正四維，皆合於十五。

鄭玄注說：

> 太一者，北辰之神名也。 居其所，曰太一常；行於八卦日辰之間，曰天一，或曰太一。 出入所遊息於紫宮之內外，其星因以爲名焉。 故星經曰，"天一，太一，主氣之神。" 行，猶待也。 四正四維，以八卦神所居，故亦名之曰宮。 天一下行，猶天子出巡狩，省方岳之事，每卒則復。 太一下行八卦之宮，每四乃還於中央。 中央者北辰之所居，故因謂之九宮。 天數大分以陽出，以陰入。 陽起於子，陰起於午。 是以太一下九宮，從

---

20. 南宋秦九韶數書九章自序，"太乙，壬，甲，謂之三式。"
21. 易緯八種，古經解彙函本。

坎宮始。坎,中男;始亦言無適也。自此而從於坤宮。坤,母也。又自此而從震宮。震,長男也。又自此從巽宮。巽,長女也。所行者半矣,還息於中央之宮。既又自此而從乾宮。乾,父也。自此而從兌宮。兌,少女也。又自此而從於艮宮。艮,少男也。又自此從於離宮。離,中女也。行則周矣,上遊息於天一,太一之宮,而反於紫宮。行從坎宮始,終於離宮,數自太一行之坎爲名耳。……

漢人依據易說卦傳,以八卦名目代表八方,如下第一圖。[22] 震東方,離南方,兌西方,坎北方,叫做四正;巽東南,坤西南,乾西北,艮東北,叫做四維。天一下行九宮,自坎宮始,至離宮終,路由方向先後並不一致。有時像象棋裏的馬,有時像卒,有時像士,所以有九宮行棋的說法。若使各在相當方位,用數目字表明天一行棋的經過次第,我們得到第二圖。這第二圖的三行,三列,和

巽	離	坤
震	中	兌
艮	坎	乾

（第一圖）

南
東←→西
北

4	9	2
3	5	7
8	1	6

（第二圖）

兩斜線上,三數相加都得十五,是很可驚奇的。n^2個自然數排列在每邊 n 格的方圖裏,縱橫斜 n 數相加都得相同的總數的,南宋算學家叫牠"縱橫圖,"[23] 日本人叫牠"方陣,"西洋人叫牠"幻方"(magic squars)。上面所畫的第二圖是世界最古的三行

---

22. 我國易學家舊習慣,南方在上,北方在下,東方在左,西方在右。
23. 楊輝續古摘奇算法。

縱橫圖。北宋的易學大師叫牠"河圖,"南宋人又叫牠"洛書,"都說是伏羲畫八卦時候的奇蹟,穿鑿附會,不值得一駁。[24] 又有人說大戴禮用二九四,七五三,六一八,九個數字來代表明堂九室,可以證明明堂制度是採用九宮數的。鄒伯奇學計一得又說明堂制度和九宮數毫無關係,證據比較充分。[25] 在漢人作品中,黃帝內經素問却有取用九宮數的證據。內經卷二十五常政大論有"眚於三,""眚於九,""其眚四維,""眚於七,""眚於一"等話;卷二十一六元政紀大論有"災七宮,""災三宮,""災五宮,""災一宮,""災九宮"等話。論災眚方位時,用"三,九,七,一,五"五個數字來代表"東,南,西,北,中"五方,和九宮數完全相合。

太一九宮數在後漢張衡的時候已經很通行,是沒有可疑的了。至於牠的發明年代究竟在張衡之前有多少年,却很難推定。易乾鑿度,在緯書中要算一部很早的書,牠的著作年代或者竟在西漢之初。但是現在傳下來的兩卷,並不是一書的前後兩部分,好像是兩種不同的傳本。太一行九宮說,是在下卷的最後一部分,而爲上卷所不錄,很有後人附加的嫌疑。黃帝內經十八卷,見於漢書藝文志,當然是西漢末以前的作品。然而上面所引的話都在十八卷之後,牠們的著作時代也和易乾鑿度一樣很難考定。

鄭玄注易乾鑿度說,"居其所曰太一常,行於八卦日辰之間曰天一,或曰太一。""一常"兩個字大概是"帝"字的錯誤。隋蕭吉五行大義引鄭玄注作"居其所曰太帝。"照史記天官書說,太一常居是北極五星的第二星,天一是陰德三星的別名。

---

24. 黃宗羲易學彙數論;胡渭易圖明辨。
25. 鄒伯奇明堂會通圖說,在鄒氏遺書第一册。

照東漢時晚出的星經說,天一,太一是北極和北斗間的兩個小星。鄭玄注中的天一或太一却是一個行動的天神,顯然和一般天文家的見解不同。這個天一或太一和淮南子天文訓裏的天一或太陰却有些相像;不過九宮太一飛棋巡行於九宮之間,木星反影周遊於黃道之上,路由有些不同罷了。

鄭玄乾鑿度注大概可以代表東漢時期的太一九宮說。東漢以後,直到近代,術數家的把戲層出不窮,對於"太一九宮"的解釋也就光怪陸離,不可究詰。黃帝九宮占和蕭吉五行大義都說:[26]

> 一宮:其神泰一,其星天逢,其卦坎,其行水,其方白。二宮:其神攝提,其星天內,其卦坤,其行土,其方黑。三宮:其神軒轅,其星天衝,其卦震,其行木,其方碧。四宮:其神招搖,其星天輔,其卦巽,其行木,其方綠。五宮:其神天符,其星天禽,其卦離,其行土,其方黃。六宮:其神青龍,其星天心,其卦乾,其行金,其方白。七宮:其神咸池,其星天柱,其卦兌,其行金,其方赤。八宮:其神太陰,其星天任,其卦艮,其行土,其方白。九宮:其神天一,其星天英,其卦離,其行火,其方紫。

唐天寶三年,術士蘇嘉慶奏"九宮貴神實司水旱,功佐上帝,德庇下民,"請在東郊建立神壇,四時祭祀。玄宗聽他的話,親祭九宮貴神,儀注和郊祀差不多。後來降爲中祀;直到宋朝還照例舉行。[27] 在九宮貴神中,泰一不過是其中的一個。他的地

---

26. 唐會要云:會昌元年,檢校尚書左僕射王起及國子監博士盧就等奏言九宮貴神位列星坐,謹案云云,

27. 文獻通考卷八十。

位又比鄭玄注中的太一差得多了。 天文家說,攝提是大角旁六個小星,招搖是北斗第七星,軒轅咸池是兩個星羣的名稱。曆法家說,青龍,太陰,天一都是太歲的別名。 醫家說,天氣下降,如合符運,叫做天符。 集合不倫不類的九個名詞,派他們各占一宮,並且尊奉做九宮貴神,實在可發一笑。 九宮貴神有飛棋巡行法:或一年一移,叫"年九宮;"或一月一移,叫"月九宮。" 把他們的代表顏色填在九宮格裏,得第三圖。 移行一次後如第四圖,移行二次後如第五圖,以次類推。 直到近代,清朝欽天監頒發的時憲書,還有年九宮,月九宮的圖。

綠	紫	黑
碧	黃	赤
白	白	白

（第三圖）

碧	白	白
黑	綠	白
赤	紫	黃

（第四圖）

黑	赤	紫
白	碧	黃
白	白	綠

（第五圖）

唐開元間,王希明奉敕編太一金鏡式經。 他說,"自太公張良以下至李淳風,別起太一新曆。" 又說,"太一十神:五福,君棋,大遊,小遊,天一,地一,四神,臣棋,民棋,直符:皆天之尊神。 行五宮,五行而周。" 太一神竟有十個之多,眞是出人意外! 宋朝對於五福太一尤其尊重。 在京師附近造東太一宮,西太一宮,中太一宮三處,祭祀五福太一,見於宋史禮志和洪邁容齋三筆。黃宗羲易學象數論卷六論太一說:

王希明曰,"太一在璿璣玉衡以齊七政,隨天經行,以斗抑揚,故能馭四方。" 此以中宮太一繫於經星者爲"太一"也。 又曰"太一者,木神也。 東方木之監將,歲星之精,受木德之正,旺在春三月。" 此以五緯木星爲"太一"也。斗魁戴匡六星曰文昌宮,經星也。塡,則土星也。以"文昌"爲塡星土德之精,是兼經緯而一之矣。

其他不通之處,也給黃宗羲盡量駁出。尤其可笑的,是太一下行八卦的次序改爲:一宮乾,二宮離,三宮艮,四宮震,六宮兌,七宮坤,八宮坎,九宮巽(中五不入)。要牽就從乾宮開始的八卦次序,不得不以西北維的乾移到北方,原在北方的坎移到東北維,他卦依次順移,如第六圖。把易說卦傳的八卦方位完全弄亂了!

震	巽	離
艮		坤
坎	乾	兌

(第六圖)

道藏蕢三至蕢六,是黃帝龍首經二卷,黃帝金匱玉衡經一卷,黃帝授三子玄女經一卷。平津館叢書中有孫星衍所校的三種。洪頤煊龍首經序說,"此書在漢時爲民間日用之書,故至六朝猶行於世。"俞正燮癸巳類稿卷十六壬書跋也說"此數種是古書久行於世,齊梁時續收入道藏者。"六壬書以天一爲最高權威的天神。龍首經序說:

天一常居太淵之宮。春遊玉堂,夏遊明堂,秋遊緯堂,冬遊生死之場,其居一也。右玄冥,左明光;背太陰,向正陽。翳華蓋,西乘玉衡,迴璇璣而臨八方。將四七,使三光。通八風,定五行。令六壬,領吉凶。……

金匱玉衡經說:

天一貴神,位在中宮。據璇璣,把玉衡。統馭四時,攬撮陰陽。手握繩墨,位正魁罡。

六壬術有登明天魁等十二神將,各司一辰。"巳太一"爲七月將,也是十二神將的一個。他的地位自然列在天一之下了!

後　序

　　本篇的初稿是在二十一年六月寫成的,曾在燕京學報第十二期發表過。現在雖然略爲增訂修改,而所搜的史料仍有遺漏,論證也難免有疏忽處。最近顧頡剛先生拿他的三皇考全稿給我參考,拜讀之下,回來看看自己的太一考,眞所謂"小巫見大巫,"那裏有再印的價值? 不過本篇講到太一星名的部分和講到泰壹子的部分,討論範圍是在三皇考之外,或許還有保留的餘地。所以頡剛先生要拿我這篇作爲三皇考的附錄,我也就答應他了。

　　　　　　　二十四年二月,識于浙江大學

附錄二　三皇五帝說探源

蒙文通　繆鳳林

一　蒙文通與繆鳳林書

贊虞兄足下：前在內院，兄談及"三皇五帝"之說起於後世，弟邇思此事頗有所疑，但未敢作成定說；今謹貢管窺，以待教正：考谷永言："夫周秦之末，三五之隆，"師古曰："'三'謂三皇，'五'謂五帝，"則"三皇五帝"之說起自晚周，漢師固已言之也。郊祀志有梁巫晉巫秦巫荊巫，晉巫祠五帝，亳人謬忌奏祠泰一方曰"天神貴者泰一，泰一佐曰五帝，"是五帝本神祇，而赤熛怒白招矩等則其帝之名也。鄭玄以"太一者北辰之神名，"宋均謂是"北極神之別名，"是北辰之神一，而五帝之神佐之。武帝時人有上書言"古者天子三年一用太牢祠三一，天一地一泰一，"是天地之神又並北辰之神而三。秦博士言："古者有天皇，有地皇，有泰皇，泰皇最貴，"則"三皇"之說本於"三一，""五帝固神祇，三皇亦本神祇，初謂神不謂人也。世或據春秋後語欲易泰皇爲人皇，而不知泰皇之說出自泰一，人皇之名又出自泰皇耳。鄭玄注中侯言"德合北辰者稱皇，德合五帝座星者稱帝，"尤爲"三五"之說本於天神之顯證；"帝"之與"皇"固無關於人事也。方"皇帝"說之初起，"皇"則一而"帝"五，及鄭注中候又列少昊於"五帝，"則又"皇"三而"帝"六，彌附會而彌離本也。最周秦書之不涉疑僞者而論之：孟子而上，皆惟言"三王，"自荀卿以來，始言"五帝，"莊子，呂氏春秋乃言"三皇；"以陸德明之言考之，則莊子書亦多有非漆園作者雜出其間,則戰國之初惟說"三王,"及於中葉乃言"五帝,"及於秦世乃言"三皇。" 在前世皆言"忠""敬""文""三統,""子""丑""寅""三正,"謂王者三而復,自不容有"五運"說五而復之義以間之;言"五帝"當自騶衍氏之後也。

詩書中自昔稱上帝,蓋皆謂昊天上帝也。堯舜帝乙之稱"帝,"則皆歿而臣子尊之,史氏述之,然後王者有"帝"號,謂配天耳,故曰"稽古同天;"以稱"帝"爲"同天,"是"帝"爲天之專名,而假之以尊王者也(古史甄微此下有"尚書大傳言'維十有三祀,帝乃稱王入唐郊,猶以丹朱爲尸,'是舜自稱'王,'不稱'帝';於時天子尚無'帝'號,而堯典已言'肆類於上帝,'審帝本天名在先,王者配天稱帝在後也"一節)。 昊天上帝惟一,而古之王者備五帝,於義何居? 昔者周公宗祀文王於明堂以配上帝,亦"帝"一而配一;則天有"五帝,"古之王者有"五帝,"皆非西周之說可知也。 又與"三統"之說不並容,是不特"皇"之說原始爲一而非三,即"帝"之說在上世亦爲一而非五也。 自騶子言"五德之運,"蓋"五帝"之說因之而興;"五運"之說與"三統"之說不并行,則"五帝"之說與"三王"之說不兩立也。 郊祀志言"自齊威宣時,騶子之徒論箸'終始五德之運',及秦帝而齊人奏之,故始皇采用之;"又言"秦始皇帝旣即位,或曰黃帝得土德,夏得木德,殷得金德,周得火德,今秦變周,水德之時;"此即始皇之所采用,知即齊人之所奏騶子之說也(古史甄微此下有"淮南齊俗訓高誘注引騶子曰'五德之次從所不勝,故虞土,夏木,殷金,周火,'文選注亦引之,此即齊人說之所本"一節)。 鄒子并黃帝夏殷周以言"五運,"知騶子據"三王"以言"五運,"當是以"五運"之說易"三統;"故曰"五帝""三王"之說不並容。 先"五帝"而以夏商周"三王"屬於其後,外"三王"而言"五帝"者,後起之訛說也。 據"三王"以言"五運，"不數顓頊帝嚳堯舜，此白虎通五帝無有天下之號之說，大戴禮五帝皆同姓之說也。 列顓頊帝嚳堯舜於"五帝，"此白虎通五帝皆有立天下之號之說，命歷序五帝各傳十數世之說也。外"三王"而言"五帝，"非騶子之說；騶子之說"五運"據"三王，"則"五運"之說自騶子，而"五帝"之說且不必自騶子。知孟子以前言"三王，"自不宜言"五帝"又審矣！

自騶子"五運"之說起，而"五帝"之說興。秦襄公作西畤祠白帝少昊，秦宣公作密畤祠青帝，秦靈公作上畤祭黃帝，作下畤祭炎帝；青帝不必即伏羲，則炎黃亦不必即列山有熊（以上兩句古史甄微無）。逮秦之亡而"五帝"之祠未具，備五畤自高帝，見秦人"五帝"說之以漸而起也。方秦祠未具五畤之時，而晉之巫祠五帝；荀卿為趙之儒者言"五帝，"周官亦言"五帝，"吾故曰周官三晉之書也，是亦一證也。東方之人言王者"五德終始，"而西方則謂既以王者配上帝，王者五而復，則上帝亦五其神；天有"五帝，"上世之王者亦"五帝，"巫之"五帝，"史之"五帝"乃次第起也。李斯言"古者五帝地方千里，"是於時五帝已皆為古天子也。月令呂不韋作，秦人之學，於時求"五帝"於五畤不能備，則以顓頊承之；舊蓋有以共工當黑帝者，以居水（木？）火之間非序而絀之；既承以顓頊，則一姓而再興也。勾芒蓐收之屬實顓頊之六官，於是亦為祠享之神。呂氏騶子所述各不同，其所自來者本各異，東西固殊途也（古史甄微此下有"陳為太昊之虛，魯為少昊之虛，衛為顓頊之虛，晉為夏虛，而呂氏則西少昊，北顓頊，若山海經則又顓頊之國在南，西軒轅，東少昊；是巫與史之說既異，楚與秦之文又別也"一節）。孫子行軍篇"凡此四軍之利，黃帝之所以勝四帝也，"蔣子萬機論"黃帝初立，不好戰伐，而四帝各以方色稱號，交共謀之，"此以黄帝與"四帝"並時有"五帝，"此"五帝"說之最早者，與齊秦之說各不同，則爲吳楚之說。 "五帝"說始見孫子，"三皇"說始見莊子，豈"三五"皆南方之說，騶子取之而別爲之釋，乃漸遍於東方北方耶？ 秦之五時本以漸起（古史甄微此下有"而上彖三皇"一句）騶衍之說下據"三王，"則晉人之言"五帝"其即雜取齊秦之說以立義耶（古史甄微此下有"荀子成相言'文武之道同伏戲，'而非相言'五帝之外無傳人，非無賢人也，久故也，'伏羲之爲傳人，知不在'五帝'之外，是荀說'五帝'亦上彖'三皇，'與秦人五時月令同也。 大略言'誥誓不及五帝，盟詛不及三王，'非相言'五帝之中無傳政，非無善政也，久故也，禹湯有傳政，'是荀說別禹湯'三王'於'五帝'之外，秦晉北方之說自爲同也"一節）。 "帝"固獨貴之神，今乃有五，則不能不有尤貴者焉；周官春官司服"王祀昊天上帝則服大裘而冕，祀五帝亦如之，"則"五帝"之外更有上帝；"五帝上帝"之說自三晉始也。 又一變而爲"泰一，"爲"三一，"爲"三皇，"又去古義益遠也。

"三皇"之說旣起，前世旣以古之王者配"五帝，"則又自然必以古之王者配"三皇。" 黄帝爲"五帝"之本，不可以配"三皇，"惟伏羲神農前乎此，可以爲"皇"耳；故淮南子稱"泰古二皇，得道之紀，"說者謂"二皇"羲農也；而"三皇"終缺其一。 巫則"三皇，"史則"二皇，"於是各家以意取古王者補之；自潛夫論白虎通風俗通以觀：諸家言"三皇"皆稱伏羲神農，此諸家之所同；其一則或曰女媧，曰遂人，曰祝融，曰共工，遂各不同，此諸家之所異也；其同其異之間，而"三皇"說逐漸發展之迹可求也。 "帝"本爲昊天之神，而"皇"不過贊天神之詞耳，詩曰"皇皇上帝，""皇矣上帝，"後乃"帝"前有"皇"號，誠可哂也！ 羲農旣躋於"三皇，"則月令之"五帝"俄空焉，則以帝偕堯舜備之；故尚書中候"五帝"有六。

"五帝"終不可有六也,則又紬少昊,故大戴史公"五帝"之說此誠源秦畤而次第轉變最後之說（古史甄微此下有"既有三皇說以後之五帝說"十一字）也。及僞孔安國皇甫士安乃以羲農黃帝言"三皇,"少昊顓頊帝嚳堯舜言"五帝,"至是而"三皇五帝"之說乃略定;然其無當於義猶昔也。郊祀志言"武帝欲仿黃帝以接神人道蓬萊,高世比德於九皇,"是當時"三皇"之說未定,而"九皇"之說又起。郊祀志"雍有日月參辰風伯雨師四海九臣十四臣諸布諸嚴之屬,百有餘廟,"皮鹿門以"十四臣"爲"六十四臣"之脫誤,當是"九皇之臣,六十四民之臣;"是知"九皇六十四民"在秦本屬雍廟,入漢亦爲古之王者也。董仲舒據"三皇"以言"九皇,"故神農在"九皇,"亦猶騶衍據"三王"以言"五運;"以"九皇"之說代"三皇," "九皇" "三皇"說不兩立,亦猶"五德" "三正"說不並容。自漢以來序"三王"於"五帝"之後,入東漢又叙"九皇"於"三皇"之前,是並不正義耳！然自魏晉以來,"九皇六十四民"之說又已久湮而無知者也。前撰古史甄微,於"三皇五帝"之說但疏其流,未探源穴,得兄一言之發,今推其事如此;知多疏舛,惟兄精思博識,希有以教之,正其誤失,將持以補前稿之未逮;敬祈不吝金玉爲幸！耑此上達,順頌撰安！弟蒙文通頓首。九月十四日。

古史甄微"'九皇六十四民'之說又已久湮而無知者也"下又有兩大節文字,附錄如下:

序論"皇帝"之說,在漢時凡有二派,持說不同;一主"三皇,"詳於伏生;一主"九皇,"本之董子。董子之義謂湯受命而王,應天變夏作殷號,時正"白統,"親夏,故虞紬唐,謂之帝堯,以神農爲"赤帝;"周人之王,親殷,故夏,紬虞,而號舜曰帝舜,改號軒轅謂之"黃帝,"尙推神農以爲"九皇;"以聖王生則稱天子,崩遷則存爲"三王,"紬滅則爲"五帝,"下至附庸紬爲"九皇,"下極其爲"民"(此爲節取春秋繁露三代改制簡文,中復間以己意校補);則"王""帝""皇""民"以次推遷,故禮家繼之有"六十四民"之說,皆謂古易姓之王者也。 諸書亦有謂太昊爲"倉帝,""泰帝"者,月令卽曰"其帝太昊;"知伏羲古亦在"五帝"列,豈謂夏人親虞故唐而紬高辛之遷說乎? 自"九皇"以上曰"六十四民,"邃古之初則未究其始,此齊學者之說也。 伏生等說"三皇"之義與此不同,以遂人爲"遂皇,"遂人以火紀,故託遂皇於天;伏戲爲"戲皇,"伏戲以人事紀,故託戲皇於人;神農爲"農皇,"神農悉地力,故託農皇於地。自鄭玄宋均譙周及命歷序含文嘉甄曜度雜書說"三皇"皆與伏同:鄭玄注通卦驗云:"'燧皇'謂遂人,在伏羲前,風姓,始王天下;"譙周古史考亦說:"太古之初有聖人以火德王,號曰燧人;"明鄭譙二氏皆以遂人爲百王之首。 鄭玄以"遂皇之後,六紀九十一代至伏羲(此據禮運疏引六藝論文。曲禮疏別引六藝論文云"燧人至伏羲一百八十七代,"與此不同;路史云"馬總之徒俱謂十紀通百八十有七代,"曲禮疏所引或卽本鄭說通十紀之文而有誤,馬總之說當本之鄭說),羲皇其世有五十九姓,而神農有七世,軒轅十三世;"譙周則說:"遂人次有三姓至伏羲,伏羲以次有三姓至女媧,女媧之後五十姓至神農,神農至炎帝一百三十三姓,炎帝之後凡八代,軒轅氏代之;"宋均又以爲"女媧至神農七十二姓;"此三家說"三皇"雖同,而"三皇"之間易姓而王者幾代則各不同;蓋所據又各異也。而"三皇"非其人身自相接,其間代之易姓而王者實多,則三家并同;是此一派不謂"皇帝"爲以次推遷,其義甚顯。通三家之說觀之:自燧人至黃帝,其間易姓而王者殆三百姓,而燧皇有天下一百五十六代,有巢氏有天下百餘代。尸子曰:"神農氏七十世有天下,"則"三皇"三百姓間將及萬代;此緯學者之說也。二派立說,一以"皇帝"爲推遷,一以爲固定,義已不同;以神農爲"九皇,"則"九皇"之說所以易"三皇,"兩說不能並行,亦猶"五運"說之易"三統,"兩說本不能並行者也。

　　董伏而後,說"三皇""九皇"者又復別出:鄭司農小宗伯注云:"三皇,五帝,九皇,六十四民,咸祀之;"漢舊儀亦云:"祭三皇,五帝,九皇,六十四民,皆古帝王,凡八十一姓;"賈公彥周官正義引史記云:"九皇既沒,六十四民興;六十四民沒,三皇興;"又引史記云:"伏羲以前,九皇六十四民;"是則"三皇"之前復有"九皇,"與伏羲不合;"六十四民"在"九皇"之後,又與董義不合;賈疏所引史記今司馬遷書無其文,則是後儒別一家書;"五帝"之說與"三王"之說不並存,及後遂敍"五帝"於"三王"之先,"九皇"與"三皇"不並存,及此又序"九皇"於"三皇"先也。緯書:"三皇號九頭紀,人皇兄弟九人;"韋昭說"人皇兄弟九人,所謂九皇;"張晏說:"三皇之前有人皇九首;"通卦驗注說:"燧人卽人皇;"此是以"三皇"卽"九皇,"而伏羲神農之前別有"三皇"也。或又別燧皇遂人爲二。凡此皆欲調處"九皇""三皇"爲一說,牽合以成義,遂致觸處皆難通也。命歷序諸書云:"天地初立,有天皇,地皇,人皇,"而以遂人羲農爲後之"三皇;""三皇"之外復有"三皇,"則"五帝"之外宜復有"五帝,"豈黃帝堯舜之前又別有蒼帝靈威仰,赤帝赤熛怒,黃帝含樞紐,白帝白招矩,黑帝叶光紀,亦實有其人,而嘗王天下耶? 通卦驗云:"太皇之先,與耀合元,"鄭注:"耀魄寶,北辰帝名;"帝王世紀言:"天地開闢有天皇氏,地皇氏,人皇氏,或多穴夏巢,或食鳥獸之肉,天皇大帝曜魄寶,地皇爲天一,人皇爲太一;"夫北辰惟一曜魄寶,而此又益之以天一太一;始學篇又以天皇號天靈,不曰曜魄寶,其說又更妄也! 自是歷魏晉以下,徐整任昉又采俗說作爲盤古之名,語益荒唐;趙宋而後,述史者莫不首盤古而次以天地人皇,最爲戲論,何其迷妄不諭乃至如此! 莊子謂"昔者容成氏,大庭氏,伯皇氏,中央氏,栗陸氏,驪畜氏,軒轅氏,赫胥氏,尊盧氏,祝融氏,伏羲氏,神農氏,當是時也,民結繩而用之,樂其俗,安其居,鄰國相望,雞犬之音相聞,民至老死而不相往來;"旣曰"鄰國相望,"則十二氏若並世諸侯然,不必悉先後相承,而似爲部落之峙立也。商君畫策言:"昔者昊英之世,以伐木殺獸,人民少而木獸多;"韓非五蠹言:"有巢氏構木爲巢以避羣害,燧人氏鑽燧取火以化腥臊;"是北人言其上世之王皆勤於功利者也。天問言："女媧有體，孰制匠之?"莊子言："赫胥氏之時，民居不知所為，行不知所之;"又言混沌氏，豨韋氏;是南人言其上世王者皆慌忽而誕者也。子思子以"東扈氏之時，道上雁行而不拾遺，餘糧宿諸畝道;"易繫辭首稱"伏羲通神明之德，類萬物之情;"則東方言其上世王者皆仁智而信者也。則上古部落而治之時，各長其長，各民其民，烏有所謂"三皇""九皇""盤古"之說哉!

二　繆鳳林復蒙文通書

文通兄左右：奉讀大札，傾佩無似！"三五"之說起自晚周，劉道原外紀，崔武承考信錄辨之甚詳，弟壘讀其書，頗韙其說。嗣閱日人星野恒（故東京帝大文科教授）三皇五帝考（見史學雜誌第二十編第五號），于漢師異說，"帝""皇"名義，及漢師所以相異之故，言之尤繁;然皆但疏其流，未探其奧。大札獨窮源竟委，明其因而究其變，如是如是，嘆未曾有！惟言"三五"之說本之天神，"三皇"之說出自"三一，""五帝"之祠始于晉巫，東方"五帝"之說因"五運"而興，騶子據"三王"言"五運，"故"五帝"之說與"三王"之說不兩立，外"三王"而言"五帝"後起之訛說，西方以古之王者配"五帝，"列顓頊於神之"五帝，"始于呂覽，"五帝"皆為古天子說始李斯，大戴史公之說源秦晉而次第轉變，弟意竊疑有未安！考魯語展禽言："有虞氏夏后氏禘黃帝而祖顓頊，商人禘舜而祖契，周人禘嚳而郊稷，皆有功烈于民者也，及前哲令德之人所以為明質也，"此或出周人傳說;然宗教之進化，始也以物為神，繼則以人為神;以人為神，其神化之度又隨時而進;展禽所云列在祀典者皆以人爲神,而神化未深者也。 王室有神,侯國或亦取有功烈之先民,曾居其地或止其地者以爲國神;國神之勢力隨國力而消長,視神威爲等差。 一國之神爲數國所奉,則進爲數國之神,寖假爲一方之大神,而小神爲其佐焉。 郊祀志言秦襄公居西,自以爲主少昊之神,作西畤祀白帝;左氏昭十七年傳:"陳,太皞之虛也;鄭,祝融之虛也;衞,顓頊之虛也,"于時少昊太皞祝融顓頊爲秦陳鄭衞之國神也。 西方大國惟秦,少昊以主秦而主西方,其事至順;太皞之主東方,顓頊之主北方,與炎黃之分主南方中央,祝融降爲炎帝之佐,勾芒后土蓐收玄冥之分佐四神,今雖難詳,然其意固可推而知也。 郊祀志又稱:"秦文公夢黃蛇自天下屬地,其口止于鄜衍,史敦曰:'此上帝之徵,君其祠之!'于是作鄜畤,郊祭白帝;櫟陽雨金,獻公以爲得金瑞,作畦畤櫟陽,而祀白帝;"與宣公祭靑帝,靈公祭黃帝炎帝並列。 文公之白帝爲黃蛇,獻公之白帝則爲少昊,疑西畤獻公時已廢,故重祀之歟? 青帝炎黃非西方之神,蓋信神者欲兼得諸神之福祐,則取異方異國之神而並祀之;神祀之日繁,神之統宇之混雜,神之普遍性之進化,又自此始也。 據年表宣公作密畤在惠王五年(西元前六八二),靈公作上畤下畤在威烈王四年(西元前四二二),後襄公作西畤(平王元年,西元前七七〇)凡八十八年(書業案:此處文恐有誤),三百四十八年;不知青帝炎黃時爲何方或何國神也? 逮秦之亡,"五帝"之祠僅有其四,呂覽十二紀則備列之,然其說已先見屈子。遠遊:"軒轅不可攀援兮,吾將從王喬而娛戲,……吾將過乎勾芒,歷太皓以右轉兮,……遇蓐收乎西皇,……指炎神而直馳兮,吾將往乎南疑,祝融戒而還衡兮,……從顓頊乎增冰,歷玄冥以邪徑兮,"此言四帝四佐及所主方位與十二紀同,合軒轅適爲

"五帝；"近人或言遠遊爲漢師作(說始吳榮甫，近日本人持此說者甚多)，然宋玉之徒已無此空靈氣象，遑言漢人？ 惜誦："令五帝以折中兮，"王逸注："'五帝，'謂五方神也；"屈原之言"五帝，"蓋信而有徵。晏子："楚巫見景公曰：'請致五帝以明君德，'景公再拜稽首，楚巫曰：'請巡國郊以觀帝位，'至於牛山而不敢登，曰：'五帝之位在于國南，請齋而後登之，'"晏子書多出假託，以觀于"轉附朝舞"節與孟子文同觀之，成書或在孟子後，然其爲戰國書，與作書時已有楚巫祠五帝事，皆無可疑，是則秦祠未具五時之時，楚巫已遍祠五帝；屈原亦言"五帝。" 設景公致五帝事非虛，則在秦祀炎帝黃帝之先，神之"五帝"已完成矣。 故弟意古之王者配"五帝，"其說不始西方，列顓頊于神之"五帝，"亦不始于呂覽；大札所考，疑皆未得其實。 大札又言秦祠未具五時，而晉巫祠五帝；尋漢志："漢興，晉巫祠五帝，"言漢已備五帝之祠，令晉巫司其祀；晉巫又祠東君，雲中君，巫社，巫祠，族人炊之屬，東君雲中君皆非晉神，則"晉巫祠五帝"固未足證晉巫在晉或三晉時已祠五帝矣！ 然高祖五帝之祀不歸之荆巫，于時除楚巫外，他國之巫者亦能祠五帝，則五帝之祠之推廣，又可知也。

易緯尚書緯皆言"帝者天號，"崇人爲神，則有神之"五帝；"假"帝"號以尊王，又有人之"五帝。" 公羊成八年傳何注引孔子曰："德合天者稱'帝，'""與漢師"稽古同天"之說皆謂"人帝，"不謂"神帝"也。 昊天上帝惟一，故以人爲神，遠起虞夏；而東周之前，人神無"帝"之稱。 堯舜之稱"帝"始見虞書(雖出後人追述，要在西周以前)，而堯舜不聞有"神帝"之號，則人王之稱"帝"固先于人神之稱"帝"也。 劉道原以竇公所獻之大司樂章有黃帝堯舜夏殷周之六樂，而少皞顓頊帝嚳樂名缺焉，河間獻王采古之言樂事者以作樂記,言武王封黃帝堯舜夏殷之後爲"三恪""二王"後,不數少皡顓頊帝俈,謂寶公所傳在秦焚書之前,獻王采錄古書可以取信,以證西周無"五帝"之說;則人王之"五帝"與人神之"五帝"同起東周世也。 周官小宗伯"兆五帝于四郊,"司服"王祀五帝,"此神之"五帝"也;外史"掌五帝之書,"此人之"五帝"也;二"五"皆非西周所有,而周官兼言之,其爲東周之書無疑也! 神之"五帝"由國神轉變而成,人之"五帝"亦不出於"神帝,"且與"五運"無關,與"三王"更不衝突。 大札謂騶子以"五運"易"三統,"尋騶子"五運"之說與儒者"三統"之義迥殊;"忠""敬""文""三統"皆先有實而後立名(蓋三代歷史變化如是,故立是三名以表之,猶三代建子丑寅,故曰"子丑寅三正;"苟建卯辰巳,則曰"卯辰巳三正"矣);"五運"之說以"五行"終始之原理解釋百王授受之次序,則先有名而後強實以就其名。文選魏都賦注引七略曰:"騶子有'終始五德,'從所不勝,土德後,木德繼之,金德次之,火德次之,水德次之,"似騶子祗謂某德勝某德,不以黃帝夏殷周言"五運。" 以黃帝夏殷周言"五運,"蓋爲秦繼周地,始于秦將滅周之際,齊人爲騶子說者以是取媚始皇耳。 然禹湯武之"三王,""忠""敬""文"之"三統"自若也。 呂氏春秋召類:"黃帝之時,天先見大螾大螻,黃帝曰,土氣勝;及禹之時,天先見草木秋冬不殺,禹曰,木氣勝;及湯之時,天先見金生刃于水,湯曰,金氣勝;及文王之時,天先見火,文王曰,火氣勝;代火者必將水,天且見水氣勝,"此正齊人之說,不韋所取者。而呂氏春秋又以黃帝顓頊帝俈堯舜爲"五帝,"尊師篇曰:"神農師悉諸,黃帝師大撓,帝顓頊師伯夷父,帝俈師伯招,帝堯師子州父,帝舜師許由,禹師大臣贊,湯師小臣,⋯⋯"神農及禹湯以下皆無"帝"號,黃帝至堯則名曰"帝;"古樂篇歷記古帝王之樂:曰朱襄氏,曰葛天氏,曰陶唐氏,曰黃帝,曰帝顓頊,曰帝嚳,曰帝堯,曰帝舜,曰禹,曰殷湯,曰周文王,明理篇曰:"五帝三王之于樂,盡之矣,"即言黃帝至文王之樂也。黃帝顓頊帝嚳堯舜稱"帝,"故曰"五帝;"禹湯周文則曰"三王。" 諭大篇又言"昔舜欲稽古而不成,既足以成帝矣,禹欲帝而不成,既足以正殊俗矣;""帝"之與"王"在呂氏書中實有明畫之界限。不韋言"五運"則內"三王,"言"五帝"則外"三王,"知"五帝"之說與"三王"之說固並立不悖;騶子既未以"五運"易"三統,""五帝"之說亦非因"五運"之說而興;而外"三王"以言"五帝",更非後起之訛說;蓋大戴史公之言"五帝"與呂覽同,其源甚古(詳後),非漢師所臆造也。大札又謂據"三王"以言"五運,"不數顓頊帝嚳堯舜,此白虎通五帝無有天下之號之說;列顓頊帝嚳堯舜于"五帝,"此白虎通五帝皆有立天下之號之說;尋白通虎義以黃帝顓頊帝嚳堯舜為"五帝,"而此"五帝"又有有天下號與無天下號二說。大戴記史記以黃帝至舜為身相世及,故無為天下大號,此通義無號之說所本;與"五運"不數顓頊帝嚳堯舜不涉。"五運"首黃帝,由無號之說,黃帝亦無號也。命歷序五帝各傳十數世,即通義以五帝為有文號之或說;亦與列顓頊帝嚳堯舜于"五帝"無關。大戴史公以無號之顓頊等為"五帝,"班氏列有號之異說,亦不謂顓頊等有號始得列于"帝"數也。

自來論"五帝"者皆以十二紀月令之五帝為"五帝"說之濫觴,而黃帝顓頊帝嚳堯舜之"五帝"則始大戴史公;今知呂覽于太皞等"五帝"外,復言黃帝等"五帝;"前者"神帝,"說本遠遊;後者"人帝,"又為大戴史公所本;然二者關係,及黃帝等"五帝"說之淵源猶未易明也。封禪書載管仲所記古封禪者十二家,黃帝顓頊帝嚳堯舜五家在無懷伏羲神農炎帝之後,禹湯周成之前,展禽言祭法,則曰"黄帝能成名百物,以明民共財,顓頊能修之,帝嚳能序三辰以固民,堯能單均刑法以儀民,舜勤民事而野死,"所言五王序次皆與呂覽"五帝"同;蓋夏商前有此五王,當春秋時說已固定,特無"五帝"之稱耳。 管子書葉水心謂成書在春秋末年,其正世篇言"五帝三王,""三王"謂禹湯武,中匡篇有明文;"五帝"則可考者三:桓公問言"黄帝立明臺之議,堯有衢室之問,舜有告善之旌,禹立諫鼓于朝,湯有總街之庭,武王有靈臺之復,此古聖帝明王所以有而勿失,得而勿忘者也;"禹湯武爲明王,黄帝堯舜自爲聖帝。 莊子天運五言"五帝,"可考者亦惟黄帝堯舜(說後詳)。 荀子亦言"五帝,"非相:"五帝之外無傳人,禹湯有傳政,"以"五帝"與禹並舉,知"五帝"在"三王"外;然荀子法後王,惟議兵篇言"古者帝堯"而已。 諸家之言"五帝"皆在"三王"前,且皆爲古天子,以是知先"五帝"而以夏商周"三王"屬于其後,與李斯言"古者五帝地方千里"者,實原始之"五帝"說;"五帝"與"三王"與"五運"各有系統而不衝突;諸帝名之不具者,以意推之,疑亦與呂覽同。 黄帝堯舜之稱"帝"由來已久,"五帝"之說與,上不越黄帝,下又外"三王,""黄帝堯舜之間著者惟顓頊帝嚳,則"五帝"捨五人莫屬;呂覽之說,固先秦之古義也。 郯子論官,黄帝顓頊之間營舉炎帝共工太皡少皡,此但歷叙古者紀官之不同,非即古帝之次序;漢師不悟,或以太皡炎黄少皡顓頊爲"五帝"(王符王肅說),而人神不分;或加少昊于"五帝"(鄭玄說),而"五帝"有六人;僞孔安國皇甫謐進少昊而退黄帝,梁武帝又進少昊而黜帝舜,而"五帝"失其終始焉。 蓋自王符鄭玄讀大戴太史公書,已莫識其義,何論先秦舊記! 近人謂世益晚而古史益繁,弟則謂世益晚而古史之義益晦;"堯神禹蟲,"惟今日始有此妙論耳! 然"五帝"何以必"五"而不"三,"大札謂天有"五帝,"上世之王者亦"五帝," 然以"人帝"兼"神帝"者,惟黃帝顓頊,餘則各有專屬。諸言人之"五帝"者,若管子莊子荀子,不言"神帝;"言神之"五帝"者,若晏子屈原,不言"人帝;"周官呂覽雖兼言之,其義各別;則二"五"之起,或因先民數字尚"五"之故,非人源于神,或神源于人也。

"帝"爲上帝之稱,而"皇"初無天帝或帝王之義;以君釋"皇,"後起之說。書云"皇帝""皇后,"詩云"皇王""皇祖,"離騷云"皇考,""皇"乃尊大之稱,王侯祖考皆可加之,非"帝""王"之外別有所謂"皇"者也 (崔武承說)。"三皇"之說,蓋起于道家理想之世之具體化。道家不滿現世冥想古初,老子以"道""德""仁""義"觀世之隆汚,而"道德"之世有理想而無君。莊子始以容成大庭赫胥等氏爲至德至治之世。在宥篇:"廣成子曰:'得吾道者,上爲'皇'而下爲'王;'"又以"皇"爲得道之君之稱號。蓋管子嘗稱"明一者'皇',察道者'帝',通德者'王',謀得兵勝者'霸;'以"皇""帝""王""霸"代表歷史退化之四時期。古代尚"五"復尚"三,""霸""五,""王"三,"帝"又爲五,"皇"之說起,遂亦冠"皇"以"三。"以周官言三皇觀之,其說或興于莊子前。然莊子書言"三皇"者,疑皆"三王"誤文(天運篇:"師金曰:'故夫三皇五帝之禮義法度不矜于同而矜于治,故譬三皇五帝之禮義法度,其猶柤梨橘柚耶?'子貢曰:'故三王五帝之治天下不同,堯授舜,舜授禹,禹用力而湯用兵,文王順紂而不敢逆,武王逆紂而不肯順,故曰不同;'老聃曰:'余語汝三皇五帝之治天下:黃帝之治天下,堯之治天下,舜之治天下,禹之治天下,余語汝三皇五帝之治天下,名曰治之,而亂莫甚焉。'" 子貢所言"三王"釋文謂本或作"三皇,"依注作'王'是也;"釋文又謂餘皆作"三皇,"然子貢列舉堯舜禹湯文武,有"帝""王"而無"皇,"老聃於堯舜外加黃帝,亦爲"帝"而非"皇";"意者天運本文皆作"三王五帝,"後之人習聞"三皇五帝三王"之說,以爲在"五帝"前者應爲"三皇,"改"王"爲"皇;"注莊子者雖知子貢所言苟屬"三皇"斷不可通,其餘不敢悉正,遂生"子貢欲同三皇於五帝,老耼通毀五帝上及三皇"之曲解。親下文老耼言"三皇之知上悖日月之明,……而猶自以爲聖人,不可恥乎?其無恥也!"王益吾集解亦謂此"三皇"當作"三王,"否則不可通矣)。公羊襄二十九年注又引孔子曰:"三皇設言民不違,五帝畫像世順機,"語出緯書,更不足辨。呂氏春秋貴公:"天地大矣,生而弗子,成而弗有,萬物皆被其澤,得其利,而莫知其所由始,此三皇五帝之德也;"蓋至秦人而"三皇"乃確定,道家理想中之太古爲上古史之首頁矣! 呂覽不言何者爲"三皇,"秦博士則曰"古者有天皇,有地皇,有泰皇",弟意天皇地皇泰皇疑卽呂覽之"三皇;"而與"三一""泰一"無關。先秦之神雖有以"皇"名者,然無"三皇"之神;周宜有人之"三皇,"而無神之"三皇;"郊祀志記秦一統後祀典最詳,亦無"三皇"之祀;惟齊有天主地主等"八神,"弟初疑天皇地皇或由天主等轉變;繼思神以天爲尊,"三皇"苟爲神,當曰"天皇最貴,"而秦博士言"泰皇最貴,"又上秦王尊號爲"泰皇,"故知其爲人而非神矣。"泰一"之名始見荀子(禮論),莊子亦屢言之,與易傳"太極"義略同,初不謂神;楚人以"太一"爲神名,亦不謂上帝;日人津田左右吉太一論考之甚詳(見白鳥博士還曆紀念東洋史論叢)。津田又謂泰皇出於太一,與大札意略同。 弟意漢世"泰一""三一"之祠於古無徵,疑皆由"三皇"之說而出。武帝迷信神祇,"而海上燕齊怪迂之方士多更來言神事;"以漢祀五帝而三皇在五帝前,秦人又謂"泰皇最貴"也,故"謬忌奏祀泰一方曰'天神貴者泰一,泰一佐曰五帝'"矣;謬忌僅取泰皇言泰一,而不言天皇地皇也,故"其後人上書言'古者天子三年一用太牢祠三一,天一地一泰一'"矣;是則"三一"之說本于"三皇,""泰一"之說出自"泰皇;","三皇"初謂人不謂神。 漢師求天皇地皇泰皇于故記不可得,乃以經傳之王在"五帝"外者當之;伏羲神農遂人女媧祝融共工紛紛為"皇,""遂皇"(二字據中國通史綱要加)"羲皇""農皇"之稱又自此興矣。 伏羲神農,易傳之二氏,進而為"帝"前之"皇。" 白虎通義又以其名義解釋古初社會之情狀,儒家之古史觀乃取道家之古史觀而代之。方士以"三皇"言"三一,"緯書之言天皇地皇者亦益以神怪,秦人之"三皇"遂湮滅不可復覩。 然桓譚新論言:"三皇以'道'治,五帝用'德'化,三王由'仁義',五伯以'權智;'"阮籍通考論亦言:"三皇依'道',五帝仗'德',三王施'仁',五霸行'義';";則先秦"皇""帝""王""霸"區分古史時代之舊義至魏晉猶未淪失,與"五帝"之不得終始者又自不同;古義之顯晦,亦有幸有不幸歟? 弟自内子病歿,所感萬端,行年三十,常懷千歲之憂。讀兄宏論,不能自已,不覺言之累贅如此。 亦以近人言古史層累造成發端于道原之論"三皇五帝,"而"數典忘祖,"于此問題轉未論及;妄欲以吾二人所言成一定說,遂辨之惟恐不盡;惟兄明辨而辱教之,幸甚! 幸甚! 十月一日,弟繆鳳林再拜。

中國通史綱要第一册第三章(四六,四七)兩節文與此函略同,而互有詳略。 通史綱要詳于本函處,如關于"五帝"節:本函云:"二'五'之起,或因先民數字尚'五'之故;"綱要則云:"二'五'之起,⋯⋯疑因先民數字尚'五'及'五行'之故,或亦有其他關係,而今不可考也。" 綱要又補引左氏傳二十一年傳"任,宿,須句,顓臾,風姓也,實司太皞之祀"一節;下補曰"陳,任,宿,須句,顓臾皆東方之國,故太皞以為諸國共祀而主東方;

衛爲北方之大國,故顓頊以主衛而主北方。" 補引孫子行軍篇,及蔣子萬機論之語,以證"黃帝本爲中央之'帝'"之說。又引左氏昭十七年傳"炎帝氏以火紀,爲火師而火名"之語;下曰:"自'五行'之說興,以'五行'分配'五帝,''五方':太皥以東帝爲木,少皥以西帝爲金,顓頊以北帝爲水(昭十八年傳亦曰"衛顓頊之虛,其星爲大水"),黃帝以中央之帝爲土,炎帝亦以火紀而主南方;句芒,蓐收,玄冥本少皥氏叔,句龍本共工氏子,祝融本顓頊氏子,且主鄭虛,亦以爲'五行之官,'祀爲貴神,而分佐'五帝'(此下引左氏昭二十九年傳蔡墨對魏獻子語一段);其成立時代,今雖難詳,然其意固可推而知也。"又"郯子論官⋯⋯"語下補"劉歆不悟,本之以作三統世經,言'郯子據少昊受黃帝,黃帝受炎帝,炎帝受共工,共工受太昊,'於顓頊帝帝嚳唐帝虞帝之前歷叙太昊帝,共工氏,炎帝,黃帝,以共工氏伯而不王,不列帝數;又以太昊帝爲炮犧氏,炎帝爲神農氏"一節語(此外尚有少許增補之語,因無甚關係從略)。關于"三皇"節,則于本函"與五帝之不得終始者又自不同"語下補入一大段文字,今錄如下:

　　自皇甫謐帝王世紀病諸家列遂人女媧等于"三皇,"及鄭玄謂"五帝"有六人之未合,以伏羲神農黃帝爲"三皇,"少皥顓頊帝嚳堯舜爲"五帝;"梅賾所上僞孔書序又言:"伏羲神農黃帝之書,謂之三墳,少昊顓頊高辛唐虞之書,謂之五典,"後人亦奉爲孔安國之"三五"說;於是黃帝爲"五帝"之本者始進而爲"皇。" 自溫公稽古錄,劉道原外紀據易傳敘包羲神農黃帝堯舜繼世更王,而無"三五"

之數；胡宏皇王大紀，胡一桂十七史纂古今通要則皆以犧農至舜爲"五帝"（此說外紀亦引之，不知始於何人）；於是羲農爲漢師言"三皇"之本者亦退而爲"帝，""帝""皇"之古義始晦。 又自緯候言天地人"三皇，"徐整三五歷記則始言盤古，後乃有三皇，宋人復以有巢燧人次伏羲前；至胡宏皇王大紀集傳說之大成，以自燧人氏而上爲三皇之世，三皇紀敍盤古，天皇，地皇，人皇，有巢，燧人六氏，於是"三皇"有六人；又取易傳說伏羲，神農，黃帝，堯，舜爲"五帝，"少皡，顓頊，帝嚳嘗帝天下，亦列五帝紀中，於是"五帝"有八人；古史之系統自是略定。 明清之言史者雖下至小本之鑑，亦多輾轉襲其說（說詳古史研究之過去與現在上篇，略見書首自序及四五節。憶幼讀鮑古邨史鑑節要曰："盤古首出，天地初分；三皇繼之，物有羣倫；有巢橋木，宮室是因；敎民烹飪，則有燧人；伏羲畫卦，書契是造；炎帝神農，耒耜是敎；黃帝軒轅，始制衣服；少昊金天，通天絕地；顓頊命官，五方分治；帝嚳繼之，傳其子摯；唐侯代之，是曰放勳；有虞舜者，孝德升聞"）。 旣不能棄"三五"之數而不用，又不知改易數字以符"帝""皇"之實數，更不敢沙汰王者以合數字；大題曰"三五"，小題與內容則有六氏八君；數百年來未聞有正其謬者，亦可謂史學界怪現象矣！ 其最謹嚴者，亦僅知皇甫謐僞孔安國之"三五"說（四五節論"疏通知遠派"中所舉元陳櫟以下諸家是）；大戴太史公書識其義者已絕無僅有（惟馬端臨通考帝系考中首列五帝本紀之"五帝，"宋以後書蓋僅見者),何論先秦舊紀! 世益晚而古義益晦,古史益繁亂而不可理也。

書業案:蒙繆二先生此文實爲探究"三皇五帝"來源之第一聲。蒙先生之中心意見爲:"三皇"之說本於"三一,""五帝"之說因於"五運。""三皇五帝"皆本神而非人("五神帝"之名即赤熛怒等。人之"五帝"由神之"五帝"來。"九皇"在秦亦爲神,至漢乃爲古之王者)。"三皇五帝"說之完成當在戰國及秦世。"三五"皆南方之說,而漸傳於東方北方。諸說中除"三皇本於三一"之說已爲繆先生所駁倒外,餘說吾人皆表相當之贊同(但"神五帝"之赤熛怒等名號出於讖緯,非古說)。繆先生之中心意見爲:"神五帝"之說起於國神(取人爲神),人五帝之說起於假"帝"號以尊王,二者本不相涉("帝"之所以爲"五"起於先民數字尙"五"之觀念,及"五行"之說)。"三皇"之說起於道家理想之世之具體化("皇"之所以爲"三"亦起於先民數字尙"三"之觀念)。"三皇五帝"皆本人而非神("秦一""三一"由"三皇"之說而出)。"五帝"說起于東周,"三皇"說確定于秦人。諸說中除"人五帝"與"神五帝"本不相涉,及"三皇五帝"皆本人而非神之說外,餘說吾人亦表相當之贊同。竊謂"五帝"之說當起於"五方帝,"而"五方帝"之說則起於"五行。""五行"之說起源或甚古(參看拙作五行說起源的討論,古史辨第五冊),現存之古書中雖無"五行"說之痕迹,然甘誓洪範道"五行;"甘誓洪範雖皆戰國時書,然墨子已引甘誓,則此篇之著作時代最晚不得過戰國中世。甘誓云:"威侮五行,怠棄三正,""五行"自爲"金""木""水""火""土"之"五行，""三正"或即爲"天""地""人"之"三才"；"五行三正"即"五帝三皇"說之背景也。 墨子貴義篇云："帝以甲乙殺青龍於東方，以丙丁殺赤龍於南方，以庚辛殺白龍於西方，以壬癸殺黑龍於北方，"此必非後世所能僞造之語，則至遲戰國初年已有"五行"說矣。墨子文中所謂"青""赤""白""黑"四色之龍疑即"青""赤""白""黑"四色之"帝"（讖緯書中常以龍表"帝"神）；而墨子文中所謂"帝，"疑即黃帝；帝殺四龍，即所謂"黃帝勝四帝"（孫子）也。此"四帝"與黃帝即"五方帝，"亦即最早之"五帝"說（甲骨文中亦有"五方帝"存在之痕跡，但尙未能徵實）；則"五帝"本爲神而非人也。"五方帝"中蓋祇黃帝有最上天帝之資格，故其傳說亦最風行；鄒衍"五運"說起，即以最上天帝之黃帝爲人王，而置其時代於夏商周之前。其後"人之五帝"說起（始見荀子），病"青""赤""白""黑"四帝之未人化也，乃以顓頊帝嚳堯舜與黃帝合爲"人之五帝。"顓頊帝嚳堯舜在鄒衍之古史系統中或本承黃帝，而統屬於虞代（參看拙作帝堯陶唐氏一名的由來，浙江圖書館館刊第四卷第六期），及是稱爲"五帝，"病其不能與"三王"分屬於三代之說相合也，乃亦分"五帝"爲五代；唐虞之說既盛，有熊軒轅高陽高辛之號遂紛紛而起也（黃帝等初無代名，蓋以一時難於拼湊之故；及漢世始以有熊高陽高辛等爲黃帝顓頊嚳之國號）。至月令（此書時代未明）出，更以太皥炎帝（即赤帝之化身。"五方帝"中蓋惟赤帝之勢力與黃帝略侔，故其人化亦次早於黃帝）少皥顓頊應合"青""赤""白""黑"四帝，而與黃帝同爲"五神帝"（魏相稱此"五帝"爲"五方之神"）。劉歆則以二系統之"五帝"拼合爲一，添入共工帝摰二閏統，造成世經之古史系統；於是"五帝"之說亂，古史之糾紛乃益起矣。至"三皇"之說，竊以為起於天神地神與太一(道)之神之人化；一方面則又有"三才"思想為其背景。"三才"思想亦起於戰國時，甘誓之"三正"疑即"三才"之原稱。史記封禪書記齊"八神"中有天主地主，疑即"皇天后土"之神之變相；楚辭九歌中有"東皇太一，"疑即"大道"之神(最上之帝，故號"上皇")之變相；天主地主太一"三神"一變而為天皇地皇泰皇"三皇，"再變而為天一地一泰一"三一"也。呂氏春秋大樂篇云："太一出兩儀，兩儀出陰陽，"注："'兩儀，'天地也；""太一"為"天地"所自出，故泰皇貴於天地兩皇；泰皇貴於天地兩皇，故泰一貴於天地兩一；究其終始，則"三皇"亦本為神而非人也。至"二皇"之說蓋源於"陰陽"思想，及前世天地並尊之宗教。"二皇"疑即天地之神除"太一"而言，其"太一"則又變而為太帝矣。"九皇"則又"三皇"說之增加。董仲舒書中之"九皇"每代雖祇一人，但所謂"三統"之說三復其數為"九；"又自黃帝至漢(或春秋)去秦適為"九"代，每代一"皇，"故有"九皇"也。至緯書出，受劉歆"新三統說"及其古史系統之影響，以人皇易泰皇，更以伏義神農燧人等合"三皇；"偽孔皇甫謐更去燧人等，而以"五帝"之首之黃帝合"三皇，"於是"三皇"之說亦大亂；誠所謂"世益晚而古義益晦，古史益繁亂而不可理也。"

又案：當蒙繆二先生發表本文之時(二先生文發表於十八年十一月史學雜志，則此文當是十八年九月及十月所撰)，同時顧頡剛師亦在燕京大學發表其中國上古史研究講義(十八年度兩學期所發表)，中亦提及"三皇五帝"之問題(此講義卽名爲"三皇五帝的來源")。此講義之一部分後即改編成五德終始說下的政治和歷史,另一部分則即改編成本文——三皇考。三皇考之根本意見與講義實無甚差異也。當顧師撰本文時未參考蒙繆二先生之文,而其見解則頗有與二先生相合之處;三先生同心,"三皇"之問題庶幾乎其可以解決矣。但"五帝"之問題猶爲懸案,以討論"五帝"問題有一絕大之障礙焉,卽"月令之著作時代問題"是也。月令固決非呂不韋等作(關於此點顧師已搜得極詳確之證據),但或出於西漢中世(其後必疊經修改始成今本之形式),果爾,則月令之"五帝"系統當爲劉歆古史系統之所本。月令若確非完全劉歆僞作,則其中之"五帝"或如繆先生說爲"神五帝"之系統也(此說業曩亦曾主張之)。吾輩甚望三先生能繼續研究,將"五帝"問題亦作一極澈底之解決,則古史中之懸案又得少一個矣。

附錄三　日人論文三篇擷要

馮家昇輯譯

一　星野恒三皇五帝考 史學雜誌第二十編第五號

史記秦本紀,秦始皇二十六年御史大夫廷尉諸臣與博士議曰,"古有天皇,有地皇,有泰皇,泰皇最貴;"從字源上講,"泰皇"卽"大皇,"亦卽"人皇"(其後以大皇爲"三皇"中最貴者,遂讀爲"太──泰皇")。"皇"字以"自""王"合成,意爲最初之王。"三皇"之說昉於"三才。""帝"有芒刺之義,言上天賞罰明察也。其後加於大德君主之上。"五帝"之說取於"五行。"

書業案:以泰皇爲卽人皇,此與翁獨健先生之意見同(翁說見本文歟)。"三皇之說昉於三才,""五帝之說取於五行"之說與吾人意見亦合。

二　飯島忠夫三皇五帝說 史潮第一年

戰國後半期卽西紀前四世紀時,中國天文學逐漸發達,同時"太一""陰陽""五行"之哲理亦隨之產生,其後此種哲理神話化,神與人相結合,遂有"三皇五帝"之說。

天皇地皇泰皇"三皇"與天一地一泰一"三一"有關。"二皇""二神"卽天皇地皇及天一地一。

首倡此種學說者爲鄒衍,由史記孟子荀卿列傳中可略窺其學說之崖略;其學說中有黃帝,卽爲後來"五帝"中之一帝,亦

即"五行"中土德之帝。 歷秦至漢,其學說大加推演,遂成第一時期之"三皇五帝"說:

三皇:天皇,地皇,泰皇。

五帝:黃帝,顓頊,帝嚳,帝堯,帝舜。

西漢末,劉歆作世經,又產生新說;歷漢魏至晉,僞古文尚書序出,遂成立第二時期之"三皇五帝"說:

三皇:太昊,炎帝,黃帝。

五帝:少昊,顓頊,帝嚳,帝堯,帝舜。

書業案:飯島氏"三皇五帝"說出於"太一""陰陽""五行"之哲理,"二皇""二神"即天皇地皇等說與鄙見略同。

三 津田左右吉太一說 _{白鳥博士還曆紀念東洋史論叢}

"太一"之說起于戰國之末,初爲道家學說,後亦爲儒家所取("太一"即"太極")。 "太一"爲形而上學之名辭,有最高與全體之意;其本體爲一,卽一元,其全體萬有,亦含多元。

形而上學觀念的"太一"與民間宗敎的觀念結合,而產生神的"太一;"又與占星術的思想混合,而產生星的"太一。"

"太一"即"道,"所謂"道"是如何規定人間日常生活與統制宇宙萬有之法則;此爲中國人對宇宙觀人生觀之根本思想。在意義上,宇宙與人是相對立的,而"天"與"地,""形"與"氣,""陰"與"陽"亦然;規定此二元間之關係,即統制宇宙與人生之法則。但進一步,則超脫二元論之思想,終歸於"一。" 此"一"的觀念,在道家思想中是虛無的,混沌的,"太一"即是虛無與混沌的一個本體。

　秦始皇本紀中所見之天皇地皇泰皇"三皇"與封禪書中之天一地一太一"三神"思想上連絡；泰皇從太一出來(此條見注15)。

　　書業案：津田氏神的"太一"與星的"太一"出於哲理的"太一"之說與錢寶琮先生意見合。泰皇從"太一"出來之說與頡剛先生及業之意見合(與飯島忠夫之說亦合)。

附錄四　補遺七則

　　自本書付印之後,時有朋好商量,或亦翻檢有得,覺其頗應增加。可惜已經印成,無法添進。茲當全書刊竣,因集合這些新材料,作此補遺一篇。明知還是掛一漏萬,總算可以少漏一些。他日續有所得,倘本書能再版,必仍補入。南旋省親,即在後天,燈下匆匆,實在也寫不好了!

　　　　　　　　　　　顧頡剛。　二五,一,八。

一

史記淮南衡山列傳記伍被言云:

> 徐福入海求神異物,還爲僞辭曰,"臣見海中大神言曰,'汝西皇之使耶?'臣答曰,'然。''汝何求?'曰,'願請延年益壽藥。'神曰,'汝秦王之禮薄。………'"

讀此,知當時神仙家以"西皇"稱中國皇帝,或更以"東皇"稱海中的大神哩。

二

太平御覽三百四十八引太公兵法云:

> 神后加四仲者以爲明堂宮。時天一出遊八極之外,行窈冥之中,日照其前,月照其後。當此之時,天一自持玉弩執法,丞相劾不道者。

這是一則僅存的天一故事。可惜古書失傳的太多,否則本書中必可更寫一章天一和地一了。

三

漢書禮樂志所載郊祀歌,其天馬章曰:

> 太一況,天馬下。(顏師古注,"言此馬乃太一所賜,故來下也。)

天地章曰:

> 合好効歡虞泰一。

揚雄甘泉賦曰:

> 配帝居之懸圃兮,象泰壹之尊神。

> 於是欽柴宗祈,燎熏皇天,招繇泰壹。

這些都是西漢詞賦家筆下的太一。

四

馬融尚書注云:

> 上帝,太一神,在紫微宮,天之最尊者。(經典釋文引)

可見到東漢之末,尚以太一為上帝。

五

呂氏春秋察今云:

> 是故有天下七十一聖,其法皆不同,非務相反也,時勢異也。

又求人云:

> 古之有天下也者七十一聖,……其所以得之,所以失之,其術一也。

當呂氏著書的時候,秦尚未統一,故知這"七十一聖"的數目是晚周時的古代總數。 秦有天下,然後爲第七十二代。 但是史記封禪書中記管仲的話,卻爲:

> 古者封泰山,禪梁父者七十二家。

即此可知這是秦人之說;但也說不定是漢人之說,因爲連第七十二代已併入"古者"的數目裏了。 到漢則爲第七十三代,故有"六十四民"之說(見本册頁二六)。 周官小宗伯,賈公彥疏云:

> 案史記云,"九皇氏沒,六十四民興;六十四民沒,三皇興。"

賈氏此語,不但杜撰史記,而次序亦全然顚倒。 孫詒讓周禮正義云:

> 據董子說,九皇即帝之以遠而遷者。…… 其所云"下極其爲民,"蓋即謂六十四民也。 以此推之,六十四民當在九皇之前。…… 又管子封禪篇,史記封禪書並云"古者封泰山,禪梁父者七十二家。" 竊疑六十四民并五帝三王是爲七十二代,皆列於郊號,荀子禮論篇所謂"郊者,幷百王於上天而祭祀之者也。" 民,亦古帝王之號,鄭坊記註云,"先民,謂上古之君也。" 劉恕引作"六十四氏,"蓋謂即管子封禪篇所云無懷氏,莊子胠篋篇所云容成氏,大庭氏之屬。 然與董子說不合,恐不足據也。

孫氏此說能糾正賈疏的倒置,劉恕的誤改,固甚精密,但他把六十四民幷五帝三王爲七十二代,則實爲千慮之一失,他旣知"六十四民在九皇之前,"爲什麼在七十二代裏不算進九皇呢? 他不知道"六十四民"乃是漢代的說法,如果"民——皇——帝

——王"的系統在周代已有,就應改稱爲"六十二民"了。

六

河圖洛書,淵源頗遠;本册所收,墜遺甚多。茲特補之如下:

(一)墨子非攻篇云,"河出綠圖,地出乘黃。"

(二)管子小匡篇云,"昔人之受命者龍龜假,河出圖,雒出書,地出乘黃。"

(三)呂氏春秋觀表篇云,"事與國皆有徵;聖人上知千歲,下知千歲,非意之也,蓋有自云也。綠圖幡薄,從此生矣。"

(四)漢書武帝紀,"元光元年……五月,詔賢良曰,'朕聞昔在唐虞,……麟鳳在郊藪,河洛出圖書。……'"

(五)漢書王莽傳錄其大誥曰,"河圖雒書遠自昆侖,出于重壄。"

按,讀此知戰國時稱河圖曰"綠圖,"這名詞漢以後就忘記了;至於河圖雒書實物的顯現,則在王莽時。因此想起:

(六)史記秦本紀,"燕人盧生奏錄圖書曰,'亡秦者胡也。'"

(七)漢書王莽傳,"有丹書著石,文曰'告安漢公莽爲皇帝。'"

(八)又,"得銅符帛圖於石前。"

(九)又,"哀章……銅匱……圖書皆書莽大臣八人。"

這種"圖書"即是"河圖雒書"的變相。秦漢時所作的豫言,無論是禎祥抑是妖孽,都用圖畫和文字合璧的方式來表示,然則河圖與雒書應爲一物的兩面,正和近世的推背圖一樣。

七

魏了翁古今考卷一高帝紀條云:

> 人主自號皇帝,自秦政始,而漢因之;諡曰高皇帝,則亦因始皇帝之陋也。三皇五帝稱號,聖人未嘗言;雖三王五伯,亦未嘗言。僅見於孟氏書,戴氏禮。……俗師強為差等,矜抗皇號於過高,而妄意帝稱,羞與王伍。蓋春秋時,吳楚越皆稱王矣;至于戰國,則齊魏韓趙諸君亦稱王。王號旣卑,則強者不得不帝。於是秦昭王稱西帝,齊閔王稱東帝;尋懼而皆去之,復稱王。至秦政二十六年,遂兼皇帝之號。……漢初,大抵襲(?)秦以從民望,而於典章法度猥襲秦餘,如"皇帝"之稱最為固陋,亦因仍不改。……

這一段話,完全與我們的意見相同,可見這個問題在宋人眼光中已常如此說了。

跋

去年暑假中，因爲我正在編道藏引得，顧頡剛師便要我替他看一看他和楊向奎君合著的三皇攷中和道教有關係的幾章有否道藏中應補上的材料。後來他又給我閱讀三皇考全文的機會，並且囑我把讀後的意見寫出來。我對於這個問題未曾研究過，本來不配說什麼，現在因感顧師的好意，大膽把我讀後的一些膚淺見解寫在這裏，請顧師和讀者們指正。

三皇和太一的關係從來沒有人特別注意過，更沒有人作過有系統的研究。顧師的三皇攷算是第一次把這問題提出來，並且加以一番整理。顧師以爲三皇之出現在前，太一和三一的出現在後，後者的發生是受了前者的影響。"三一是三皇的化身，泰一是泰皇的化身。本來三皇中'泰皇最貴'，所以三一中亦以泰一爲最貴了。"（頁三一）三皇之所以能成立，就是因爲它的背後，除了三統說以外，還有這個太一說的襯託。因爲有了這種關係，三皇和太一便可以打成一片了，便可以說，"三皇是戰國末的時勢造成的，至秦而見於政府的文告，至漢而成爲國家的宗教。"（頁一）對於這個關係的解釋，我有些不同的意見。我以爲三皇最初在古籍出現的時候已經是古史系統中最高的一級了，它的成立最遲在戰國時；太一是天神，它的具體化最遲在西漢初年。二者表面上雖然有些相似的模樣，雖然有互相影映的可能，雖然後來因爲受人的附會牽合發生了一些糾葛；而實際上二者的發生各有其背景，二者的演進各有其路線。一個在歷史傳說中活動,一個在天神領域裏活動。所以講古史的時候,三皇便被捧出來了;莊子和呂氏春秋中是這樣,秦始皇時是這樣,王莽時也是這樣。講到天神祀奉的時候,太一便出面了;西漢是這樣,後來各代也是這樣。所以"太一和三皇好像是迴避似的:當太一勢力高張時,不聽得有人提起三皇;到王莽時,三皇又擡頭了,太一郤漸漸退讓,終至於隱去了。"(頁五二) 這可以證明二者的勢力範圍是分得很清楚的。

然而為什麼秦始皇時的三皇是天皇,地皇,泰皇,漢武帝時的三一也是天一,地一,太一? "泰皇最貴,"太一也是"天神貴者"? 這中間到底有沒有關係? 有的話,怎樣的關係? 沒有的話,怎樣的各自發生? 要解答這些問題,我以為要分兩方面來說。

第一,我們先得研究一下三皇是怎樣出來的。三皇的出來,我以為最少有兩種原因: 第一是皇號的成立。皇字,我們知道,最初多數是作形容詞用的。後來在楚辭中見到用作天神的尊號(東皇西皇);在莊子和呂氏春秋中見到用作人王的尊號(三皇五帝)。皇字由形容詞變作名詞的過程恐怕是語言文字變用的一般通則。本來形容詞是用以形容名詞的,但在形容詞與被形容的名詞合成一個名詞的上面,再有別的約詞(Modifier)的時候,被形容的那個名詞往往可以省去。例如:"美人,"是形容詞"美"和名詞"人"合成的一個名詞,但"美人"上面加數詞"三"或"五"的時候,我們往往只說"三美""五美,"把"人"字省了。"聖人"是形容詞"聖"和名詞"人"合成的一個名詞,"聖人"上面加了"先"或"後"的時候,我們便也只說"先聖"或"後聖"了。久而久之,這些形容詞便自己成為名詞了。皇字形容詞與名詞合成的名詞,我們所知道的,有"皇祖,""皇天,""皇王"等;依據上面所說的通例,那麼在"皇王"上面假使加了一個"三"字,豈不就成了"三皇"嗎? 皇字之所以由形容詞變成名詞,與"三皇"之所以出現,我想這是很可能的一種過程。 然而這還不夠,這最多只能說明"皇"字之成爲名詞與"三皇"一名出現的原因;三皇在古史系統中地位的確定還得有待於別種因素。 戰國是古史創造極盛的時期,有的稱"三王五霸,"有的進一步稱"五帝三王,"有的更進一步稱"三皇五帝。" 大家談古史總喜歡往上推,你說三王五霸;我就說五帝三王;你說五帝三王,我就說三皇五帝;我說的總要比你說的古。 同時,那個時候社會上大多數的歷史觀念是退化的,越古越好,越近代越不成。 所以三皇在當時古史系統中便居了最古最理想的階段了。 三皇的地位算是確定了,三皇是誰呢? 這還有問題。

　　三皇的名號,我們第一次從李斯等的口裏聽到,原來所謂三皇是天皇,地皇,泰皇,而且泰皇是最貴的。 對於這三個名號,第一第二是很明顯的,比較簡單;第三而又是最貴的泰皇就有問題了。 從來對於泰皇的解釋,普通有兩種說法: 一種認泰皇就是太昊,這顯然是望文生義的附會,因爲泰皇的泰和太昊的太相同的緣故。 這種說法最少有一點講不通。 泰皇假使是太昊,是一個古帝王的固定名稱,爲什麼對於其他兩個不採用同樣的辦法,也用兩個固定名稱,而偏要用那顯然是理想化象徵化的"天""地"二字? 還有一種說法,認泰皇等於人皇。 持此說者有的不說理由,有的所舉的理由不充分(參看第十九章)。 我的意見和這一種說法比較相近,但我不以爲泰皇等於人皇;我以爲泰皇的"泰"字當初根本就是"人"字,李斯等所說的就是人皇,並不是泰皇。 有兩種解釋可以說得通: 第一,天地人三者連繫的思想在戰國時已經很流行了。 那時候人說話說到大道理的時候總喜歡拉上天地人來。 在先秦的載籍中可以找到許多例子來: 易繫辭傳:"立天之道,曰陰與陽。立地之道,曰柔與剛。 立人之道,曰仁與義。" 老子:"人法地,地法天,天法道,道法自然。"(二十五章) 孟子:"天時不如地利;地利不如人和。"(公孫丑) 呂氏春秋:"始生之者天地;養成之者人也。"(本生) 又:"上揆之天,下驗之地,中審之人,若此則是非可不可無所遁矣"。 (序意) 這些例子可以證明那時候差不多各家的思想中都有天地人連繫的觀念了。 有了這種觀念,同時又有了三皇的古史系統,於是很自然的把這天地人三者的觀念套上了三皇這個產生未久的空架子,成功了所謂天皇,地皇,人皇。 本來他們對於古史就是很模糊的,五帝已經有些弄不清了,何況三皇。 把天地人配上這個糢糊的三皇,剛剛合式。 同時,我們也可以解釋為什麼人皇(假定泰皇是人皇)最貴。 古籍中說人貴的很不少: 孝經聖治章:"天地之性人為貴。" 書偽泰誓:"惟天地萬物父母,惟人萬物之靈。" 列子楊朱篇:"人肖天地之貌,懷五常之性,有生之最靈者也。" 又天瑞篇:"榮啟期曰,'天生萬物,惟人為貴;而吾得為人,是一樂也。'" 人既然是最靈最貴的,那麼"人"所理想化的人皇自然也是最貴的了。 但是史記上明明寫的是"泰"字,何以說就是"人"呢? 這又得有一個解釋。 古時"泰,""太,""大"三字是通用的,而"大"字古文像人形,並且有作人字用的。 南唐徐鍇說文繫傳大部:"天大,地大,人亦大焉,象人形,古文人也。 凡大之屬皆從大。 臣鍇按,老子,'天大,地大,王亦大也。' 古文亦以此為人字也。 特奈反。" 清錢坫說文解字斟詮大部："繫傳作古文人也，蓋古文尚書亦以大為人字。" 假使這一說果然靠得住，泰皇的泰很可能是由"大"(古文人)轉"太，"由"太"再轉"泰"而成的。秦三皇當初是天皇，地皇，人皇，不是天皇，地皇，泰皇。這自然只是一個可能的假設而已。

那麼漢武帝時的"天神貴者太一"和天一，地一，太一所合成的三一是從那裏來的？太一這個名稱早就有了：道家把它用作道的名號；楚辭中發現它是東皇太一；到了漢武帝時便有人稱它為"天神貴者。" 顧師以為它之所以為"天神貴者"是因為它是最貴的泰皇的化身。但是太一名號的出現在秦三皇名號出現之前，秦三皇中最貴的又是人皇（假定上面的假定是對的），不是泰皇，太一之所以成為"天神貴者"原因當別有所在。 太一本來是道家的最高最理想的道的名號，方士們受了道家的影響，把太一神化了，尊為天神。在玄學中太一是最高的道，做了天神，自然也得為"貴者"了。 說不定這便是太一之所以為"天神貴者"的原因。至於三一，素來人都認它做天一，地一，太一三者所合成的一個名稱。 天一，太一在三一名稱出現的時候，別地方也見過；地一除了當時一提外，一直至宋代十神太一出來的時候才再見。 三一後來也少見；在道經中有"三一"這個名詞，但所謂三一是玄一，真一，太一（道藏，洞真部，本文類，太上昇玄三一融神變化妙經），已經成為很玄妙的東西，已經不是天一，地一，太一了。 我以為漢武帝時的所謂三一的發生和太一這個名稱有極密切的關係。那時候太一的勢力非常膨脹，地位顯然是確定了；有一部份人眼看這種情勢，同時又不能忘情於天地，由是便想把太一與天地拉在一起。太一的下一字是"一"字，那麼在"天""地"之下也各配一個"一"字，豈不是就有了關係？這樣便成功了很整齊的天一,地一,太一。太一的"一"有它的特別的歷史背景,但"天""地"之下的"一"將作何解釋？這顯然是一個盲目的模仿。三一的產生便是這種盲目模仿的結果。我本來還有一種假設,我以爲史記封禪書中關於三一的幾句應當念作："古者天子三年壹用太牢,祠神三:一天,一地,一太一。"（按,封禪書於此段稍後有"又作甘泉宮,中爲臺室,畫天地太一諸鬼神,"天地與太一連稱,不作天一地一,或可爲旁證。）漢書郊祀志把"神"字省了,或脫了,於是不能不於"三一"下斷句,這樣便鑄成了三一和地一等名稱。但封禪書中別的地方也有三一這個名稱單獨出現,我的假設自然推翻了。（按,漢書郊祀志大部份是根據史記封禪書寫成的;但今本封禪書,據史記探源,又是錄自郊祀志,此中糾葛,實在無從弄清。）

　　謬忌說："天神貴者太一;太一佐曰五帝。"戰國時候的人常說三皇五帝。這中間有沒有關係？太一佐的五帝是否即三皇五帝的五帝？我以爲這中間最少沒有直接關係。三皇五帝的五帝是古史中的五帝,儘管他們的人物沒有確定,而在當時一般人的觀念中,他們是有"禮義法度"和"地方千里"的人間帝王。他們是三皇以後的帝王,不是三皇的佐。太一佐的五帝是西漢初年所奉祀的五帝,是秦地原有的白,青,黃,赤四帝再加上漢高祖所補的黑帝而成的。太一未貴以前,五帝很有地位。五帝之所以降作太一之佐,和當時宗教情形有關係。當時各地方各派別的宗教競爭很厲害。五帝的勢力大半在西方,太一的勢力大半在東方。東方方士們要替他們的神太一爭地位,便說太一是天神最貴的,五帝不過是太一的佐而已。方士們勝利了,太一果然升爲最貴的天神,五帝只好屈爲其佐了。這一次的調動和西漢一代的國家宗教都有大關係。

　　以上是我們對於秦三皇和西漢太一三一的來源和它們發生經過的假設；至於後來它們各自演變的過程，和在這過程中它們所發生的關係，三皇考中有很精細的叙述，我沒有什麼意見。但是在它們演變的過程中有一件特別值得注意的事，那就是它們和道教的發生關係。三皇在道教中，除了花樣更新奇地位更神秘以外，所關係還比較的小；惟有太一在道教中所佔的地位實在太複雜了。它一方面在道教敎理中居最高的地位；一方面在道教神的系統中，處處見得到它的名號。道教裏面最主要的成分是道家以及陰陽五行的思想理論和中國自古以來的鬼神術數；而在這兩方面，太一簡直有負起貫通責任的能力。了解太一在道教中的地位，它與各方面的關係是了解道教的門徑之一。了解道教，它的吸收能力和溶化方式，又是了解中國文化的門徑之一。三皇考引起了這個問題，也許是三皇考自身貢獻以外的一個收穫。

　　　　　一九三五年，一月十五日，於燕大蔚秀園翁獨健。